Materialistische Europakritik

Daniel Keil

Materialistische Europakritik

Elemente kritischer Europaforschung

Reihe
BLACK BOOKS

Schmetterling Verlag

Bibliografische Informationen der Deutschen Nationalbibliothek
Die Deutsche Nationalbibliothek verzeichnet diese Publikation in der Deutschen Nationalbibliografie; detaillierte bibliografische Daten sind im Internet über http://dnb.d-nb.de abrufbar.

Schmetterling Verlag GmbH
Libanonstr. 72A
70184 Stuttgart
www.schmetterling-verlag.de
Der Schmetterling Verlag ist Mitglied von aLiVe,
der assoziation Linker Verlage.
ISBN 3-89657-646-1
1. Auflage 2024
Printed in Poland

Satz und Reproduktionen: Schmetterling Verlag
Druck: Sowa, Piaseczno

Inhalt

1 Materialistische Europakritik – Eine kurze Einleitung

Die Europäische Union ist ein maßgebliches Element der gegenwärtigen gesellschaftlichen Krisenkonstellation. Sie ist nicht nur Ausdruck der Europäisierung von Politik und Ökonomie, sondern auch Teil einer apparativen Konstellation, die in ihrer Komplexität schwierig zu bestimmen ist. In linken Debatten ist die europäische Integration vor allem dann Thema, wenn es um Proteste gegen die EU oder autoritäre Verschärfungen wie im Asylrecht geht. Selten jedoch wird sie in ihrer Bedeutung für die Entwicklung lokaler bis globaler Politiken und in ihrer grundlegenden Struktur analysiert. Dabei stellt die EU zentrale Elemente der materiellen Basis gegenwärtiger Kämpfe um die Bewältigung der vielen Krisen dar. Die EU und ihr ideologisches Gerüst prägen dabei ganz grundsätzlich die Vorstellungen von Gesellschaft, Europa und der Welt. Der ideologische Kurzschluss von europäischer Integration und gesellschaftlichem Fortschritt, der vor allem in Erzählungen der EU-Institutionen von sich selbst erkannt werden kann, macht es für eine dezidiert linke Kritik der EU zusätzlich schwierig. Denn eine emanzipatorische Kritik der EU hat keinen Standpunkt im Nationalstaat, den sie einfach beziehen könnte.

Der Integrationsskeptizismus von national orientierten linken/linksliberalen Milieus basiert zumeist auf einer nostalgischen Verklärung des Nationalstaats und des fordistischen Klassenkompromisses. Die Nationalstaatsnostalgie ignoriert dabei nicht nur die Kritik des fordistischen Wohlfahrtsstaates – die kritische Theorie verwendete beispielsweise den Begriff «verwaltete Welt» – und dessen repressive Politiken (gegen Frauen, gegen Homosexuelle etc.). Ganz abgesehen von den NS-Kontinuitäten in Deutschland und der Integration alter Nazis in die Parteien und Staatsapparate nach dem Zweiten Weltkrieg. Das bedeutet aber wiederum nicht, dass die supranationale Entwicklung der europäischen Institutionen einen besonders progressiven Charakter hätte. Die EU bietet zur Genüge Anlässe zur Kritik und ist beileibe nicht das progressive Projekt, als das sie sich selbst manchmal darstellt. Seien es die autoritären und tödlichen Außengrenzen der EU, die Aufgabe zentraler Menschenrechte im europäischen Migrationsregime oder die Festschreibung der neoliberalen Konstitution des Binnenmarktes, das Defizit an demokratischen Verfahren auf europäischer Ebene oder das Fehlen einer europäischen Sozialpolitik – in vielen Bereichen ist die EU Teil einer autoritären Antwort auf vielfältige Krisenprozesse. Dementsprechend sind weder die Verklärungen des Nationalstaats als Hort eines sozialen Miteinanders noch die der EU als Ort einer fortschrittlichen, gar emanzipatorischen Entwicklung als kritische Positionen zu missdeuten. Vielmehr gilt es, eine prinzipiell herrschaftskritische Perspektive einzunehmen, die in der Lage ist, in den gesellschaftlichen Entwicklungen Widersprüche wahrzunehmen und diese nicht zu vereindeutigen, sondern auf ihre gesellschaftlichen Gründe zurückzuführen. Eine solche Kritik kann zwischen unterschiedlichen Ausformungen von Herrschaft unter kapitalistischen Bedingungen unterscheiden und auch verschiedene Handlungsmöglichkeiten und Grade von Freiheitsmöglichkeiten bestimmen. Dabei darf sie allerdings die prinzipielle Kritik von Herrschaft – den Kern kritischer Theorie – nicht aus dem Auge verlieren. Eine materialistische Kritik der EU kann sich also weder auf nostalgische Verklärungen stützen noch auf vermeintlich progressive Entwicklungen der Verhältnisse selbst hoffen.

Materialistische Europakritik rekurriert dabei auf einen unorthodoxen Materialismus, der nicht von einem einfachen Basis-Überbau-Schema ausgeht, sondern die Vermittlung gesellschaftlicher Objektivität in herrschaftlich geformter Praxis analysiert. Historischer Materialismus resultiert aus der Kritik des Idealismus und seiner Annahme einer objektiv waltenden Vernunft wie auch aus der Kritik eines Materialismus, der den «Gegenstand, die Wirklichkeit, Sinnlichkeit nur unter der Form des *Objekts oder der Anschauung*» fasst, «nicht aber als *sinnlich menschliche Tätigkeit, Praxis*, nicht subjektiv» (Marx 1845: 5, Herv. i. O.). Subjekt und Objekt werden in einem dialektischen Vermittlungsverhältnis situiert; deren Vermittlung wird als gegenstandskonstitutive Praxis entschlüsselt. Gegenstandskonstitutive Praxis darf dabei aber nicht auf ökonomische Praxis verkürzt werden, sondern als solche, die alle Verhältnisse reproduziert, welche die Gesellschaft in ihrer materiellen Struktur möglich machen und hervorbringen. Die den Menschen «umgebende sinnliche Welt [ist] nicht ein unmittelbar von Ewigkeit her gegebenes, sich stets gleiches Ding [...], sondern das Produkt der Industrie und des Gesellschaftszustandes, und zwar in dem Sinne, daß sie ein geschichtliches Produkt ist, das Resultat der Tätigkeit einer ganzen Reihe von Generationen, deren Jede auf den Schultern der vorhergehenden stand, ihre Industrie und ihren Verkehr weiter ausbildete, ihre soziale Ordnung nach den veränderten Bedürfnissen modifizierte». (Marx 1846: 43) Das heißt, die soziale Ordnung, die aus vielen verschiedenen Herrschaftsverhältnissen besteht, ist nicht nur auf die Ökonomie zurückzuführen, sondern als ein Vermittlungszusammenhang von ökonomischen, politischen, rechtlichen, geschlechtlichen Verhältnissen und damit einhergehenden sozialen Verkehrsformen zu begreifen. Solcher Materialismus entschlüsselt dabei auch die spezifische Objektivität, die durch die gegenstandskonstitutive Praxis erzeugt wird und zugleich eine Eigendynamik entwickelt. Diese sozialen Formen sind als geronnene Formen gesellschaftlicher Praxis zu verstehen, die derartige Festigkeit und Materialität haben, dass sie sich dem unmittelbaren Zugriff durch den*die Einzelne*n entziehen. Die «subjektlose Herrschaft» (Gerstenberger) in Gesellschaften, in denen eine kapitalistische Produktionsweise herrscht, resultiert aus der Verselbständigung der Verhältnisse in materiell-herrschaftlichen Formen (vgl. Keil 2015).

In Übersetzungs- und Verdichtungsformationen entstehen so historisch gewachsene Institutionen von Herrschaft, die jeweils in einem spezifischen Verhältnis zu den jeweils anderen Verhältnissen erscheinen (Ökonomie zu Politik beispielsweise). Jene materialisierten Institutionalisierungen sozialer Formen tragen räumliche Bezugspunkte in sich, weisen bestimmte temporale Strukturen auf und können sich über verändernde Praxen auch selbst verändern. Aus einem solchen Verständnis folgt, dass weder auf die Veränderung einer Praxis eine gesamte Befreiung aus dem Gesamtzusammenhang erfolgen muss, noch dass die Erscheinungen gesellschaftlicher Herrschaft unveränderlich und überzeitlich sind. Vielmehr folgt daraus, nicht allein die Ökonomie zu analysieren, sondern politische und ideologische Entwicklungen ebenfalls als Teil der materiellen Struktur der Gesellschaft zu verstehen, deren emanzipatorische Veränderung durch Entwicklung entsprechender Praxen geschehen kann. Da die Verhältnisse und ihre Materialisierungen herrschaftlich geprägt sind, finden gesellschaftliche Praxen in

Form von Konflikten und Kämpfen statt, die wiederum auf die Praxen zurückwirken. Insofern wandeln sich auch die sozialen Formen im Verlauf der Geschichte, die aus dieser Perspektive wesentlich aus gesellschaftlichen Kämpfen besteht. Im Verlauf dieser Kämpfe formieren sich gesellschaftliche Kräfte um konkrete Konfliktgegenstände (Arbeitszeit, Reproduktionsarbeit, Mobilität, Umwelt, Wohnen, Kultur usw.), deren Verhältnis sich wiederum in Institutionen und Apparaten, in routinisierten Praxen materialisiert. Es handelt sich also um von Konflikten durchzogene und durch die Materialität geronnener Praxen geformte permanente Auseinandersetzung über die konkrete Ausgestaltung der Gesellschaft. In den konkreten Praxen sind die Formen vermittelt, nicht unmittelbar präsent, sie «konkretisieren [...] sich in spezifischen Kräftekonstellationen je nach Konflikt, bzw. Politikfeld räumlich und zeitlich unterschiedlich» (Buckel et. al. 2014: 44).

Aus dieser Perspektive wird die Geschichte der europäischen Integration eine Geschichte gesellschaftlicher Kämpfe. Die heutige Europäische Union ist ein Resultat verschiedenster widersprüchlicher Konflikte und als solche nicht einfach auf Prozesse der Transnationalisierung des Kapitals zurückzuführen. Vielmehr entwickelten sich immer wieder Situationen, in denen die politische Entwicklung den Bedürfnissen mancher Kapitalfraktionen zuwiderlief. Eine materialistische Kritik der europäischen Integration versucht dabei, diese Widersprüche aufzudecken und das historische Gewordensein der gegenwärtigen Konstellation herauszuarbeiten. Historischer Materialismus ist «Anamnesis der Genese» (Adorno 1965: 139). Diesen grundsätzlichen Überlegungen folgend, ist die Geschichte der europäischen Integration Gegenstand dieses Bandes. Dabei wird versucht, widersprüchliche Konfliktstrukturen sowie die Eigendynamik der politischen Institutionalisierung hervorzuheben. Ebenso werden ideologische Entwicklungen als Teil der materiellen Integrationsprozesse gefasst.

Viele Aspekte können in so einem Band allerdings nur kursorisch angesprochen werden. Daher ist er als Einführung zu lesen, als eine Anregung, an entsprechenden Stellen selbst vertiefende Untersuchungen vorzunehmen. Im ersten Abschnitt wird die Entwicklung kritischer/materialistischer Europakritik von ihren Anfängen bis zur Gegenwart skizziert. Von frühen ökonomistischen Ansätzen bis zu feministischen Kritiken der EU wird dabei ein Überblick versucht, der die Entwicklung der Theorie mit der der Verhältnisse verkoppelt. Die Entwicklung der europäischen Integration seit 1945 wird im dritten Kapitel nachgezeichnet. Hierbei werden vor allem unterschiedliche Aspekte der multiplen Krise der EU beleuchtet. Der Bearbeitung der Integrationsgeschichte liegt dabei die These zugrunde, dass die Integration insgesamt eine Krisengeschichte ist und sich spätestens seit den 1960er Jahren ein Krisenzyklus entwickelt hat, der sich derzeit autoritär in einer noch größeren Katastrophe aufzuheben droht. Im nächsten Kapitel werden einige Probleme beleuchtet, die von kritischer Europaforschung bisher nur unzureichend erfasst worden sind, insbesondere Fragen der europäischen Identität und der Bedeutung des europäischen Kolonialismus für die Entwicklung der EU. Darin eingefasst sind Entwicklungen des Rassismus und Antisemitismus, die als zentrale Elemente europäischer Identität kritisiert werden. Somit wird beispielsweise die verdrängte koloniale Geschichte als Teil der Materialität der gegenwärtigen EU sichtbar. Neben diesen verdrängten Elementen wird im Anschluss eine ebenfalls unterbelichtete Geschichte der Formierung rechter/faschistischer Kräfte auf europäischem Terrain skizziert. Die antiliberale Integrationsgeschichte ist ein wichtiges Element gegenwärtiger Formierungen gesellschaftlicher Kräfte in Konflikten um die Bearbeitung multipler Krisen. Schließlich wird ein Blick auf die Möglichkeiten linker Kritik der EU geworfen. Dabei wird die Notwendigkeit der kritischen Reflexion vergangener Kämpfe betont. Gerade die Niederlagen emanzipatorischer Kämpfe in der Eurokrise führten zur Entwicklung problematischer links-nationaler und «linkspopulistischer» Bewegungen und Milieus, die sich während der Corona-Krise zudem in Richtung verschwörungsideologischer Milieus öffneten. Fragmentierungen der gegenwärtigen Linken resultieren aus diesen Kämpfen um die Entwicklung der EU. Um die Faschisierung Europas wirksam zu bekämpfen, ist es notwendig, sich mit der Geschichte der EU aus einer materialistischen Perspektive auseinanderzusetzen, um politische Strategien der Emanzipation für die Zukunft zu entwickeln. Es gibt dabei keine einfachen Antworten und alle Positionen, die auf dichotome Vorstellungen hinauslaufen und die Nation als linkes Projekt behaupten, werden in letzter Konsequenz die Rechtsentwicklung nicht aufhalten, sondern verstärken.

Dieses kleine Buch wäre ohne viele Zusammenhänge nicht möglich gewesen. Ich danke daher meinen Diskussionszusammenhängen, dem Graduiertenkolleg Rechtspopulismus, der Forschungsgruppe Staatsprojekt Europa, Jens Wissel für kritische Anmerkungen, dem Verlag für die Geduld sowie Franzi für ihre Unterstützung und Lian für die tägliche Erinnerung an die hohe Bedeutung bunter Assoziationen und glücklichen Unsinns. Für Fehler und Fehlschlüsse bin ich allein verantwortlich.

2 Kritische Europaforschung: Eine Übersicht

Die Geschichte der europäischen Integration wird von einer breiten wissenschaftlichen Bearbeitung begleitet. Jedoch waren und sind kritische Ansätze stark marginalisiert. Dies liegt einerseits an der Europaforschung, die bis heute kritische, marxistische Ansätze häufig ignoriert (vgl. Beckmann 2012, Bohle 2012). Diese Ignoranz mag auch daran liegen, dass marxistische Theorie keinen rein theoretischen Anspruch hatte und hat, sondern einen der revolutionären Umwälzung der gesellschaftlichen Verhältnisse und sich dadurch von den gängigen sozialwissenschaftlichen Integrationstheorien deutlich unterscheidet. «Ihre Fragestellungen und Forschungsmethoden sind daher stets auf die realen Klassenauseinandersetzungen bezogen, in denen das Widerspruchspotential der entwickelten kapitalistischen Gesellschaft und der objektiven wie subjektiven Bedingungen ihrer Aufhebung praktisch werden» (Deppe 1976: 52).

Aber andererseits dauerte es auch bis in die 1980er Jahre, bis sich innerhalb kritischer marxistischer Forschung die europäische Integration zu einem größeren Thema entwickelte. Vorher wurde der Integrationsprozess bis auf wenige Ausnahmen nur am Rande thematisiert und andere Themen standen im Vordergrund[1]. Schließlich hat sich auch der Charakter der europäischen Integration im Laufe der Zeit drastisch verändert und so haben die Verhältnisse selbst zu größeren Dringlichkeiten kritischer Analyse geführt. Gleichzeitig kam allerdings auch mit den Krisenprozessen der Integration in den 1970er Jahren die dominante neofunktionalistische Integrationstheorie mit ihrem Theorem von spill-over-Prozessen «von der Marktintegration zur wirtschaftspolitischen und schließlich zur politischen Integration [...] in Erklärungsnöte» (Deppe 2000: 334). Doch auch die kritische Analyse der Europäischen Wirtschaftsgemeinschaft (EWG) musste erst ihren orthodox-marxistischen Bias überwinden, der in einer eindimensionalen Übertragung

1 Westlicher Marxismus

der Leninschen Imperialismustheorie auf die westeuropäische Integration bestand und dabei selbst eine Art spill-over-Effekt von der ökonomischen Basis auf den politischen Überbau entwickelte (vgl. Statz 1979: 69; Huke/Kannankulam 2012). Damit bewegte und bewegt sich kritische Europaforschung bis heute in einem doppelten Spannungsfeld. Erstens in einem durch den im Gegenstand impliziten Spannungsfeld von Ökonomie und Politik, d.h. von ökonomischen und politischen Krisenerscheinungen, wobei letztere nicht einfach logische Konsequenz aus ersteren waren und sind. So war von Beginn an die Frage nach der Staatlichkeit der europäischen Apparate in der marxistischen Debatte bedeutend (vgl. Ziltener 1999: 38). Damit steht kritische Europaforschung zweitens in einem Spannungsfeld zur eigenen orthodoxen Tradition, und mehr noch als die Kritik an Mainstream-Ansätzen – die sicherlich auch bedeutsam ist, insbesondere für die Kritik einer europäischen Fortschrittsideologie – ist diese kritische Bearbeitung der eigenen Entwicklungslinien und die dadurch erfolgte Erweiterung historisch-materialistischer Perspektiven ein über die Theoriebildung zur EU hinausweisendes Moment. Im Folgenden werden daher kurz wichtige Phasen der Theoriebildung skizziert und die wichtigsten theoretischen Entwicklungen benannt. Beginnend bei der marxistischen Auseinandersetzung in den 1960er Jahren, hauptsächlich angestoßen von Ernest Mandel, über deren Kritik, die Entwicklung neogramscianischer Analysen, hin zu gegenwärtigen staatstheoretischen Ansätzen der Entwicklung eines Europäischen Staatsapparate-Ensembles.

2.1 Die Anfänge: Mandel, Poulantzas und die Arbeiter*innenbewegung

Die frühen marxistischen Analysen der Entwicklung der Europäischen Gemeinschaften – von der Gründung der Organisation für Europäische Wirtschaftliche Zusammenarbeit (OEEC) 1948 über die Europäische Gemeinschaft für Kohle und Stahl (EKGS/Montanunion) und die Römischen Verträge von 1957 bis zur voranschreitenden Integration des gemeinsamen Marktes – verorteten diese Entwicklungen in «dem weltpolitischen Kräfteverhältnis zwischen West und Ost nach 1945 einerseits und der Konkurrenz zwischen den USA und Westeuropa andererseits»

(Busch 1978: 11). Wichtiger Auslöser der marxistischen Auseinandersetzungen um die europäischen Integrationsbemühungen und ihr Verhältnis zu den USA war ein Buch des französischen Publizisten Jean-Jacques Servan-Schreiber, der für eine stärkere europäische (Kapital-)Integration plädierte, um einer «Invasion Europas» durch amerikanische/multinationale Unternehmen vorzubeugen. Der «Rückstand» Europas gegenüber den USA sei «nicht aufzuholen [...], wenn wir unsere augenblicklichen Sozialstrukturen beibehalten» (Servan-Schreiber 1968: 107).

Mit diesen Aussagen vertrat Servan-Schreiber keine Randposition, vielmehr fasste er «die gängigsten Argumente» und die «vorhandenen Ängste» (Bähr 1995: 116) in Europa zusammen. Seine Thesen forderten den Marxisten Ernest Mandel zu einer Antwort heraus, der argumentierte, dass in Europa die internationale Kapitalverflechtung «tatsächlich bereits eingesetzt» (1968: 34) und dass die Stellung der USA in der Weltmarktkonkurrenz sich deutlich gewandelt habe. Mandel sah die USA aus zwei Gründen vor dem Verlust ihrer globalen Hegemonialposition: erstens aus der Frontstellung gegen den Ostblock und zweitens aus der im Zuge des Kalten Krieges stattfindenden «Schwächung der alten Kolonialreiche» (ebd.: 8), die nicht zuletzt von Aufständen und Revolutionen der Kolonisierten herrührte. Daraus folgte, dass die «amerikanische Strategie gegenüber den [...] Gegenkräften des Ostblocks und der Kolonialrevolution zwangsläufig eine Restauration und neuerlich anwachsende Wirtschafts- und Militärmacht Westeuropas und Japans» beinhaltete (ebd.: 9). Damit brauchten die USA einen starken westeuropäischen Block, womit sie zugleich ihre eigene ökonomische Weltmarktstellung gefährdeten[2]. Mandel argumentiert aus einer Theorie der objektiven Gesetze unglei-

---

2 Auch Deppe (1976: 28) macht auf diesen Widerspruch in der US-Politik aufmerksam: «Dazu kam, dass das US-Kapital in besonderem Maße an einer schnellen Restauration in Westeuropa interessiert war, um hier einen Markt für den Absatz von technologisch hochentwickelten Produkten sowie für Kapitalexporte zu erschließen. Obwohl auch schon während der fünfziger Jahre in den USA vereinzelt vor der Gefahr eines vereinigten und gestärkten westeuropäischen Wirtschaftsblocks gewarnt wurde, setzte sich doch insgesamt in der US-Politik – vor allem unter dem Einfluß der politisch-militärischen Globalstrategie – die Unterstützung des Integrationsprozesses durch.» Hier zeigt sich schon, dass man in der Bewertung von Entwicklungsprozesses des Kapitals auf dem Weltmarkt die politische Sphäre nicht außen vor lassen, beziehungswei-

cher Entwicklung auf dem Weltmarkt und verwirft vor diesem Hintergrund die Annahme, dass eine Situation entstanden sei, in der das «nationale Besitzbürgertum die Staatsmacht nicht mehr zum Schutz seiner eigenen Interessen gegenüber einer fremden Kapitalmacht benutzen kann» (ebd.: 16), denn «keine einzige industrialisierte westeuropäische Nation ist dabei, durch US-Kapital aufgekauft zu werden» (ebd.: 18). Stattdessen geht Mandel davon aus, dass es sich um eine neue «Erscheinung der internationalen Verflechtung des Kapitals» (ebd.) handelt. Er führt dazu einige Beispiele im Bankensektor wie auch in der industriellen Produktion an, in denen eine europäische Verflechtung bzw. eine transnational-europäische Verschmelzung von Unternehmen zu diesem Zeitpunkt stattgefunden hat und weiter stattfinde (vgl. ebd.: 32ff.; Beckmann 2012). Denn, so Mandel, historisch «gesehen [...] [ist] die Schaffung des Gemeinsamen Marktes das Ergebnis der ihm vorangegangenen Konzentration des Kapitals in Westeuropa. Seit langem war die Entwicklung der wichtigsten Produktivkräfte in Gefahr im zu engen Rahmen des alten Nationalstaats zu ersticken» (Mandel 1968: 38). Durch den gemeinsamen Markt wiederum «verschärfen sich die Konkurrenz und die sich zwangsläufig aus ihr ergebende Zentralisation und Konzentration des Kapitals», weshalb die EWG «gleichzeitig Motor eines aus ihr selbst entstehenden Konzentrationsprozesses des Kapitals» (ebd.) sei.

Doch diese Andeutung einer gewissen Selbständigkeit politisch-institutioneller Entwicklungen wird nicht weiterverfolgt, sondern diese wird wiederum den Kapitalprozessen unterworfen. Ebenfalls deutlich wird dieser Objektivismus in der Analyse von Gegentendenzen gegen die Internationalisierung bzw. Europäisierung des (Groß-)Kapitals. Zum einen handele es sich dabei um das «allgemeine spezifische Gesetz der Trägheit des Bewußtseins», was darin besteht, dass das «kollektive Bewußtsein von Gesellschaftsklassen und Nationen der gesellschaftlich-ökonomischen Wirklichkeit meist nachhinkt» (ebd.: 39). Konkret benennt er «bürgerliche und kleinbürgerliche Kreise», die entgegen ihrem «eigenen gesellschaftlichen Interesse» noch in «nationalstaatlichem Denken befangen» seien (ebd.: 40). Die zweite Gegentendenz besteht darin, dass durch «radikale Rationalisierung der Großindustrie» das Gleichgewicht ökonomi-

---

se sie nicht einfach als Reflex oder Überbau des Ökonomischen begreifen kann.

scher und gesellschaftlicher Tendenzen, das von Mandel für die 15 Jahre vor der Krise ausgemacht wird, ins Wanken gebracht wurde. Dadurch kam es zu Streiks und kleineren Insurrektionen, was eine Strukturkrise weiter befördern, schließlich zum Zusammenbrechen des Gleichgewichts führen könnte (vgl. ebd.). Dies führe das Großkapital in einen objektiven Widerspruch zwischen kurzfristigen Profitinteressen und langfristiger Sicherung des «Gesamtinteresse(s) des Großbürgertums» durch Berücksichtigung der politisch-gesellschaftlichen Situation. Dieser Widerspruch könne sich aber nur dadurch lösen, dass der «Faktor Staat» (ebd.) miteinbezogen werde.

Daraus folgt für Mandel, dass sich die EWG zu einem Staat oder einer neuen Zusammensetzung von Staatsapparaten fortentwickeln müsse. «Es ist demnach der Fortschritt der internationalen Kapitalverflechtung innerhalb der EWG, das Aufkommen einer größeren Zahl von Firmen oder Banken, die nicht mehr hauptsächliches Eigentum dieses oder jenes «nationalen» Großkapitals wären, sondern Eigentum von Großkapitalisten mehrerer oder aller EWG-Mitgliedsstaaten sind; es ist dieser Prozeß, der den materiellen Unterbau für tatsächlich supranationale *Staatsorgane* im Gemeinsamen Markt schafft.» (ebd.: 46, Hvhbg.i.O.)

Mandel bewegt sich also in einer sehr orthodoxen Interpretation von Marx' Aussage aus der Einleitung zur Kritik der politischen Ökonomie von 1859, dass die «Gesamtheit dieser Produktionsverhältnisse [...] die ökonomische Struktur der Gesellschaft» bilde, «die reale Basis, worauf sich ein juristischer und politischer Überbau erhebt, und welcher bestimmte gesellschaftliche Bewußtseinsformen entsprechen.» (MEW 13: 8) Verändere sich die «ökonomische Grundlage, wälzt sich der ganze ungeheure Überbau langsamer oder rascher um» (ebd.). In diesem Sinne leitet Mandel die Entwicklung der europäischen Integration aus den Kapitalprozessen ab, die politische Umwälzungen im Sinne einer supranationalen politischen Form notwendig mache. Damit wird eine mögliche Eigenständigkeit der Entwicklung des Staates gegenüber den ökonomischen Prozessen, die kurz angedeutet wurde, indem die EWG als Motor der Kapitalverflechtungsprozesse benannt wurde, wieder einkassiert. Gemäß dieser Position muss daher «der Staat heute an erster Stelle eine wirtschaftliche Funktion zugunsten des Großkapitals [...] erfüllen» (Mandel 1968: 79). In der Phase einer Rezession und Krise stellt sich dann für das «europäische» Großkapital die Frage einer wirksamen Anti-Rezessions-Politik, die auf nationalstaatlicher Ebene nicht mehr ausreichend betrieben werden könne. Dafür wird es notwendig, eine suprastaatliche Organisation aufzubauen, auf die Aufgaben und Rechte der Nationalstaaten übertragen würden. «Aus diesen Gründen müssen ‹europäische› Konzerne im Augenblick einer verschärften, verallgemeinerten Rezession in der EWG [...] zwingend die Forderung nach einer krisenverhütenden Anti-Rezessionspolitik auf EWG-Ebene stellen» und daher «die Entschlußkraft» im Bereich der Wirtschaftspolitik «aus den Händen der nationalstaatlichen Regierungen in die der ‹überstaatlichen› EWG-Behörden [...] legen» (ebd.: 82).

Während Mandel also die ökonomische Basis in ihren Prozessen erfassen möchte, wurde etwa zeitgleich versucht, die Entwicklung der EWG als supranationalen staatsmonopolistischen Kapitalismus zu verstehen, wobei die EWG als Lenkungssystem der neuen Monopole gedacht wurde. Diese Interpretation blieb aber eine Randerscheinung, da sie «auf einer empirischen Fehleinschätzung des erreichten Grades der Supranationalität» beruhte und auch die «theoretische Analyse des Widerspruchs von Internationalisierung der kapitalistischen Wirtschaft und den Bedingungen der internationalen Konkurrenz, die nicht nur die ungleichmäßige Entwicklung der Zentralisation und der Produktivität der nationalen Kapitale, sondern auch die Funktionen der Nationalstaaten im gesamtkapitalistischen Reproduktionsprozeß umfassen» aus dem Blick verlor (Deppe 1976: 57).

Für die marxistische Diskussion blieb dennoch die Frage der internationalen Monopole und ihrer politischen Rahmung von großer Bedeutung, da sich hieran auch die Frage anschloss, was denn die Europäisierungsprozesse für die Aktionsfähigkeit der Arbeiter*innenklasse bedeuteten. Für Mandel veränderte sich damit auch der Aktionsradius der Arbeiter*innnenklasse, der bei fortschreitender Integration nicht mehr auf den Nationalstaat beschränkt bleiben könne. Die «westeuropäische Arbeiterklasse» müsse sich im Falle der tiefergehenden Integration und Entwicklung europäischer Staatsapparate «auf gewerkschaftliche und politische Aktionen im EWG-Rahmen insgesamt einstellen und auch die organisatorischen Schlüsse ziehen» (ebd.: 93). Es wäre eine «Vogel-Strauß-Politik», sich diesen Entwicklungen zu entziehen zu versuchen (ebd.: 94). Auch André Gorz entwickelte aus der neuen Kapitalkonzentration und Monopolbildung Überlegungen zum Verhältnis der Arbeiter*innen zu den europäischen Integrationsprozessen (Gorz 1967: 169ff.). Er stellt dabei vor allem auf die Unmöglichkeit ab, sich an dem Integrationsprozess zu beteiligen, wobei gleichzeitig die Ablehnung des Integrationsprozesses auch keine haltbare Position sei. Damit kritisiert er namentlich die Position der französischen Kommunistischen Partei, die sich «weigerten», den «übernationalen Kampf gegen den Gemeinsamen Markt anzugehen» (ebd.: 207). Jedoch sei eine internationale Ausrichtung unabdingbar, eine Rückkehr zum nationalstaatlichen Protektionismus «und zum wirtschaftlichen Nationalismus» müsse «ausgeschlossen werden» (ebd.: 208).

Diese Schwierigkeiten der Entwicklung einer strategischen Position der Arbeiter*inenklasse in der europäischen Integration erforderte daher vielschichtigere Analysen des Verhältnisses von Politik und Ökonomie sowie der Entwicklung der Klassenverhältnisse. Eine für die staatstheoretischen Debatten wichtige Arbeit bilden dabei Überlegungen von Nicos Poulantzas zur Internationalisierung des Staates (Poulantzas 1975). Diese spielten zunächst zwar keine bedeutende Rolle für die Analyse der Integrationsprozesse, gaben aber staats- und klassentheoretische Impulse, die in jüngerer Zeit in der kritischen Integrationsforschung wiederentdeckt wurden. Poulantzas grenzt sich dabei, ähnlich wie Mandel, von Servan-Schreiber und damit von Interpretationen ab, die den Staat als dem internationalen Kapitalverhältnis äußerlich bzw. den entstehenden multinationalen Konzernen gegenüber als quasi unabhängige Instanz betrachten. Ansichten, die nach der Macht des Staates gegenüber dem internationalisierten Kapital fragen, seien «von Grund auf falsch» (ebd.: 63), eben weil der Staat weder Subjekt noch Instrument sei, sondern in seiner Struktur und Materialität nur als Resultat von gesellschaftlichen Kräfteverhältnissen zu denken ist (vgl. Poulantzas 2002). Insofern kritisiert er deterministische Vorstellungen der Entwicklungen des Staates, die denen des Kapitalprozesses folgen würden. Es sei eben nicht so, dass «jede Etappe der Internationalisierung des Kapitals automatisch eine ‹Supra-Nationalisierung› der Staaten hervorruft» (1975: 70). Vielmehr müsse man sich die Klassenwidersprüche genau ansehen und in einer imperialistischen Weltordnung verorten, die sich in der Krise befinde. Seine begriffliche Neuerung, die er einführt, ist daher in der Bestimmung der Bourgeoisie zu finden. Grundsätzlich geht Poulantzas mit seinem Begriff von Staat davon aus, dass sich im Staat spezifische gesellschaftliche Kräfteverhältnisse verdichten und materialisieren. Dabei kann es daher gar nicht eine Klasse oder Klassenfraktion alleine sein, die die Herrschaft ausübt, sondern sich vielmehr, Gramsci folgend, ein Block an der Macht[3] bilde, der die gelungene Verallgemeinerung partikularer Interessen der herrschenden Klassenfraktion durch Bündnisbildung und Aufnahme subalterner Interessen anderer Klassenfraktionen meint. Da nun der Staat selbst nicht direkt von der ökonomisch herrschenden Klassenfraktion geleitet wird, sondern sich dies über das politische System vermittelt, findet dieser Block Ausdruck im Parteiensystem, in der Repräsentation von Klassenfraktionen in und durch Parteien, die im Staat die relative Einheit des widersprüchlichen Ensembles organisieren (vgl. Jäger 2010).

Vor diesem Hintergrund kommt Poulantzas zu dem Schluss, dass das Verständnis der Kapitalfraktionen als Monopolkapital und nicht-monopolistischem Kapital zu kurz greift. Auch die bis dahin gängige Unterscheidung von nationaler Bourgeoisie und Compradorenbourgeoisie ist für ihn nicht ausreichend. Er definiert die nationale Bourgeoisie als die «einheimische Fraktion», die in Widerspruch zum «imperialistischen Kapital» gerät, während Compradorenbourgeoisie diejenige sei, die nicht «über eine eigene Basis der Kapitalakkumulation verfügt» und vielmehr als «Vermittler des ausländischen imperialistischen Kapitals» fungiere (Poulantzas 1975: 64).

Diese Kategorien reichten aber nicht aus, um die damals gegenwärtige Phase zu beschreiben. Daher entwickelt Poulantzas die Kategorie der «inneren Bourgeoisie», die keine nationale Bourgeoisie ist, aber «trotz ihrer Verflechtung mit ausländischem Kapital ihre Reproduktionsbasis in den Nationalstaaten hat» (Wissel 2006: 243). Auch wenn sie somit die Fraktion des internationalen Kapitals ist, sollte sie nicht gemäß einer einfachen Imperialismusvorstellung als dem amerikanischen Kapital unterstellt gedacht werden, sondern muss in ihrer Eigenständigkeit verstanden werden, denn es «existieren wichtige Wi-

3 Die staatstheoretischen Überlegungen Gramscis sind tatsächlich auch für die kritische Europaforschung von zentraler Bedeutung, wie im nächsten Abschnitt zu neogramscianischen Ansätzen deutlich werden wird.

dersprüche zwischen der inneren Bourgeoisie und dem amerikanischen Kapital» (Poulantzas 1975: 66). Der zentrale Punkt ist hier, dass die Internationalsierungprozesse solchermaßen nicht mehr als reine Innen-Außen-Verhältnisse verstanden werden – das Kapital internationalisiert sich und zwingt den Staat eine Transformation auf –, sondern dass sich Internationalisierungsprozesse innerhalb der Nationalstaaten abspielen, indem die Klassenkonstellation im Machtblock sich in ihren räumlichen Bezügen verändert. Auch wenn Poulantzas nicht davon ausging, dass es zur Entwicklung «wirklicher übernationaler und überstaatlicher institutioneller Formen oder Instanzen» (ebd.: 66) käme, so hat er mit dieser Perspektive auf Internationalisierungsprozesse wichtige Impulse für die weitere Theoriebildung gegeben. Obwohl er durch die Fokussierung auf die Untersuchung der «sich verändernden Beziehungen zwischen den ökonomischen Eigentümern innerhalb und zwischen den verschiedenen Einheiten der Produktion und den ökonomischen Entscheidungszentren» in gewissen Maße «Formen des Ökonomismus und des Klassenreduktionismus verhaftet» blieb (Jessop 2001: 84) und zusätzlich seine Analysen der inneren Bourgeoisie nicht auf die USA anwendete (vgl. Wissel 2006: 244), gab er wichtige Impulse für eine neue Perspektive.

Die Eigenständigkeit des Politischen hob ebenfalls Albert Statz hervor, der 1979 eine tiefgreifende Kritik ökonomistischer Theorien über die westeuropäische Integration formulierte (Statz 1979, vgl. Kannankulam/Georgi 2012: 8ff.). Sein Ansatz bestand darin, den eigenständigen Charakter der Integration herauszuarbeiten. Dabei könne sich ein «theoretischer Ansatz, der die Entwicklungsperspektiven der Westeuropäischen Integration bestimmen will [...], nicht auf die allgemeine Krisentendenz des Kapitals, der ungleichmäßigen Entwicklung und der innerimperialistischen Konkurrenz, welche die Pläne für regionale Zusammenschlüsse immer wieder durchkreuzen, zurückziehen» (Statz 1979: 217). Statz hebt besonders hervor, dass es darum gehe, die Handlungsstrategien der politischen Subjekte nicht einfach aus objektiven Strukturen abzuleiten, sondern auch als strategische Entscheidungen zu verstehen, die jeweils anders hätten ausfallen können. Es gelte daher eine Theorie zu entwickeln, die den Zusammenhang von Politik und Ökonomie weder wie die Staatsableitung noch wie die Imperialismustheorie bestimme, sondern «die eigenständigen Gesetzmäßigkeiten der Interessens- und Handlungsstrukturen, die politischen Formen sowohl auf allgemeiner Ebene wie für die internationale Politik herauszuarbeiten» (ebd.: 11). Denn gerade die Interessens- und Handlungsstrukturen sind auf der konkreten Ebene der regionalen, d.i. europäischen, Integration entscheidende Faktoren, wie die Widersprüche der Weltmarktbewegungen bearbeitet und zu lösen versucht werden (vgl. ebd.: 45). So kann er den Blick auf die Entwicklung eines «Gemeinschaftsinteresses» (ebd.: 246; vgl. Kannankulam/Georgi 2012: 11) werfen, das sich im Falle der europäischen Integration aus den verschiedenen Interessen der Einzelstaaten als dasjenige destilliert, was allen gemeinsam ist. Um zu einem solchen gemeinsamen Interesse zu gelangen, werden im Konflikt die unterschiedlichen Interessen und Strategien zusammengefasst und verdichtet. Insofern ist die regionale Integration in Europa eine Form, in der die Widersprüche des Weltmarkts bearbeitet werden. In der regionalen Integration verweben sich daher die Widersprüche des Weltmarkts durch politische Bearbeitungen und Konflikte verschiedener Interessen auf der Ebene politischer Handlungen und Strategien. Die europäische Integration als solche Bearbeitung krisenhafter Weltmarktprozesse erweise sich «als Form der Reorganisation der Produktionsbedingungen», somit «stellt die regionale Integration zum einen eine objektive Lösungsmöglichkeit dar, drängt sich also dem Handeln als Strategie wieder auf; zum anderen findet eine Bestätigung oder Nicht-Bestätigung dieser Lösungsform nicht allein auf der Ebene des objektiv widersprüchlichen Charakters der Integration statt, sondern auf der Ebene der Zusammenfassung der je nationalen Strategien» (Statz 1979: 245). Das heißt, dass diese Zusammenfassung von Strategien durchaus nicht einfach determinierende Zwänge der Ökonomie ausdrückt, sondern gerade eine relative Eigenständigkeit besitzt, da die jeweiligen nationalen Strategien sich auch aus differenten Stellungen zum Weltmarkt ergeben sowie politische Interessen vertreten, die nicht unbedingt nur unmittelbar ökonomischer Natur sein müssen. So weist Holland auf die Schlüsselrolle der römischen Verträge und der drei Gemeinschaften der 1950er Jahre (EGKS, EWG, Euratom) in der Legitimation des liberalen Kapitalismus in der Systemkonkurrenz hin (Holland 1980: 15). In der Zusammenfassung kann sich also nicht eine einzelne ökonomische Strategie (bspw. des Monopolkapitals) ungefiltert durchsetzen, da diese immer schon vermittelt mit politischen Strategien auf der Ebene der europäischen Integration auftreten und dort wiederum mit den anderen Interessen und Strategien vermittelt werden. Die europäische Integration und ihre institutionelle Entwicklung sind daher Ausdruck der fortwährenden Herausbildung einer gemeinsamen Politik und eines Gemeinschaftsinteresses. Statz weist dabei nachdrücklich darauf hin, dass die «Gesamtheit der Entscheidungsmechanismen zu betrachten» sei, die «die Bedingung der Formulierung des ‹Gemeinschaftsinteresses› darstellt: das spezifische Verhältnis von Kommission, Ministerrat und formellen wie informellen Konsultations- und Beratungsorganen, zu denen neben dem Europäischen Parlament und dem Wirtschafts- und Sozialausschuß auch die Vielzahl von Arbeitsgruppen zwischen der Europäischen Kommission, dem Ministerrat und einzelnen Interessengruppen zählen» (Statz 1979: 247).

2.2 Neogramscianismus: Das politische Projekt der ökonomischen Integration

Damit lieferte Statz wichtige Hinweise für die Fortentwicklung kritischer Europaforschung, die insbesondere nach der Forcierung des Binnenmarkt-Projekts ab 1985 einen weiteren Schub bekam (vgl. Bohle 2012: 165). Dabei wurde der marxistische Theoretiker Antonio Gramsci für die internationale politische Ökonomie und auch für die Europaforschung neu gelesen, da mit den von ihm entwickelten Begriffen zur Analyse des Staates und der Ökonomie inter- und transnationale Entwicklungen sowohl in der politischen als auch strategischen und ökonomischen Dimension gefasst werden konnten. Die grundsätzliche Annahme besteht darin, die europäische Integration, wie Statz, nicht nur als aus ökonomischen Notwendigkeiten hervorgehend zu bestimmen, sondern die polit-ökonomische Entwicklung genauer zu betrachten. «Europe from the start has been an inherently *political* project of primarily *economic* integration» (Apeldoorn/Horn 2019: 196). Einen grundlegenden Beitrag für die Adaption von Gramscis Begriffen für die Disziplin der Internationalen Beziehungen wie auch der Internationalen Politischen Ökonomie lieferte Robert Cox (1981; 1983; vgl. Bieling/Deppe/Tidow 1998). Cox greift Anfang der 1980er Jahre in eine unter amerikanischen Wissenschaftler*innen geführte Debatte um neorealistische Ansätze in den internationalen Beziehungen ein und versucht eine kritische Theorie der internationalen Beziehungen auf der Grundlage des historischen Materialismus[4] zu entwickeln (vgl. Cox 1981). Das Erkenntnisinteresse Gramscis, wie bürgerliche Herrschaft innerhalb westlicher Nationalstaaten zu erklären, kritisieren und zu überwinden sei, wird so auf transnationale Macht- und Herrschaftsverhältnisse ausgeweitet (vgl. Bieler/Morton 2003: 373). Der Neorealismus begriff nun die internationalen Verhältnisse als «prinzipiell anarchisches Milieu», in dem der Staat mit der größten militärischen und ökonomischen Macht Hegemon werden könne (Jacobitz 1991: 7). Dem dort verwendeten Hegemoniebegriff, der die internationalen Verhältnisse nur als äußerliche fasste, wurde von Cox ein historisch-materialistischer, von Gramsci inspirierter Hegemoniebegriff entgegengesetzt. In seiner Untersuchung bürgerlicher Herrschaft stellt Gramsci fest, dass «sich die Suprematie einer gesellschaftlichen Gruppe auf zweierlei Weise äußert, als ‹Herrschaft› und als ‹intellektuelle und moralische Führung›. Eine gesellschaftliche Gruppe ist herrschend gegenüber den gegnerischen Gruppen, die sie ‹auszuschalten› oder auch mit Waffengewalt zu unterwerfen trachtet, und sie ist führend gegenüber den verwandten und verbündeten Gruppen» (Gramsci 1998ff: 1947).

Darin steckt die grundsätzliche Annahme über bürgerliche Herrschaft[5], dass sie nicht allein auf Zwang beruht, sondern,

---

4 Cox grenzt den historischen Materialismus nicht nur vom Neorealismus ab, sondern auch vom strukturellen Marxismus und namentlich von Poulantzas und Althusser, denen er vorwirft, einige Probleme des Neo-Realismus zu teilen. «The second is represented by the so-called structural Marxism of Althusser and Poulantzas [...] and most commonly takes the form of an exegesis of Capital or other sacred texts. Structural Marxism shares some of the features of the neo-realist problem-solving approach such as ahistorical, essentialist epistemolcgy, though not its precision in handling data, since it has remained very largely a study in abstractions, its practical applicability to concrete problems.» (Cox 1981: 133) Hier verkennt er die Potentiale der Analysen von Althusser und insbesondere Poulantzas, die im weiteren Verlauf noch eine wichtige Rolle spielen werden.

5 Hierunter ist an dieser Stelle ein «Normalzustand» zu verstehen. Ausnahmestaatlichkeit wie im Faschismus oder Nationalsozialismus können zwar auch als Formen bürgerlicher Herrschaft bestimmt werden, aber

was Gramsci im Begriff der Führung ausdrückt, auch eine «moralisch-kulturelle Dimension» aufweist, die «Konsens und Zustimmung» ausdrücklich als Elemente von Herrschaft versteht (Opratko 2012: 36). Hegemonie ist damit das Ergebnis eines (permanenten) Kampfes gesellschaftlicher Gruppen bzw. Klassen und Klassenfraktionen und beinhaltet daher mehr als bloße Vormachtstellung einer Klassenfraktion gegenüber anderen. Bei Betrachtung der Dimension der Gewalt bedeutet dies nicht nur die Gewalt des Staates und der herrschenden Klassenfraktionen, die zur Unterdrückung subalterner Klassenfraktionen eingesetzt werden, sondern auch das «Eingreifen der großen Volksmassen als Faktor geschichtlichen Fortschritts» (Gramsci 1998ff.: 1236). Und zum zweiten wird die konsensuale Dimension politischer Herrschaft benannt, die aber auch nicht nur aus Übereinstimmung verschiedener Klassenfraktionen in bestimmten Elementen politischer Herrschaft besteht, sondern auch «notwendigerweise die Elemente der Universalisierung und der Kompromisse» (Opratko 2012: 43) umfasst. Universalisierung heißt, dass die herrschende Klassenfraktion ihre eigenen (ökonomischen) Interessen in einem Geflecht politisch-ethisch-moralischer Positionen durch Aufnahme von Elementen subalterner Interessen so verallgemeinert, dass Konsens durch Kompromisskonstellationen hergestellt wird. «Die Tatsache der Hegemonie setzt zweifellos voraus, daß den Interessen und Tendenzen der Gruppierungen, über welche die Hegemonie ausgeübt werden soll, Rechnung getragen wird, daß sich ein gewisses Gleichgewicht des Kompromisses herausbildet, daß also die führende Gruppe Opfer korporativ-ökonomischer Art bringt» (Gramsci 1998ff.: 1567).

Eine Grenze findet dies an der basalen ökonomisch-politischen Struktur der Gesellschaft, an den Produktionsverhältnissen. Dadurch werden gleichwohl die konkrete Ausgestaltung der Produktionsverhältnisse sowie der politischen Institutionen in Verbindung mit gesellschaftlich hegemonialen moralisch-ethischen Überzeugungen und Lebensweisen an die Verhältnisse sozialer Kräfteformationen zurückgekoppelt. Dies bildet bei Cox einen Ausgangspunkt, den er «historical structures» (Cox 1981: 135ff.) nennt. Darunter versteht er zunächst sehr abstrakt, dass drei Kategorien sozialer Kräfte – materielle Be-

ich würde bezweifeln, dass sie mit dem Begriff der Hegemonie erfasst werden können. Hierfür wären andere Begriffe notwendig.

dingungen, Ideen und Institutionen – in einer Struktur interagieren und deren Verhältnis nicht in einem eindimensionalen Determinismus bestehe. So versteht er die Ausgestaltung des Staates und der Weltordnung «immer auch als das Ergebnis von politischen, kulturellen und ideologischen Kämpfen konkurrierender sozialer Kräfte» (Bieling/Deppe/Tidow 1998: 16). Historische Strukturen stehen dabei in einem Vermittlungsverhältnis der Organisation der Produktion, der Formen des Staates und den Strukturen der Weltordnung (vgl. Cox 1983; Bieling/Deppe/Tidow 1998: 16). Vor diesem Hintergrund überträgt Cox den Hegemonie-Begriff auf die internationale Ebene, die nicht, wie im Realismus, einfach eine Ordnung zwischen Staaten, sondern viel komplexer sei: «It is an order within a world economy with a dominant mode of production which penetrates into all countries and links into other subordinate modes of production» (Cox 1983: 171). Die einfache Dominanz eines Staates im internationalen System genügt daher nicht, um von Hegemonie zu sprechen: «Dominance by a powerful state may be a necessary but not a sufficient condition of hegemony.» (Cox 1981: 139) Militärische und ökonomische Macht sind also zur Etablierung einer hegemonialen Position im inter- oder transnationalen Raum nicht ausreichend. Daher greift Cox auf den Begriff des geschichtlichen Blocks zurück, den Gramsci im Rahmen seiner Hegemonietheorie entwickelt hat. «Die Struktur und die Superstruktur bilden einen geschichtlichen Block, das heißt, das komplexe und nichtübereinstimmende Ensemble der Superstrukturen ist der Reflex des Ensembles der gesellschaftlichen Produktionsverhältnisse.» (Gramsci 1998ff.: 1045)

Diese Stelle scheint wiederum einen ökonomischen Determinismus zu behaupten, wenn die Superstrukturen (der Überbau) als Reflex der Basis bezeichnet werden. Bei genauerer Betrachtung aber ist der Begriff des «Reflexes» an dieser Stelle missverständlich. Denn für Gramsci ist die Vermittlung zwischen Struktur und Superstruktur wesentlich eine Frage der Praxis. «Indes erfolgt die Integration von Superstrukturen und Strukturen stets in einer bestimmten Situation, die zugleich gegeben ist und ergriffen werden muss, d.h. politischer Gestaltung bedarf.» (Bollinger 2001: 442) In dieser Weise interpretiert auch Cox diese Stelle, wenn er das Ensemble von politischen, ethischen und ideologischen Dimensionen gesellschaftlicher Praxis als gleichzeitig neben den ökonomischen Verhältnissen, aber zugleich auch darin vermittelt versteht (Cox 1983: 167). Ein geschichtlicher Block ist zudem gekennzeichnet durch eine relative Stabilität bzw. durch «relativ stabile, ‹organische› Beziehungen» zwischen den herrschenden Klassenfraktionen (Jacobitz 1991: 11). Auf internationaler Ebene weist ein geschichtlicher Block einige Besonderheiten auf. Er umfasst «Basis und Überbau mehrerer Nationen innerhalb einer bestimmten historischen Epoche» (ebd.). Die Allianz der herrschenden Klassenfraktionen wird dabei international von der herrschenden Klassenfraktion des hegemonialen Staates innerhalb des internationalen geschichtlichen Blocks organisiert und zusammengehalten. Eine zentrale Rolle spielen dabei Intellektuelle, die für die ideologische Verallgemeinerung partikularer Klasseninteressen sorgen. «Ein internationaler historischer[6] Block stellt sich darüber hinaus auch als intellektueller und moralischer Block dar, als eine ‹Wertgemeinschaft›, deren Gepräge im Wesentlichen das Produkt der nationalen Intellektuellen der hegemonialen Nation ist.» (ebd.) International stellt sich ein internationaler geschichtlicher Block wie auf nationaler Ebene als Zivilgesellschaft und politische Gesellschaft dar, nur dass die Zivilgesellschaft «das gesamte gesellschaftliche und ökonomische Gewebe innerhalb und zwischen den Nationen» umfasst und die politische Gesellschaft sich aus den «verschiedenen Staatsapparaten und denjenigen internationalen Organisationen, in denen sich die Beziehungen zwischen diesen Staatsapparaten manifestieren» (ebd.: 12), zusammensetzt.

Das entscheidende theoretische Moment besteht also in der Bedeutung der Klassenpraxen und -beziehungen, die aber nicht praxeologisch verkürzt, sondern in ihren Vermittlungen im politisch-institutionellen Kontext und der konkreten Ausgestaltung ökonomischer (Ausbeutungs-)Beziehungen analysiert werden. Zweierlei folgt daraus: Erstens rückt die Frage ins Zentrum, welche herrschenden Klassenfraktionen in welcher

6 In einer früheren Übersetzung der Gefängnishefte wurde das Original «blocco storico» mit «historischer Block» übersetzt. Dabei jedoch «lag der Akzent irreführend auf einem Historischen im Sinne vergangener Geschichte. Die revidierte Übersetzung mit ‹geschichtlich› ist, indem sie den Aspekt der ‹Geschichtsmächtigkeit einer politisch-kulturellen Formation gesellschaftlicher Kräfte› (Gef 6, Einleitung, 1214) ins Zentrum rückt, Gramscis Anspruch eingreifenden Denkens angemessen.» (Bollinger 2001: 440)

politisch-ideologischen Form ihre Allianz formieren, und zum Zweiten, dass historisch verschiedene Perioden kapitalistischer Entwicklung ausgemacht und als unterschiedliche geschichtliche Blöcke bestimmt werden können. Cox unterscheidet vier Perioden seit 1845 (Cox 1983: 170ff.): erstens eine Phase britischer Hegemonie 1845 bis 1875, zweitens die Herausforderung dieser Hegemonie und die Destabilisierung internationaler Verhältnisse bis zum Faschismus und Nationalsozialismus 1875-1945[7]. In der dritten Phase wurde eine neue hegemoniale Ordnung unter US-Hegemonie etabliert, die Ende der 1960er, Anfang der 1970er Jahre in die Krise geriet. Cox entwickelte seine Thesen Anfang der 1980er Jahre, so dass die vierte Phase für ihn bis zur Gegenwart andauerte und durch die Krise der US-Hegemonie und damit einen instabilen geschichtlichen Block gekennzeichnet war. Die Ende der 1960er Jahre einsetzende Überakkumulationskrise des Kapitals (Harvey 2005: 63) führte in ihrer politischen Bearbeitung im Laufe der Jahrzehnte zu einer langen Reihe an Maßnahmen, die der Verwertungskrise mit der Senkung der Lohnquote, Austeritätspolitik und der Konstitutionalisierung eines bis in die Alltagspraxen wirkenden disziplinierenden Neoliberalismus begegneten (vgl. Gill 2017: 638). Dabei, und das wurde von Cox bemerkt, veränderte sich der geschichtliche Block und es entwickelte sich eine transnational ausgerichtete Klassenpolitik, die den Machtblock innerhalb der Staaten ebenfalls stark veränderte (vgl. Ougaard 2016).

Vor diesem theoretischen und historischen Hintergrund entwickelte sich im Anschluss an Cox' Überlegungen die sogenannte Amsterdamer Schule des Neogramscianismus, die einen besonderen Einfluss auf die kritische Europaforschung erlangen sollte. Auch wenn die Amsterdamer mit Cox hinsichtlich der Analyse des geschichtlichen Blocks und der Analyse des Staat-Zivilgesellschaft-Komplexes übereinstimmten, wurden jedoch andere Schwerpunkte gesetzt (vgl. Bieling 2011: 101). Die zwei zentralen theoretischen Prämissen der Amsterdamer liegen wie bei Cox in der Kritik der Mainstream-Theorien der internationalen Beziehungen, gegen die erstens die Klassenstruk-

7 Ähnlich argumentiert auch die Weltsystemtheorie, die die Möglichkeit des Aufstiegs des Faschismus an eine internationale nicht-hegemoniale Phase knüpft und die internationale Destabilisierung auch als Verstärker nationaler Destabilisierung und gleichzeitiger Öffnung für faschistische Projekte begreift (vgl. Kumral 2015).

tur der kapitalistischen Gesellschaft betont wird und zweitens strukturalistische Positionen zum Verständnis der Entwicklung kapitalistischer Klassengesellschaften nicht ausreichen (vgl. van Apeldorn 2004: 154). «The distincitve contribution of the AP [Amsterdam Project / Amsterdamer Schule, DK] to this broader critique of mainstream theory lies in identifying state formation and inter-state politics as moments of the transnational dynamics of capital accumulation and class formation [...]» (Overbeek 2004: 114).

Wobei vor allem die Rolle von transnationalen Klassenfraktionen und Elitennetzwerken in den Fokus gerückt ist. Kees van der Pijl untersuchte etwa die Entstehung einer herrschenden transatlantischen Klasse bis zur US-Hegemonie und deren Krise durch die Epochen seit der Phase der britischen Hegemonie[8] (1984[2012]). Dafür konzeptualisierte er ausgehend von Marx' Kapital die zu unterscheidenden Kapitalfraktionen nach Stellung im Reproduktionsprozess des Kapitals, also demnach, ob die jeweilige Fraktion in der Produktions- oder Zirkulationssphäre anzusiedeln ist (vgl. ebd.: 20ff.). Die grobe Unterscheidung in Industrie-, Handels- und Geldkapital wird so nochmals mittels Differenzierungen innerhalb der jeweiligen Fraktionen (bspw. Industrie und Transport) erweitert. So sollen «die Prioritäten und Strategien des Staatshandelns vor allem durch das jeweilige Gewicht unterschiedlicher Kapitalfraktionen [...] und die Operationsweise transnationaler Elitennetzwerke erklärt werden» (Bieling 2011: 88). Das zentrale Argument lautet also, dass sich Klassen(-fraktionen), vor allem die des Kapitals, transnational formieren und dass Instanzen transnationaler Handlungsfähigkeit («agency») von Klassen(-fraktionen) ein wichtiger Faktor globaler Politik geworden sind (vgl. van Appeldorn 2004: 143f.). «Class agency» wird dabei zu einem wichtigen Vermittlungsbegriff[9]: «The moment of class agency – or the process

8 Diese historische Perspektive auf transnationale Klassenformierungen, die nicht nur die unmittelbare Gegenwart betreffen, ist insgesamt ein Merkmal der Amsterdamer Schule (vgl. Winter 2011: 150).

9 Opratko und Prausmüller identifzieren den Begriff der Klassenfraktionen als «entscheidende vermittelnde Kategorie kritischer IPÖ-Forschung» (2011: 22). Da es jedoch dabei auch um die Fähigkeit der Setzung von Prioritäten oder eigener Interessen als verallgemeinerbare geht, muss die Handlungsfähigkeit in einem gegebenen politisch-institutionellen Setting immer mit eingedacht werden. Overbeek wies auf diese Dimension hin: «Der Amsterdamer Ansatz unterscheidet sich von

of class formation – is thus always a political process in which capitalists transcend the logic of market competition and reach a temporary unity of strategic orientation and purpose, enabling them to articulate (vis-à-vis other social classes or groups as well as vis-à-vis the state) a general capitalist interest.» (ebd.: 155) Durch die Betrachtung der herrschenden Klasse als in verschiedene Fraktionen gespaltene, wird der Fokus auf die Kämpfe innerhalb und zwischen den Fraktionen der herrschenden Klasse(n) gelegt. Klassenkämpfe um die Durchsetzung der eigenen Interessen sind daher mehrdimensional und finden zudem in einem politisch-institutionellen Rahmen statt, der wiederum durch diese Kämpfe vermittelt transformiert wird. So können politische Entwicklungen auf Klassenkämpfe und gesellschaftliche Kräfteverhältnisse zwischen Klassenfraktionen zurückgeführt werden. In durchgesetzten politischen Projekten erscheint daher auch ein verallgemeinertes Klasseninteresse, das sich wiederum nicht rein durchsetzt, sondern Kompromisse und Konsense mit anderen Fraktionen und Gruppen formt.

Diese prinzipielle Perspektive wurde dann nicht nur auf transatlantische und andere global-transnationale Institutionen und deren Entwicklung angewandt, sondern auch zur Analyse der Entwicklung der europäischen Integration. Zunächst wurde die Entwicklung der europäischen Bourgeoisie vor allem im Kontext ihrer Rolle im atlantischen Kontext und der US-Hegemonie situiert. Durch die kriseninduzierte Destabilisierung Ende der 1960er / Anfang der 1970er Jahre, die den geschichtlichen Block der Nachkriegsphase erschütterte (van der Pijl 1984[2012]), erlangte die europäische Integration Mitte/Ende der 1980er Jahre eine neue Phase, die durch das Projekt der Erschaffung eines Binnenmarktes gekennzeichnet war. Dadurch verlagerte sich auch der Blick auf die Rolle der europäischen Bourgeoisie weg von der US-Hegemonie zum Binnenmarkt-Projekt. Allgemein «verweist die europäische Integration nicht nur auf den Prozeß der politischen Integration in Form der Europäischen Gemeinschaften, sondern […] auf den Prozeß der Transnationalisierung ökonomischer, sozialer und politischer Entwicklungen im europäischen Raum» (Overbeek 2000: 169). Dabei erlangt der Begriff des Projekts eine eigene besondere Bedeutung. Wenn

---

anderen neogramscianischen Ansätzen genau genommen darin, daß er die strategische Dimension des Handelns berücksichtigt.» (Overbeek 2000: 167)

verschiedene Klassenfraktionen gegeneinander um die Verallgemeinerung ihrer jeweiligen Interessen ringen, dann geschieht dies vermittelt über politische oder hegemoniale Projekte, die einerseits in einem Verhältnis zum geschichtlichen Block stehen und diesen entweder stabilisieren oder verändern, und andererseits ein politisches Partikularprojekt einer oder mehrerer Klassen(-fraktionen) in einer umfassenderen Vorstellung gesellschaftlicher Entwicklung verortet wird, um eine Verbreiterung und Unterstützung herzustellen. Bei hegemonialen Projekten handelt es «zumeist um besondere, konkrete politische Initiativen [...], die sich selbst als Lösungen von drängenden sozialen, ökonomischen und politischen Problemen darstellen» (Bieling/Steinhilber 2000: 106). Daher können sich in politischen oder hegemonialen Projekten niemals alleine die direkten materiellen Interessen einer Klassenfraktion ausdrücken, denn durch die Verallgemeinerungsnotwendigkeit müssen auch weiterreichende Interpretationen, Vorstellungen, kulturelle Formen, Ideologien und auch eine affektive Dimension als Teil solcher Projekte verstanden werden (vgl. ebd.: 107). Projekte sind daher als «Bündelung bzw. der Kristallisationspunkt von Hegemoniestrategien, um die herum sich unterschiedliche Akteure dynamisch verknüpfen» (Kannankulam/Georgi 2012: 20) zu verstehen.

Historisch, wie erwähnt, ist der entscheidende Ausgangspunkt der Niedergang des Nachkriegssystems und die folgende Bearbeitung der Krise sowie die Entwicklung der europäischen Integration. Nach der mit der Krise einhergehenden Stagnation des Integrationsprozesses in den 1970er Jahren verorten neogramscianische Ansätze die Durchsetzung neoliberaler Politiken und Projekte als Ergebnis der Rekonfiguration transnationaler und europäischer Klassenformierungen. Insbesondere die Entwicklungen zu einer neoliberalen, wettbewerbsstaatlichen Integrationsweise werden mit der Wiederbelebung der europäischen Integration Anfang der 1980er Jahre und der darin stattfindenden Neuausrichtung bedeutender Klassenfraktionen in Verbindung gebracht (vgl. Ziltener 1999; Overbeek 2000). Das Ziel dieser Neuausrichtung war es, «durch gestärkte europäische Institutionen im Kampf gegen die US-amerikanischen und japanischen Konkurrenten unterstützt zu werden» (Overbeek 2000: 172). Die Ausrichtung der europäischen Integration auf damit verbundene politökonomische Transformationen der Deregulierungen und Liberalisierungen, also einer neoliberalen Ausrichtung an der Weltökonomie, wird so als Ergebnis des Kampfes unterschiedlicher (hegemonialer) Projekte verstanden. Im Mittelpunkt der Analysen stand dabei die Forcierung der Integration durch die Entwicklung des Binnenmarktes, des Europäischen Währungssystems und der Europäischen Währungsunion (vgl. Bieling/Steinhilber 2000; van Apeldoorn 2000). Einen bedeutenden Schritt dahin markierte die Einheitliche Europäische Akte, die 1987 in Kraft trat und die Verwirklichung des Binnenmarktes sowie Schritte zur Wirtschafts- und Währungsunion und damit insgesamt zur Entwicklung der Europäischen Gemeinschaften zur Europäischen Union festschrieb (EEA 1986).

Bastiaan van Apeldoorn machte im Kampf um die Fortentwicklung der Integration drei Projekte aus, die um deren generelle Ausrichtung kämpften (van Apeldoorn 2000: 200f.): a) das neoliberale Projekt, das den Binnenmarkt vor allem als Chance begriff, «Marktkräfte von den Fesseln der Regierungsintervention zu befreien» (ebd.). b) Ein neo-merkantilistisches Projekt, das eine «defensive Strategie der Regionalisierung» verfolgte, «in der der Binnenmarkt als Etablierung eines europäischen ‹Heimatmarktes› verstanden wurde» (ebd.). Sowie c) ein sozialdemokratisches Projekt, das den europäischen Markt in einer «sozialen Regulation» einbetten wollte, um ein europäisches Sozialmodell «zu schützen und zu festigen» (ebd.: 201). Er verortet die ersten beiden Projekte als konkurrierende Fraktionen der transnationalen Kapitalfraktionen, wobei die neoliberale Fraktion eine Ausrichtung und Öffnung gegenüber dem globalen Marktgeschehen anstrebte, während die neo-merkantilistische eher europäische Unternehmen vereinte, die vornehmlich auf den europäischen Markt ausgerichtet waren und einen Schutz vor globaler Konkurrenz durch den Binnenmarkt anstrebten. Der Prozess, der von der Einheitlichen Europäischen Akte zum Vertrag von Maastricht und damit zur Konstituierung der EU führte, kann so als Kampf zwischen unterschiedlichen politischen/hegemonialen Projekten verstanden werden. Für van Apeldoorn war ein zentraler Ausdruck der Formierung transnationaler Klasseninteressen der European Round Table of Industrialists (ERT), ein Zusammenschluss aus den größten transnationalisierten industriellen Konzernen Europas. Der ERT wird als Ausdruck der Formierung transnationaler Kapitalfraktionen verstanden, die in sich nicht einheitlich, sondern auch von inneren Widersprüchen durchzogen ist. Über das politische Handeln des ERT und seine inhaltlichen Positionierungen zum Integrationsprozess kann so eine Entwicklung vom europäisch-neo-merkantilistisch zur neoliberal ausgerichteten Fraktion erkannt werden, die zudem zu einer «strategischen Allianz» der politischen Funktionsträger der Europäischen Kommission mit Europas führenden transnationalen Konzernen geführt hatte (vgl. ebd.: 193). So wird die politische Ausrichtung der Integration, die Durchsetzung der neoliberalen Wettbewerbsorientierung im Binnenmarkt- und Währungsprojekt, auf Klassenformierungen transnationaler Kapitalfraktionen zurückgeführt, deren Hegemonie allerdings gegen andere hegemoniale Projekte durchgesetzt werden musste.

Die Ausgestaltung der europäischen Integration, die mit dem Vertrag von Maastricht den Wettbewerb zum zentralen Element erkor, wurde aus dem Klassenhandeln herrschender Klassenfraktionen erklärt, das aber in einem von einer spezifischen politischen Institutionalität geprägten Konfliktsetting konkurrierender Klassenfraktionen kontextualisiert wurde.[10] Die mit dem Vertrag von Maastricht (VEU 1992) beschlossene Schaffung der Wirtschafts- und Währungsunion (WWU) und der Unionsbürgerschaft stellt damit auch eine neue Phase der Integration und eine neue Form transnationalen Regierens dar. Für Gill war die WWU ein Anzeichen eines neuen transnationalen historischen Blocks. «In Gramscian terms what is occurring is the political and legal reconstitution of capital through the agency of a neoliberal transnational historic bloc and a process of elite international policy formation» (Gill 1998: 11). Die damit einhergehende institutionelle Rekonfiguration polit-ökonomischer Prozesse fasste Gill mit dem Begriff des «neuen Konstitutionalismus» (Gill 1992, 1998, 2000) zusammen. Mit dem Begriff soll erfasst werden, dass die Entwicklung neuer Märkte wie die WWU auch

10 Der institutionelle Kontext der Wettbewerbsintegration war geprägt vom Ende des Ostblocks, der deutschen Vereinigung, und den durch die EEA begonnenen Vertiefungsschritten der Integration in Richtung Wirtschafts- und Währungsunion. Bieling und Steinhilber sahen in diesem Zusammenhang den Zusammenbruch von Bretton Woods und die Entwicklung des Europäischen Währungssystems als wichtige (institutionelle) Marksteine an (vgl. Bieling/Steinhilber 2000). Dabei sahen sie auch unterschiedliche Praxen der Neoliberalisierung wie auch nicht-neoliberale Positionen, die um die Ausrichtung der Integration konfligierten.

eine neue Einbettung dieser Märkte in politische, moralische und juristische Strukturen benötigt, da das Funktionieren der Märkte eben auch von außerökonomischen Faktoren abhängig ist. Durch die Schaffung der EU und der WWU wird nach Gill eine Regierungsform etabliert, die als «economic governance» (Gill 1998) bezeichnet werden kann. Darunter versteht er die Unterwerfung möglichst vieler gesellschaftlicher Bereiche unter die Disziplin des Marktes, wobei die politischen Institutionen dann die Aufrechterhaltung der Marktdisziplin überwachen müssen (vgl. Gill 2000: 43ff.). Politisch-juristisch geht es dabei um die Festschreibung der Wettbewerbsausrichtung des Binnenmarktes, die im europäischen Vertragswerk verankert wird. Diese Wettbewerbsausrichtung macht sich «nicht nur im erweiterten Binnenmarkt, sondern auch – vermittels des Wettbewerbsdrucks (auf Löhne, sog. Lohnnebenkosten) sowie der Deregulierungs- und Privatisierungspolitik – vor allem im Bereich der öffentlichen Daseinsvorsorge (Alterssicherung, Gesundheit, aber auch Bildung, Wissenschaft, Wohnen, usw.) – geltend» (Deppe 2017: 15).

Die «Kultur des Marktes» (Gill 2000: 45) wird so auf alle möglichen gesellschaftlichen Bereiche ausgedehnt und die Regulierung möglichst vieler Politikfelder der politischen Handlungsebene so weit wie möglich entzogen, um die Disziplin des Marktes als zentralen Regulierungsfaktor zu installieren[11]. Durch die Marktintegration wurden daher verschiedene vormals vornehmlich national regulierte Wirtschaftsräume transnational neu verknüpft und mit einem neuen politischen Regime verbunden. Hierbei kam es einerseits zur Einschränkung nationalstaatlicher Regulationsmöglichkeiten, zugleich erweiterten «sich über den ‹neuen Konstitutionalismus› aber auch insofern die staatlichen Regulationsmöglichkeiten, als durch die internationalen Arrangements die räumliche Begrenztheit des staatlichen Handelns partiell überwunden wird» (Bieling 2007: 151). So kommt an dieser Stelle die Notwendigkeit der genaueren Berücksichtigung der politisch-institutionellen For-

11 Diese Interpretation der europäischen Verträge als Einengung des Handlungsspielraums der Politik wird auch in Analysen anderer Theorierichtungen geteilt. So spricht der Staatsrechtler Dieter Grimm in diesem Zusammenhang von einer «Überkonstitutionalisierung», d.h. einer zu genauen Festschreibung politischer Möglichkeiten in den Verträgen (Grimm 2015).

men und ihrer jeweiligen Materialität zum Vorschein. Die akteurszentrierten Analysen – gerade der Amsterdamer Schule – haben hier auch gewisse Grenzen. Denn ein Problem, das eine solche akteurszentrierte Perspektive hervorbringen kann, besteht genau in der Möglichkeit der Nichtbeachtung der Materialität und Eigendynamik politischer Institutionalität. Der Fokus auf Kapitalakteur*innen und die großen Projekte (Binnenmarkt, Währungsunion) übersieht möglicherweise auch die Formierung subalterner Klassen in gegenhegemonialen Projekten und kann auch im Extrem zu einer falschen Überbetonung der Handlungsfähigkeiten einzelner Akteur*innen führen[12]. Die Tatsache, dass das politische Personal eben nicht aus den herrschenden Klassenfraktionen gestellt wird, was abstrakt als relative Autonomie des Staates beschrieben werden kann (vgl. Hirsch 2005, Demirović 2007: 65ff.), muss ebenso als relative Beschränkung der Übersetzung von Klasseninteressen in Politiken hervorgehoben werden. An dieser Stelle kommen also wieder staatstheoretische Überlegungen ins Spiel, die wiederum die neogramscianischen Ansätze und Analysen aufgreifen, aber vor dem Hintergrund der Theorien der Internationalisierung des Staates weiterentwickeln.

12 Als Extrembeispiel muss an dieser Stelle die Entwicklung Kees van der Pijls genannt werden. Er ist mittlerweile in einen verschwörungsideologischen Bereich abgedriftet und veröffentlicht Texte über die Macht der «US-Israel-Neocon-Connection», die mittels «tiefen Staat» agiere und die wahre «Achse des Bösen» sei (van der Pjjl 2019a). Er verbreitet zudem eine antisemitische Erzählung über die 9/11-Anschläge. Nach deutlicher Kritik gab er deshalb seinen Emeritus-Status an der University of Sussex auf. In einem Statement dazu bekräftigt er seine Aussage: Für ihn stecke Israel hinter den 9/11-Anschlägen, die eine Verschwörung gewesen seien (van der Pijl 2019b). Hier vermengen sich antisemitische Anti-Israel-Ressentiments mit verschwörungsideologischen Versatzstücken und einer vermeintlichen Akteursanalyse.

2.3 Die staatstheoretische Rückbindung: von der Internationalisierung des Staates zum Staatsprojekt Europa

Zur etwa gleichen Zeit wie die Entwicklung neogramscianischer Ansätze zur Analyse der Transformationen des Weltmarkts und seiner institutionellen Ausgestaltung und damit zu Integrationsprozessen wie der EU entwickelte sich eine breitere Debatte um die Frage der Internationalisierung des Staates. Diese sollte ebenfalls große Bedeutung für die Weiterentwicklung kritischer Europaforschung erlangen. Einer der theoretischen Ausgangspunkte war wiederum der oben schon erwähnte Aufsatz von Poulantzas zur Internationalisierung (Poulantzas 1975), der in gewissem Sinne wiederentdeckt und neu diskutiert wurde (Hirsch/Jessop/Poulantzas 2001; Wissel 2007). Poulantzas' Analyse der Transformation von Klassenverhältnissen und dabei insbesondere der Entwicklungen innerhalb der herrschenden Klassenfraktionen ermöglichte es, Internationalisierung nicht nur als dem Nationalstaat äußerlich aufgedrängte Veränderungen, sondern als die innere Zusammensetzung des Nationalstaates transformierende Prozesse zu begreifen. Die Rekonfiguration der Klassenverhältnisse war ein Teil der Veränderungen der globalen gesellschaftlichen Arbeitsteilung, die nicht nur einzelne Produktionszweige internationalisierte und neu anordnete, sondern auch die Verhältnisse von Zentrum und Peripherie, Stadt und Land, Industrie- und Landwirtschaft betrafen (vgl. Wissel 2007: 92).

Jene von Poulantzas noch als Internationalisierung gefassten Prozesse markieren allerdings für die staatstheoretischen Arbeiten einen qualitativen Umschlag von der Internationalisierung zur Transnationalisierung der Produktion, bei der es um die Errichtung transnationaler Produktionsnetzwerke und Wertschöpfungsketten ging (vgl. ebd.: 107ff.; Hirsch/Wissel 2010: 292), was wiederum für die Entwicklung von Staatlichkeit bedeutsam war. Betrachtet man die Inter- und Transnationalisierungsentwicklungen als Suche nach einer Antwort auf die Überakkumulations- und Verwertungskrise, die Ende der 1960er Jahre einsetzte, dann zeigt sich, dass diese Antwort im Hervorbringen einer räumlichen Neuordnung gesellschaftlicher Herrschaft und Ausbeutung bestand. Denn nicht nur die Klassenverhältnisse transformierten sich rapide, auch die sozial-räumlichen Arrangements des Fordismus der Nachkriegszeit wurden transzendiert (vgl. Brenner 2004: 30). Die damit ermöglichte Mobilität des Kapitals wirkte als Beschleunigung aller gesellschaftlichen Bereiche, wodurch die temporale Dimension gegenüber der territorialen Dimension kapitalistischer Verwertungsprozesse an Gewicht gewann.[13] «In this process, national productive apparatuses become fragmented and integrated externally into new globalized circuits of accumulation.» (Robinson 2001, 159) Häufig wurden und werden diese räumlichen Veränderungen als reiner Bedeutungsverlust des Nationalstaats gegenüber dem Kapital gedeutet, also als Prozesse der Deterritorialisierung und der Entstaatlichung. Wenig überraschend gruppieren sich die zentralen staatstheoretischen Fragen daher um diese Prozesse: «Are states being ‹hollowed out›? becoming ‹borderless›? retaining their autonomy (if they ever had it), or becoming increasingly a tool of global capital? converging, or evolving into distinct varieties, old and/or new? fragmenting, or morphing into ‹global governance›?» (Cerny 2006: 680)

So einfach wie die Fragen es suggerieren, sind die Antworten darauf aber nicht. Die Internationalisierung des Staates ist Teil einer umfassenden Transformation des Staates, die nicht einfach in einem Aushöhlen staatlicher Handlungsräume besteht, sondern in einer Reorganisation der Funktionen des Staates. Insbesondere in Hinblick auf die ökonomischen Funktionen des Staates wurden deutliche Verschiebungen sichtbar, die als Übergang zum nationalen Wettbewerbsstaat oder als Entwicklung eines Schumpeterianischen Workfare-Staates beschrieben wurden (Hirsch 2005; Jessop 2002).

Diese neue Bedeutung ökonomischer Funktionen – im Sinner der Schaffung günstiger Verwertungsbedingungen – wurde von Poulantzas früh beschrieben. «Auf Grund der gegen-

13 Dies ist die historisch spezifische Ausformung einer dem Kapital prinzipiell innewohnenden Tendenz, die Marx schon in den Grundrissen beschrieb: «Während das Kapital also einerseits dahin streben muß, jede örtliche Schranke des Verkehrs, i.e. des Austauschs niederzureißen, die ganze Erde als seinen Markt zu erobern, strebt es andrerseits danach, den Raum zu vernichten durch die Zeit; d.h. die Zeit, die die Bewegung von einem Ort zum andren kostet, auf ein Minimum zu reduzieren. Je entwickelter das Kapital, je ausgedehnter daher der Markt, auf dem es zirkuliert, der die räumliche Bahn seiner Zirkulation bildet, desto mehr strebt es zugleich nach größrer räumlicher Ausdehnung des Markts und nach größrer Vernichtung des Raums durch die Zeit.» (MEW 42, 445)

wärtigen Rolle des Staates, die den gesamten politischen Raum verändert, nehmen diese ökonomischen Funktionen innerhalb des Staates nun eine dominante Stellung ein. Die globale Veränderung des politischen Raums erstreckt sich nicht nur auf die Dominanz der ökonomischen Funktionen innerhalb des gegenwärtigen Staats, sie bestimmt auch die Bedeutung dieser Dominanz. Es handelt sich nicht bloß um neue ökonomische Aktivitäten, die als solche über die anderen (unverändert gebliebenen) Aktivitäten dominieren. *Sämtliche Maßnahmen des Staates werden gegenwärtig in Bezug auf seine ökonomische Rolle reorganisiert.*» (Poulantzas 2002:196, Herv.i.O.) An dieser Stelle zeigt sich daher schon eine Analogie zu den neogramscianischen Analysen des neuen Konstitutionalismus. Die innere Rekonfiguration des Staates zugunsten einer Ausrichtung und Organisation aller gesellschaftlichen Bereiche unter einen Verwertungsimperativ wird auf die Reorganisation der Klassenverhältnisse und verschärfte Widersprüche zwischen herrschenden Klassenfraktionen zurückgeführt. Damit zeigen sich Elemente einer «umfassenden institutionellen Transformation aller Staatsapparate», in deren Zuge insbesondere eine Stärkung repressiver Apparate zu verzeichnen ist (Wissel 2007: 117). Ein zentraler Aspekt besteht dabei in der räumlichen Reorganisation staatlicher Herrschaft. Prinzipiell ging die Annahme der Internationalisierung des Staates davon aus, dass der Nationalstaat nicht in einem Weltstaat aufgeht, sondern vielmehr der «Prozess einer *Internationalisierung des Staates* [...] durch das Paradox einer *national dominierten globalen Herrschaft* geprägt ist» (Görg/Wissen 2003, 626, Herv.i.O., vgl. Brand 2007). Insofern geht es nicht nur darum, dass internationale Staatsapparate, Institutionen und Regime emergierten, sondern die Internationalisierung auch innerhalb der Staatsapparate selbst zu beobachten ist. «Dabei handelt es sich sowohl um eine *Internationalisierung der Staatsapparate selbst* als auch um eine räumlich-soziale *Diversifizierung staatlicher Ebenen und Funktionen.*» (Hirsch 2005, 145, Herv.i.O.)

Das meint einerseits die Entwicklung globaler Apparate, Institutionen und Regime wie beispielsweise der World Trade Organisation (WTO), des Internationalen Währungs-Fonds (IWF), der Weltbank und auch der EU. Andererseits ist zunächst aber die Transformation der (nationalen) Staatsapparate vor dem Hintergrund der räumlichen Reorganisation der Produktionsverhältnisse entscheidend. Widersprüchliche Prozesse der De- und Reterritorialisierung sind daher elementarer Teil der Internationalisierung des Staates. Dies bedeutet die räumliche Neuausrichtung politischer Herrschaftsorganisation. Inter- und transnationale Prozesse bekommen dabei eine größere Bedeutung, wodurch Nationalstaaten nach innen räumlich fragmentiert werden und zugleich die nationale räumliche Bezugsebene (Scale) an Bedeutung gegenüber anderen räumlichen Bezugsebenen verliert. Anders formuliert heißt dies, dass die «Gestaltungsfähigkeit» der Staatsapparate «territorial und funktional auf subnationalen, nationalen, supranationalen und translokalen Ebenen reorganisiert wird» (Ziltener 2000, 75).

Damit hat sich die Konstellation der räumlichen Bezugspunkte staatlicher Apparate ebenso verändert wie das innere Verhältnis der Staatsapparate zueinander. Jene doppelte Verschiebung wird als Entwicklung einer neuen Regierungsform, die auf effizienter Ausnutzung räumlicher Ungleichheiten und autoritärer Verstärkung gesellschaftlicher Fragmentierung beruht, und Bedeutungsverlust der nationalen Bezugsebene begriffen. Die Internationalisierung des Staates besteht daher in der räumlichen Rekonfiguration politischer Herrschaft, durch die kein einheitlicher globaler Raum entsteht, sondern ein Raumgefüge, in dem «globale, regionale, staatliche und lokale Räume in neuer Weise sowohl getrennt als auch verbunden werden» (Hirsch 2005: 151f.). Mit diesen räumlichen Transformationen gesellschaftlicher (Klassen-)Verhältnisse verändern sich also bestehende Staatsapparate in ihren räumlichen Bezügen und es entstehen zugleich internationale oder transnationale Apparate. Im Anschluss an Poulantzas' Bestimmung des Staates als Verdichtung gesellschaftlicher Kräfteverhältnisse wurden internationale Staatsapparate als «Verdichtung sozialer Kräfteverhältnisse zweiter Ordnung» gefasst (Brand/Görg/Wissen 2007: 226).

Der Begriff der zweiten Ordnung soll darauf hinweisen, dass weder Apparate eines Weltstaates entstehen noch a priori Asymmetrien oder feste Hierarchien zwischen den räumlichen Bezugsebenen impliziert werden können (vgl. ebd.). Zudem haben die internationalen Apparate eine eigene Dichte und Widerstandskraft, sowohl gegenüber transnationalen ökonomischen Akteur*innen als auch nationalstaatlichen Apparaten. Die Materialität der Apparate besteht nicht nur in der Akzeptanz der sie konstituierenden und materiell aufrecht erhaltenden Regierungen, insbesondere der mächtigen, sondern auch in den eigenen Regeln sowie in den rechtlichen, diskursiven, epistemischen, gewaltförmigen und finanziellen Mitteln, mit denen die Apparate agieren. Gleichwohl werden die Politiken meist von nationalstaatlichen Regierungen umgesetzt.» (Brand 2009: 225)

Angenommen wird also eine andere Qualität der Materialität internationaler Apparate, die sich in drei Dimensionen von der nationalstaatlichen unterscheidet. Erstens bedeutet die Rekonfiguration der Apparate eine Form der Fragmentierung von Staatlichkeit, die aber weiterhin auf das nationalstaatliche Gewaltmonopol verwiesen ist, denn bisher hat sich kein inter- oder transnationaler zentralisierter Gewaltapparat gebildet[14]. Zweitens verdichten und verstetigen sich in den internationalen Apparaten zwar die Interessen der transnational herrschenden Klassenfraktionen, aber dennoch können diese alleine die Kontinuität und Stabilität der Verstetigung nicht garantieren, sondern diese müssen auch in den nationalstaatlichen Apparaten materialisiert werden (vgl. ebd.: 227; Hirsch/Kannankulam 2009). Drittens wird die andere Dichte und Materialität auf die geringere «Widerstandskraft» gegenüber den Strategien und Interessen ökonomischer Akteur*innen zurückgeführt. Dies bedeutet, dass aufgrund der weniger ausgebildeten Kohärenz und Stabilität internationaler Apparate die Terrains politischer Aushandlungen von der herrschenden Klassenfraktionen leichter gewechselt werden können und so diese Apparate für jene leichter zugänglich sind. Somit ergeben sich gravierende Auswirkungen auf die Herstellung eines gesellschaftlich Allgemeinen und auf die Kräfteverhältnisse zwischen herrschenden und subalternen Klassenfraktionen, die sich zuungunsten letzterer verschieben. Mit den Internationalisierungsprozessen wurden auch Veränderungen und Verschiebungen in den Staatsfunktionen festgestellt, die sich so als strukturelle Verschlechterung der Möglichkeiten subalterner Klassen in die Materialität des Staates einzuschreiben erweisen.

14 Auch wenn es inzwischen Elemente europäischer Gewaltapparate und sowohl im Grenzschutz als auch in der Verteidigungspolitik Vorhaben zu einer europäischen Verteidigungsunion gibt, hat sich noch kein europäisches Gewaltmonopol gebildet, das sich anschickt, die nationalstaatlichen abzulösen.

Aus diesen Überlegungen entwickelte sich verbunden mit den neogramscianischen Erkenntnissen eine neue kritisch-theoretische Position zur Analyse der EU.

Im Prinzip werden also die verschiedenen Fäden, die von den vorherigen historisch-materialistischen Ansätzen der Europaforschung und ihren theoretischen Grundlagen ausgelegt wurden, aufgegriffen und weiterentwickelt. Im Zentrum stehen dabei die Entwicklungen nach der Einheitlichen Europäischen Akte und insbesondere dem Maastricht-Vertrag. Mit dieser Entwicklung wurde verstärkt nach dem neuen Charakter der Europäischen Union gefragt und ob diese nun ein Staat werde. Dies lag daran, dass mit dem Maastricht-Vertrag und den darauffolgenden Vertragsänderungen der EU einige Kompetenzen zufielen, die klassischerweise Kompetenzen des Nationalstaats waren und sind: «etwa die Einführung einer gemeinsamen Währung, die schrittweise Vergemeinschaftung und verstärkte Zusammenarbeit in der Außen-, Sicherheits- und Verteidigungspolitik, die Supranationalisierung und Europäisierung der Innen- und Justizpolitik sowie ansatzweise auch die Steuerpolitik» (Bieling / Große Hüttmann 2016: 12). Zudem wurden im Vertrag haushalts- und wirtschaftspolitische Konvergenzkriterien festgelegt, die die neoliberale Ausrichtung der EU konstitutionalisierten (vgl. Wissel/Wolff 2016: 228). Dies betraf die Inflationsrate, den Schuldenstand, der auf nicht mehr als 60 Prozent des Bruttoinlandsprodukts festgelegt wurde, und das Haushaltsdefizit, das 3 Prozent nicht übersteigen sollte. Schließlich wurde mit der Unionsbürgerschaft die Staatsbürgerschaft maßgeblich verändert (vgl. Wissel 2015). Dadurch wurden die Rolle der Kerninstitutionen und ihr Verhältnis zu den Nationalstaaten neu konfiguriert. Das komplexe institutionelle Gefüge ist damit noch kein Staat, der die Nationalstaaten ablösen würde, sondern eine spezifische Form von Staatlichkeit[15], die aus einer Verflechtung supranationaler mit internationalen, nationalen und regionalen Institutionen besteht und ein eigenes politisches Ordnungsgefüge darstellt. Dabei gilt es das Phänomen zu berücksichtigen, dass die institutionelle Kernstruktur der EU bereits seit den Römischen Verträgen besteht und vier von fünf zentralen Institutionen seit Beginn des Integrationsprozesses bestehen (vgl. Tömmel 2014: 87).

15 Zur Unterscheidung von Staat und Staatlichkeit vgl. Bieling / Große Hüttmann 2016: 15.

Die fünf Institutionen der Kernstruktur sind dabei auch Ausdruck der Verflechtung supranationaler, internationaler und nationaler Scales. Supranationalen Charakter haben die Europäische Kommission, das Europäische Parlament und der Europäische Gerichtshof, während Ministerrat – oder Rat der Europäischen Union – und Europäischer Rat intergouvernementalen Charakter haben und dabei für die internationale Zusammenarbeit der Nationalstaaten stehen. Kommission, Parlament, Ministerrat und EuGH wurden schon mit den Gründungsverträgen geschaffen, nur der Europäische Rat kam später hinzu. Erst 1974 wurde bei einem Gipfeltreffen in Paris vereinbart, regelmäßige Treffen der Staats- und Regierungschefs unter dem Namen Europäischer Rat stattfinden zu lassen. Und erst mit dem Vertrag von Lissabon 2009 wurde der Europäische Rat ein vollwertiges Organ der EU. Aber auch die Funktionsweise und Bedeutung der anderen vier Kerninstitutionen hat sich durch den Lauf des Integrationsprozesses verändert. Entstanden ist ein politisches Institutionengefüge, das häufig als «Gebilde sui generis» (Jachtenfuchs 1997; vgl. Wissel 2011) gefasst wird und das also durch eine Struktur gekennzeichnet ist, «die weder die bisher bekannten Formen der nationalen Staaten auf der supranationalen Ebene repliziert, noch eine spezifische Variante der bekannten Formen internationaler Organisationen darstellt» (Tömmel 2014: 85). Das zeigt sich in der besonderen Form, in der die fünf Institutionen am Prozess der Gesetzgebung und politischen Entscheidungsfindung und -ausführung beteiligt sind. Während Ministerrat, Kommission und Parlament in unterschiedlicher Weise an Gesetzgebungsprozessen beteiligt sind, lenkt der Europäische Rat als «oberste Autorität und Entscheidungsinstanz die Geschicke der Union in ihrer Gesamtheit» (ebd.: 87). Der EuGH sichert schließlich die «Wahrung des Rechts». Daran zeigt sich eine Kompetenzüberlagerung und eine mindestens ungewöhnliche Form der Gewaltenteilung, da sich nicht nur legislative Kompetenzen auf verschiedene Institutionen aufteilen, sondern auch exekutive Funktionen sowohl von Europäischem Rat als auch Kommission wahrgenommen werden. Hinzu tritt das Fehlen eines europäischen Gewaltmonopols, auch wenn es mittlerweile Tendenzen zur Vergemeinschaftung staatlicher Gewaltausübung kommt. «Es gibt kein europäisches Gewaltmonopol, aber die nationalen Gewaltmonopole ordnen sich dem neuen Projekt unter.» (Wissel 2011: 144) Dadurch entsteht nun nicht einfach eine räumliche quasi-staatliche Ebene neben oder über den nationalstaatlichen Ebenen, wie es der im Mainstream geläufige Begriff des Mehrebenen-Systems suggeriert, der zu sehr auf eine klare räumliche Struktur abzielt. Die Metapher vom europäischen Haus, das mehrere Etagen habe, die jeweils von unterschiedlichen Akteur*innen bespielt werden, ist daher irreführend. Die Widersprüchlichkeit der Integrationsprozesse zeigt sich gerade in Bereichen staatlicher Gewaltausübung wie im Grenzschutz. Die Europäische Grenzschutzagentur Frontex ist ein Beispiel dafür, wie Politikbereiche in staatsähnliche Apparate ausgelagert werden, die Ausdruck intergouvernementaler Aushandlungen und Politikentwicklungen sind, zugleich aber auch Effekte der Supranationalisierung zeitigen können[16].

Um nun begrifflich sowohl dieses politische Ordnungsgefüge eigener Art als auch die widersprüchlichen Prozesse der europäischen Integration einfangen zu können, wurde also zum einen die Vorstellung eines linear verlaufenden Integrationsprozesses ebenso verworfen wie ein traditioneller Staatsbegriff (vgl. Ziltener 1999: 33). Diese Widersprüchlichkeit sowohl des Integrationsprozesses als auch der Anordnung supranationaler, internationaler und nationaler Apparate wurde schließlich mit dem Begriff des «europäischen Staatsapparate-Ensembles» (Wissel 2011; 2015; Buckel 2013, Buckel/Wissel 2010, Buckel/Georgi/Kannankulam/Wissel 2012) adäquat zu erfassen versucht. «Es ist ein europäisches Staatsapparate-Ensemble ohne Staat entstanden.» (Wissel 2015: 27) Damit soll eine Perspektive eröffnet werden, die es ermöglicht, die Entwicklungen der europäischen Integration als offenen, widersprüchlichen Prozess zu erfassen und die Verhältnisse der verschiedenen politisch-räumlichen Scales zueinander als Resultat und Voraussetzung gesellschaftlicher Kämpfe zu verstehen[17]. Dies ermöglicht es, Prozesse und Entwicklungen der Integration nicht zuletzt als Resultate von Macht- und Herrschaftsverhältnissen zu analysie-

16 Zur Struktur und Widersprüchlichkeit der europäischen Agenturen vgl. Tömmel 2014.

17 Gerade in Krisenzeiten entwickeln sich unterschiedliche und miteinander konkurrierende polit-ökonomische Strategien, die jeweils andere Scales zur Krisenbearbeitung favorisieren (vgl. Bieling 2013: 44). Dabei müssen diese Strategien allerdings in dem Setting des herrschaftlich strukturierten Staatsapparate-Ensembles verortet werden.

ren. Indem der Fokus aber nicht nur auf die Formierung gesellschaftlicher Kräfte gelegt wird, sondern auch auf die Staatsapparate und ihr Verhältnis zueinander, wird auch deren Dichte und Materialität berücksichtigt, durch die sie eine jeweils spezifische Widerstandskraft gegen die Durchsetzung partikularer Interessen herrschender Klassenfraktionen aufweisen. So wird die Gefahr gemindert, zu sehr einzelne Akteur*innen und ihr Handeln zu überhöhen. Zwei Begriffe werden für diesen staatstheoretischen Ansatz zentral: erstens der Begriff des Hegemonieprojekts und zweitens der Begriff des Staatsprojekts.

Ausgehend vom neogramscianischen Projektbegriff, der, wie oben skizziert, vor allem die großen europäischen Entwicklungen (Binnenmarkt, Währungsunion) als Projekte fasste, wird mit dem Begriff der Hegemonieprojekte das weitere Feld gesellschaftlicher Konflikte und Kämpfe in Betracht gezogen. Durch diese Erweiterung wird einerseits das hegemonietheoretische Element übernommen, dass Politiken Resultate einer Verallgemeinerung partikularer Interessen durch Mechanismen der Konsens- und Kompromissbildung sind und dass zugleich der Staat als Verdichtung gesellschaftlicher Kräfteverhältnisse diese Verallgemeinerungen materialisiert und verfestigt, so dass das Feld gesellschaftlicher Kämpfe herrschaftlich-materiell strukturiert ist. Zusätzlich wird es so möglich, die Formierung partikularer Interessen zu einem Hegemonieprojekt zu analysieren, denn partikulare Interessen in ökonomischen Kämpfen transportieren immer auch Vorstellungen über die Form, die die Gesellschaft annehmen oder behalten sollte, und gehen über das Ökonomische hinaus. Mit dem Begriff der Hegemonieprojekte wird dabei nicht von Interessen ausgegangen, die a priori aus der ökonomischen Stellung derjenigen abgeleitet werden, die sie formulieren (also einen ökonomistischen Determinismus in der Interessenkonstitution zu behaupten).

Vielmehr werden ausgehend von den artikulierten und praktizierten Strategien und Vorstellungen die Formierung von Herrschaftsinteressen und ihre jeweilige Durchsetzung im gesellschaftlichen Konfliktsetting kontextualisiert. «Der Begriff der Hegemonieprojekte zielt darauf, im Rahmen einer historisch-materialistischen Kontextualisierung die durch grundlegende ‹soziale Formen› bestimmte und durch die rekursive Handlungsmacht der AkteurInnen hervorgebrachte Aggregation von sehr unterschiedlich motivierten und oft nebeneinander ablaufenden Taktiken und Strategien in einer analytischen Kategorie fassbar zu machen.» (Kannankulam/Georgi 2012: 35) Hegemonieprojekte sind «politikfeldübergreifende Kräftekonstellationen» (Buckel et.al. 2014: 47), die eine breite Vorstellung von ‹richtigem Leben›, von Gesellschaft transportieren und damit über einzelne politische Projekte hinausgehen. Darin eingebettet sind Annahmen über das Verhältnis von Staat und Gesellschaft, von Individuum und Staat, von Staat und Ökonomie und über die Bedeutung des jeweiligen Politikfeldes im Geflecht der politischen Arenen. Ebenfalls eingebettet sind darin Akkumulationsstrategien bzw. das praktische Verhältnis der jeweiligen Akteur*innen zur Kapitalakkumulation. So lassen sich in den Konflikten um die Europäisierung von Politikfeldern unterschiedliche räumliche Strategien ausmachen, die jeweils beispielsweise nationale oder europäische Entwicklungen befördern wollen. Der institutionelle Kontext der Formierung solcher Hegemonieprojekte besteht nun im europäischen Staatsapparate-Ensemble. Zur genaueren Bestimmung dieses Ensembles wird daher auf den Begriff des Staatsprojekts zurückgegriffen. Dieser wurde von Bob Jessop übernommen, der davon ausgeht, dass der Staat (auch der Nationalstaat) kein an sich kohärentes Gefüge ist, sondern der Zusammenhang der Staatsapparate immer auch prekär ist und immer wieder hergestellt werden muss. «A state project denotes the political imaginaries, projects, and practices that (1) define and regulate the boundaries of the state system vis-à-vis the wider society and (2) seek to provide the state apparatus thus demarcated with sufficient substantive internal operational unity for it to be able to perform its inherited or redefined ‹socially accepted› tasks». (Jessop 2016: 84)

Auf die europäische Staatlichkeit bezogen nimmt der Begriff des Staatsprojekts die Dynamik der Rekonfiguration des europäischen Apparateensembles in den Blick (vgl. Wissel 2015: 28). So werden auch die Merkmale eines kohärenten Staates – Apparate-Ensemble (dessen Apparate verdichtete, relativ autonome, strategisch-selektive Institutionen sind), ausgebildete Zivilgesellschaft, Territorialität und Gewaltmonopol – auf die europäische Konfiguration übertragbar. Auf europäischer Ebene wurden einige Merkmale ausgebildet (Institutionen, Territorialität), andere befinden sich in Ausbildung (Zivilgesellschaft) oder sind noch nicht ausgebildet (Gewaltmonopol). So wird die EU als umkämpftes Staatsprojekt identifizierbar. Das Staatsprojekt Europa (Keil/Wissel 2019; Wissel 2015; Buckel et.al. 2014) ist daher gekennzeichnet durch eine spezifische apparative Konstellation, die Merkmale einer europäischen Staatlichkeit aufweist. Die EU ist die widersprüchliche Erscheinung eines Staates im Werden, ohne dass zwingend ein europäischer Staat entstehen muss, der die Nationalstaaten ablöst. Eine solche Perspektive kann sowohl die Strategien gesellschaftlicher Kräfte (Klassenfraktionen, Gruppen usw.) analysieren als auch die relativ-autonome Eigendynamik europäischer Staatsapparate und ihre Bedeutung in der Strukturierung gesellschaftlicher Kämpfe berücksichtigen. Daher kann in Bezug auf die EU auch von der Entwicklung «inkrementeller Staatlichkeit» (Gehrken 2022) gesprochen werden, das sind sich sukzessive entwickelnde Elemente von Staatlichkeit, die jeweils Eigendynamiken aufweisen. Entscheidend ist, dass die europäische Konstellation eben nicht eine ist, die durch eine nationale vs. europäische Dichotomie strukturiert wäre, sondern eine räumlich komplexe, je nach Politikfeld auch verschiedene Konstellation verschiedener Handlungsfelder und Apparate darstellt, in der die Behauptung einer Dichotomie vielmehr als Strategie bestimmter Akteur*innen zu verstehen ist. Zudem werden so Macht- und Herrschaftskonflikte sichtbar, die zeigen, dass die EU eben nicht einfach eine gegenüber den Nationalstaaten fortschrittliche Institution ist, sondern sich in der Europäisierung zwar Potentiale für progressive Politik finden lassen, aber diese immer im Kontext einer kapitalistisch-herrschaftlichen Form auftreten. Das Staatsprojekt Europa ist daher als widersprüchliches Staatsapparate-Ensemble zu verstehen[18], das das Terrain politischer Kämpfe – und damit auch emanzipatorischer Kämpfe – mittlerweile maßgeblich strukturiert.

18 Zwei zentrale Elemente – Territorialität und Unionsbürgerschaft – des Staatsprojekts Europa werden später nochmals aufgegriffen und expliziert (siehe Kapitel 4).

2.4 Feministische Ansätze und Kritiken: Der ambivalente Herrenclub EU

Marxistische Ansätze zur Analyse der Weltmarktbewegungen, des Staates und der europäischen Integration hatten lange Zeit geschlechtertheoretische Blindstellen, die erst langsam durch feministische Kritiken offengelegt wurden, wobei auch umgekehrt eine lange vorherrschende «Staatsblindheit» der feministischen Theorie ausgemacht werden könne (Ludwig/Sauer/Wöhl 2009: 11). So fand sich kritische feministische Theorie neben der selbstkritischen Aufarbeitung der Staatsblindheit immer auch in einer Doppelstellung der Kritik: gegen Mainstream-Theorien der Gesellschaftswissenschaft und zugleich auch gegen geschlechterblinde kritische Theorien. In der Europaforschung war die Situation zunächst ebenfalls ignorant gegenüber geschlechterspezifischen Fragen. Susanne Schunter-Kleemann konstatierte: «Fragen über die Dynamik der Geschlechterverhältnisse im Rahmen der europäischen Politik fallen aus dem Analyserahmen des wissenschaftlichen *mainstream* heraus.» (Schunter-Kleemann 2001: 171) Insofern stellten sich aus feministischer Perspektive insbesondere Fragen danach, wie die neue institutionelle Form der EG und dann der EU zu begreifen ist und ob sich auf der europäischen Ebene / in den europäischen Institutionen die gleichen patriarchalen Strukturen etablieren wie in den nationalstaatlichen Apparaten.

Dass sich feministische Theoriebildung im gleichen Zeitraum wie neogramscianische und staatstheoretische Theoriebildung mit den Entwicklungen der EU befasste, liegt nun einerseits in der gleichen disziplinären Verortung, andererseits aber auch an elementaren Veränderungen im Integrationsprozess. Denn mit den neuartigen durch Maastricht beschlossenen Integrationsentwicklungen wurde auch eine neue Phase europäischer Geschlechterpolitik eingeläutet. Nora Fuhrmann teilte die Entwicklung der europäischen Geschlechterpolitiken in zwei große Phasen ein: von 1957 bis 1995 und nach 1995 (Fuhrmann 2005: 154ff.). Die lange erste Phase war geprägt von der Ausrichtung auf «arbeitsmarktbezogene Gleichstellungspolitik» (ebd.). Im Artikel 119 der Römischen Verträge wurde niedergelegt, dass «[j]eder Mitgliedstaat [...] während der ersten Stufe den Grundsatz des gleichen Entgelts für Männer und Frauen bei gleicher

Arbeit anwenden und in der Folge beibehalten» werde (RömVer 1957: 62).

Die Frage in der Auslegung und Anwendung dieses Artikels bestand darin, ob dies als Gleichstellungspolitik verstanden werden kann. «Die gleichstellungspolitischen Maßnahmen im Arbeitsleben waren viel eher eine *vergeschlechtlichte* Reaktion auf die Integration von Differenzen zwischen *Nationalstaaten,* nicht aber eine Politik zur Beseitigung von Differenzen bzw. Ungleichheiten zwischen *Männern und Frauen.*» (Sauer 2001b: 14) Denn es blieben Schlupflöcher für die Mitgliedsstaaten, wodurch die geschlechtsspezifischen Unterschiede nicht beseitigt wurden. «Der Schutz von Gesundheits- und Sozialstandards sowie im Mitgliedsland übliche Moralvorstellungen galten als legitime Gründe für die unterschiedliche Behandlung von Männern und Frauen» (Fuhrmann 2005: 155). Nichtsdestotrotz ermöglichte die Aufnahme des Lohngleichheitsgrundsatzes neue Handlungsmöglichkeiten, insbesondere konnte nun vor dem EuGH gegen Ungleichbehandlung geklagt werden, was in den 1960ern von belgischen Arbeiterinnen genutzt wurde, die eine Hochstufung ihrer Lohngruppen erreichten. Es folgten weitere Klagen über die Gleichbehandlung, bei denen der EuGH jedoch zunächst eine eindeutige Klärung, wie weit die Gleichbehandlung reiche, ablehnte, aber «in seiner Entscheidungsbegründung stellte er die Weichen für eine spätere eindeutige Ausweitung des Begriffs Lohn auf verschiedene Sozialleistungen» (ebd.: 157). Damit zeigt sich exemplarisch, dass die Durchsetzung europäischer Rechtssätze immer auch vom aktiven Handeln betroffener Akteur*innen abhängt und dass zugleich die europäische Ebene für die der Auseinandersetzung und Durchsetzung (hier mittels langwieriger Auseinandersetzungen vor dem EuGH) sozialer Rechte Bedeutung gewann.

Die Durchsetzung sozialer Rechte und Gleichheitsgrundsätze ist auch für die feministische Theoriebildung immer an konkrete Kämpfe gebunden. In den 1970er Jahren zeigte sich, dass Ansätze in der europäischen Gleichstellungspolitik entwickelt wurden, die über die Römischen Verträge hinauswiesen; diese Ansätze waren mit den neuen Frauenbewegungen und sozialistischen/sozialdemokratischen Regierungen in den Mitgliedsländern verbunden (vgl. ebd.: 161). Allerdings folgte eine Phase der Stagnation geschlechterpolitischer Initiativen in den 1980er Jahren, die erst Anfang der 1990er Jahre überwunden wurde. 1991 tauchte zum ersten Mal der Begriff des Mainstreaming in einem EU-Dokument auf, der als «gender mainstreaming» die folgenden Jahre der Gleichstellungspolitik bestimmen sollte. Mit den erneuerten Vertragsentwurf von Amsterdam 1997 wurde erstmals eine aktive Gleichstellungspolitik im zentralen Regelwerk der EU verankert. In Artikel 2 wurde die Gleichstellung von Männern und Frauen zu den Aufgaben der EU benannt; in Artikel 3, der Benennung der gemeinschaftlichen Tätigkeitsbereiche, wurde festgeschrieben, dass «[b]ei allen in diesem Artikel genannten Tätigkeiten [...] die Gemeinschaft darauf» hinwirkt, «Ungleichheiten zu beseitigen und die Gleichstellung von Männern und Frauen zu fördern» (AmsEUV 1997). Damit wurde «das rechtliche Fundament für das Gender Mainstreaming» (Fuhrmann 2005: 175) gelegt. Zugleich wurde jedoch die Gleichstellungspolitik mit der (neoliberalen) Ausgestaltung der Wirtschafts- und Währungsunion verknüpft. Dies führt zu einer Ambivalenz, die die EU selbst durchzieht.

Die Ambivalenz der EU ergibt sich aus ihrer Struktur und besteht darin, dass sich auf EU-Ebene zwei entgegengesetzte Entwicklungen beobachten lassen. Auf der einen Seite können Elemente einer supranationalen Stärkung feministischer Politiken ausgemacht werden, auf der anderen Seite erscheint die EU gleichzeitig als «Männerclub», da es trotz gegenüber nationalstaatlichen Institutionen geringerer Männerquoten in denen der EU noch immer einen deutlich höheren Männeranteil gibt (vgl. Sauer 2001b; Kreisky/Lang/Sauer 2001: 7). Auch wenn sich dies in manchen Institutionen wie dem Europäischen Parlament geändert hat und Frauen auch wichtige Führungspositionen einnehmen, zeigt sich in den Institutionen mit effektiver «Entscheidungsmacht in wirtschaftspolitischen Fragen» weiterhin ein niedriger «Frauenanteil» (Klatzer/Schlager 2019: 106). Dazu kommt, dass Politiken, die Ungleichheiten in den Geschlechterverhältnissen auf europäischer Ebene bearbeiten und dort rechtlich verankert werden, in ganz unterschiedlichem Verhältnis zu nationalstaatlichen Politiken stehen können. Einerseits kann ein EU-Regelwerk als «Motor für Gleichstellungspolitik» fungieren, da es «ein Rahmenwerk zur Verfügung stellt, das es Frauenpolitikerinnen erlaubt, reformfeindlichen nationalen Regierungen Gleichstellungsmaßnahmen gleichsam abzupressen» (Sauer 2001b: 9). Gleichzeitig aber kann es für andere einen Rückschritt gegenüber den schon erkämpften und im nationalstaatlichen Rahmen verankerten Gleichstellungspolitiken bedeuten sowie «die Gefahr sozialer und gleichstellungspolitischer Deregulierung» (Kreisky/Lang/Sauer 2001: 8) erhöhen.[19] Die zentrale Frage besteht daher darin, wie die neue institutionelle Struktur der EU aus der Perspektive feministischer Theorie zu fassen ist und ob sich auf europäischer Ebene ähnliche patriarchale Strukturen wie in den nationalstaatlichen Apparaten etablieren bzw. wie sich patriarchale Strukturen durch den Integrationsprozess wandeln. Oder als These formuliert: «Da maskulinistische Geschlechterregime in die nationalstaatlichen Wohlfahrts-, Repräsentations- und Policy-Regime historisch eingeschrieben sind, liegt die Vermutung nahe, daß sich mit der Entstehung eines supranationalen ‹Staats›gebildes auch die Grundlagen, Formen und Organisationsprinzipien dieser frauenbenachteiligenden Geschlechterverhältnisse verändern.» (ebd.: 7) Die Beantwortung dieser Frage rekurriert daher ebenfalls auf staatstheoretische Überlegungen, die allerdings feministisch-theoretisch erweitert werden.

Hierbei wird sowohl an die Staatstheorie von Poulantzas wie auch an neogramscianische Überlegungen angeknüpft, diese werden aber zugleich durch die Berücksichtigung diskursanalytischer oder poststrukturalistischer Theorieelemente erweitert (vgl. Genetti 2008: 141; Ludwig 2014). Besondere Bedeutung haben dabei Mechanismen und Strukturen der Materialisierung und Hegemonialisierung hierarchischer Geschlechterverhältnisse. Aus feministischer Perspektive müssen daher zentrale staatstheoretische Überlegungen unter diesem Aspekt neu gefasst werden. Mit Poulantzas wird der Staat dabei als materielle Verdichtung gesellschaftlicher Kräfteverhältnisse gedacht, die aber alles andere als geschlechtsneutral sind. So ist die gesellschaftliche Arbeitsteilung, die der Ausgangspunkt für Poulantzas' Bestimmungen ist, fundamental vergeschlechtlicht (Fischer 2008).

19 «Divergierende Einschätzungen der EU-Frauenpolitik haben zweifellos auch mit unterschiedlichen nationalen frauen- und wohlfahrtspolitischen Kulturen zu tun: Für Großbritannien, Deutschland und Österreich gilt die EU als ein Motor für Gleichstellungspolitik, da sie ein Rahmenwerk zur Verfügung stellt, das es Frauenpolitikerinnen erlaubt, reformfeindlichen nationalen Regierungen Gleichstellungsmaßnahmen gleichsam abzupressen [...]. Demgegenüber ist die EU-Skepsis skandinavischer Frauen bekanntermaßen groß [...]. Diese befürchten eine Anpassung von sozial- und frauenpolitischen Standards ‹nach unten›.» (Sauer 2001b: 8f.)

Die sich daraus ergebenden sozialen Kräfte und die durch sie artikulierten Interessen stehen daher nicht neben der gesellschaftlichen Geschlechterhierarchie, sondern sind selbst von dieser hierarchischen Differenz durchzogen. Der Staat ist daher «eine Interessenkonstellation, eine Verdichtung des Geschlechterverhältnisses und nicht die bloße Widerspiegelung von Geschlechterverhältnissen» (Sauer 2001a: 158). Der Staat ist dabei aber auch kein «monolithischer androzentrischer Block, sondern er besteht aus diversen ‹Apparaten›, in denen auch die Interessen von Frauen repräsentiert sein können. Wenn ‹Patriarchat› als multivariates Gefüge verstanden wird, lokalisiert in der geschlechtsspezifischen Arbeitsteilung, in der Trennung von öffentlich und privat sowohl in der Familie wie am Arbeitsplatz, in intimen Beziehungen und öffentlichen Reglements, dann muß auch der Staat in dieser Vieldimensionalität gefaßt werden» (ebd.: 159). Der Staat ist daher kein «Agent einer bestimmten gesellschaftlichen Gruppe, der Männer, sondern eine Arena, ein Ort sozialer Auseinandersetzungen, in dem sich auch hegemoniale Männlichkeit sedimentieren kann» (Genetti 2008: 141).

Zwei Begriffe sind zentral für die feministische Reformulierung materialistischer Staatstheorie: Maskulinismus und hegemoniale Männlichkeit. Mit dem Begriff des «diskreten Maskulinismus» kritisierte Eva Kreisky die Reproduktion einer scheinbaren Geschlechtsneutralität politischer Institutionen in der Politikwissenschaft. Dagegen zeigte sie, dass gesellschaftlich hegemoniale maskulinistische Ideale und Praxen in der Struktur politischer Institutionen materialisiert sind und dadurch zugleich in gewisser Weise unsichtbar werden (vgl. Kreisky 1997). Dabei hat dies erhebliche Auswirkungen auf die Funktions- und Wirkungsweise politischer Institutionen: «Männlichkeit [...] ist immer auch tief verankerte, harte institutionelle Wirklichkeit. Männlichkeit wirkt ohne Zweifel strukturbildend und bestimmt demnach ganz entscheidend die Grammatik der Politik.» (ebd.: 187) In ihrer Argumentation beruft sie sich dabei auf das an Gramsci angelehnte Konzept der hegemonialen Männlichkeit, das «jene Form von Männlichkeit» beschreibt, «die in einer gegebenen Struktur des Geschlechterverhältnisses die bestimmende Position einnimmt, eine Position allerdings, die jederzeit in Frage gestellt werden kann» (Connell 1999: 97). Oder anders gesagt ist es «jene Konfiguration sozialer Geschlechterpraxis, die die gegenwärtig angemessene und akzeptable Legitimationsform patriarchaler Herrschaft abgibt» (Kreisky 1997: 172). In gesellschaftlichen Kämpfen sind daher Geschlechternormen und Hierarchien enthalten und werden sowohl reproduziert als auch in Frage gestellt. Resultat dieser Kämpfe ist das Patriarchat, dessen Macht- und Herrschaftsstrukturen sich derart wandeln und anpassen können, dass die grundsätzlich maskulinistische Fundierung politischer Institutionen in den Kämpfen bisher nicht aufgehoben wurde. Mit dem Begriff des Genderregimes wird daran anknüpfend die «formelle sowie informelle Organisation der Geschlechterverhältnisse entlang der staatlichen Institutionen» (Wöhl 2019: 63) gefasst. Unterschieden wird dabei zwischen realen Männern einerseits und «andererseits der symbolischen Repräsentation von Männlichkeit in Form von *Maskulinismus als symbolische und politische Praxis*». (ebd.) Die Geschlechterordnung gehört daher zu einem maskulinistischen Herrschaftsgefüge, das sich in der Gesellschaft auch dadurch reproduziert, dass es hegemoniale Annahmen über die richtige gesellschaftliche Ordnung implizit mitstrukturiert: Diese Annahmen «über die richtige Ordnung» werden «stillschweigend als common sense vorausgesetzt», in der letztendlich die Vorstellung einer «natürlichen Ordnung» produziert wird, durch welche die hierarchische Geschlechterordnung reproduziert wird (Löffler 2001: 27). Staatsapparate weisen daher eine geschlechtsspezifische Selektivität auf, die strukturell dafür sorgt, dass nur bestimmte Geschlechterideale, -vorstellungen und -praxen politisch institutionell verankert und andere von der Repräsentation ausgeschlossen werden (vgl. Jessop 2001). «Jedem *Hegemonialprojekt* entspricht ein hegemoniales gesellschaftliches Geschlechterverhältnis (Definitionen von öffentlich und privat, geschlechtsspezifische Arbeitsteilung, kulturelle Zweigeschlechtlichkeit), jedem *Staatsprojekt* entspricht ein Geschlechterprojekt (abgeleitete Frauenrechte), das der Staat entwirft, und dem Staatsprojekt entspricht eine geschlechtsspezifische *institutionelle Materialität* des Staats.» (Sauer 2001a: 160)

Die Internationalisierung des Staates und die damit einhergehenden neoliberalen oder wettbewerbsstaatlichen Transformationen haben demnach auch erhebliche Auswirkungen auf die Geschlechterordnung. Gerade geschlechtsspezifische Arbeitsteilung wird grenzüberschreitend rekonfiguriert, wie auch Arbeitsverhältnisse allgemein sich stark gewandelt haben.

«With the orientation of national production and reproduction towards international competition and international markets, traditional forms of gender-specific division of labour as well as traditional gender identities begin to weaken. Femininity can no longer be identified merely as the responsibility for reproduction, and hegemonic masculinity is being defined less and less by lifelong employment, and increasingly by a specific kind of performance-related and efficient employment.» (Sauer/Wöhl 2010: 115) Dadurch werden geschlechtsspezifische Formen der Arbeitsteilung verändert und insbesondere in der Organisation (unbezahlter) Care-Arbeiten verschärfen sich geschlechtsspezifische Dimensionen, die sich zudem innerhalb globaler Klassenverhältnisse rekonfigurieren.

Geschlechterpolitiken der EU sind daher im Rahmen einer allgemeinen neoliberalen Rekonfiguration der Geschlechterverhältnisse zu situieren. Das Staatsprojekt Europa ist in seiner grundlegend wettbewerbsstaatlichen Ausrichtung fundamental geschlechtsspezifisch-maskulinistisch geprägt, trotz oder gerade wegen der geschlechterpolitischen Programme. Das heißt, dass die «die frauenpolitischen Aktivitäten der EU einem Staatsprojekt adäquat waren und sind, das auf die Herausbildung eines androzentrischen Marktkonstrukts zielte und geschlechterdifferente Politiken als Konstruktionsmethoden nutzte» (Kreisky/Lang/Sauer 2001: 8). Deutlich zeigt sich dies durch den Wandel von emanzipationslogischen zu wettbewerbslogischen Argumentationen für geschlechterpolitische Maßnahmen auf europäischer Ebene. «Dominierend ist dabei ein unternehmerischer und marktkonformer Diskurs über eine effiziente Nutzung weiblicher Humanressourcen» zur Sicherung der Wettbewerbsfähigkeit (Genetti 2010: 203). Dies hängt damit zusammen, dass in der Transformation des Staates Verschiebungen liegen, durch die Politikfelder – wie wirtschaftspolitische Entscheidungen – zunehmend politischen Entscheidungsprozessen entzogen und somit in gewissen Sinne entpolitisiert werden, was wiederum der Dethematisierung von Geschlechterverhältnissen und maskulinistischen Strukturen Vorschub leitet. Neoliberale Diskurse und Praxen orientieren sich darüber hinaus an maskulinen Normen, während es gleichzeitig zu Reprivatisierung und Refeminisierung sozialer Reproduktionsaufgaben kommt (vgl. Klatzer/Schlager 2019: 106). Insofern ist die neoliberale Wettbewerbsstaatlichkeit der EU Ausdruck einer «Maskulinisierung von Politik, Gesellschaft und Staat» (ebd.: 110). Daher ist das Staatsprojekt Europa grundlegend Teil einer patriarchalen Geschlechterordnung in permanentem Wandel, die sich durch die europäische Rekonfiguration des Staatsapparate-Ensembles rekonfiguriert. Dabei kann es zu solch widersprüchlichen Entwicklungen kommen, dass durch die andere Dichte und Materialität europäischer Institutionen sich Möglichkeiten ergeben, den geschlechterpolitischen Rahmen der Nationalstaaten zu verlassen und zu verändern. Zugleich aber wird ein neues maskulinistisch geprägtes Geschlechterregime konstituiert, das neue neoliberale Formen hegemonialer Männlichkeit reproduziert. Das hat auch Auswirkungen auf die Formierung gesellschaftlicher Kräfte auf europäischen Politikfeldern, die in ihren jeweiligen Vorstellungen einer »richtigen Ordnung« immer auch Vorstellungen und Praxen der Geschlechterordnung implizieren. Dies explizit zu machen und deren gesellschaftliche Dethematisierung zu kritisieren muss daher immer Teil der Kritik des europäischen Projekts sein.

3 Kurze Geschichte des Integrationsprozesses

In dem Rückblick auf die Entwicklung kritischer Ansätze zeigten sich schon Konjunkturen der kritischen Auseinandersetzung mit der europäischen Integration, die sich aus verschiedenen Phasen der Integration selbst ergeben haben. Die manchmal sprunghafte Entwicklung der Theorien hängt an den Entwicklungen des Gegenstands selbst. Denn die europäische Integration nach dem Zweiten Weltkrieg ist kein linearer Prozess, sondern von widersprüchlichen Dynamiken durchzogen, die auf widersprüchliche Interessenkonstellationen verweisen. Während sich die Mainstream-Forschung zu Europa weitgehend an dem in den Römischen Verträgen von 1957 festgehaltenen Ziel «die Grundlagen für einen immer engeren Zusammenschluß der europäischen Völker zu schaffen» (VGEWG, Präambel) orientierte – und erst spät auch Desintegrationsmöglichkeiten in Betracht zog –, war für die kritisch-marxistische Forschung wie im vorhergehenden Kapitel beschrieben, die Europäische Integration vor allem ein «Krisenprozeß» (Deppe 1976). Der Blick zurück auf die Geschichte der Integration wird nicht zuletzt von einer solchen grundsätzlichen Perspektive und dem zugrunde liegenden Verständnis von Krise geprägt. Aber nicht nur die Perspektive auf Krise ist wichtig, sondern auch die Frage des Verhältnisses der Entwicklung von Politik und Ökonomie und dabei der Frage der politischen Konfliktkonstellationen in jeweils spezifischen historischen Gegebenheiten, die zu jeweiligen Integrationsschüben führten. Eine Konfliktperspektive ermöglicht es so, auch potentielle Kontingenzen zu berücksichtigen. Das bedeutet auch den nachgezeichneten Verlauf nicht als notwendigen Verlauf zu betrachten und ihm nachträglich eine genaue Zielsetzung zu unterstellen. Die materialistische Perspektive auf historische Entwicklungen und Pfade geht dabei noch immer von Marx' Einsicht aus, dass der Mensch seine Geschichte zwar selbst macht, aber «unter unmittelbar vorgefundenen, gegebenen und überlieferten Umständen» (Marx 1852: 115). In der Rückschau wird so deutlich, dass die ökonomischen Entwicklungspfade nicht einfach von einer allgemeinen Tendenz des

Kapitals vorgegeben waren, sondern aus spezifischen Konflikten zwischen verschiedenen Interessen vor dem Hintergrund einer historisch-politischen Konstellation resultierten. Politische Eigendynamiken können auch zeitweise Kapitalinteressen zuwiderlaufen. Erkennbare Umbrüche resultieren daher aus historisch bestimmten Konflikten und ihrem Ausgang. Die kapitalistische Vergesellschaftungsweise beruht zwar darauf, dass ihre Strukturen immer wieder reproduziert werden, aber wie dies vor sich geht und welche konkreten Konstellationen von Politik und Ökonomie, von Gesellschaft und Staat sich ergeben, hängt an vielen Verhältnissen – in einem einfachen Wort: Kapitalismus ist immer «dirty» (Buckel 2015). Daher müssen in die Verlaufsgeschichte der europäischen Integration zentral politische und gesellschaftliche Dynamiken berücksichtigt werden, um die Gesamtkonstellation erfassen zu können.

In der Retrospektive der Europäischen Integration lassen sich nun grob fünf Phasen unterscheiden, die im Folgenden kurz skizziert werden[20]: 1. Die Initiationsphase bis zu den Römischen Verträgen 1957, 2. die Phase der Integration im Zeitalter keynesianisch-korporatistischer Staatlichkeit bis ca. 1970, 3. die Phase der Integration in der Weltwirtschaftskrise, 4. die Phase eines neuen Integrationsschubes hin zur wettbewerbsstaatlichen Integrationsweise und 5. die Phase der multiplen Desintegrationskrise inklusive Brexit seit 2008. Ob die Corona-Krise eine neue Phase der Integration einläutet und sich tatsächlich tiefgreifende Reformen ergeben, die den Charakter der EU nachhaltig verändern, ist zur Zeit der Niederschrift dieses Textes nicht abzusehen. Der weitere Verlauf ist, trotz herrschaftlicher Verfestigungen und Schließungsprozesse, ein offenes Kampffeld politischer Auseinandersetzungen.

20 Die Phasen orientieren sich vor allem an der Einteilung von Ziltener 1999. Andere nuancieren diese Phasen je nach Perspektive und Untersuchungsgegenstand etwas anders (vgl. z.B.Wissel 2015: 80ff; Bieling 2010: 57; Stapelfeldt 1998).

3.1 Die Initiationsphase bis zu den römischen Verträgen

Im Allgemeinen wird die Initiationsphase als die Phase zwischen dem Ende des Zweiten Weltkriegs 1945 und den Römischen Verträgen 1957 (bzw. deren Inkrafttreten 1958) beschrieben (vgl. Ziltener 1999; Stapelfeldt 1998). Nach 1945 kam es zu einer weitreichenden Neuordnung der Welt, zu der auch die Vorgeschichte der europäischen Integration gehört. Die Neuordnung bestand nicht nur in der Entwicklung des Ost-West-Konflikts im globalen Maßstab, sondern beispielsweise auch in der Restauration und Integration von Altnazis, bei gleichzeitiger Verdrängung anderer gesellschaftlicher Kräfte. Die Verdrängung insbesondere kommunistischer und antikapitalistischer Kräfte aus der europäischen Integrationsgeschichte zeigt sich an den vielfältigen Plänen für eine europäische Nachkriegsordnung, die in Kreisen des Widerstands gegen Faschismus und Nationalsozialismus unter widrigen Bedingungen aufgestellt wurden. Als Beispiel mag das Manifest von Ventotene dienen, das 1941 in faschistischer Haft von Ernesto Rossi und Altiero Spinelli verfasst wurde. Laut Klaus Voigt wurde eine Sammlung der Ventotene-Dokumente, herausgegeben 1944, zur wichtigsten föderalistischen Publikation bis 1945 in italienischen Widerstandskreisen (Voigt 1984: 462). Während das Manifest ein demokratisch-föderales Europa und die Überwindung der Nationalstaaten fordert, wird zugleich deutlich gemacht, dass das zu schaffende Europa sozialistisch sein müsse: «Die Revolution muss, soll sie unseren Bedürfnissen entsprechen, sozialistisch sein, das heißt, sie muss sich einsetzen für die Emanzipation der arbeitenden Klassen und für die Schaffung humanerer Lebensbedingungen» (Rossi/Spinelli 1941: 9). Die schnelle Verdrängung sozialistischer Ideen in der frühen Nachkriegszeit ist daher ein wichtiger Teil der Neuordnung der gesellschaftlichen Kräfte nach 1945[21] (vgl. Deppe 1976).

21 Interessanterweise wurde in der jüngsten Krisengeschichte der EU das Manifest von Ventotene in gewisser Hinsicht wiederentdeckt und von der Europäischen Kommission seit dem Weißbuch für die Zukunft Europas 2016 nutzbar zu machen versucht (EC 2016). Auch in den Debatten um die Konferenz für die Zukunft Europas, die von 2021 bis 2022 abgehalten wurde, rekurrierte die Kommissionspräsidentin Ursula von der Leyen in zwei Reden auf das Manifest. Diese Wiederentdeckung

Polit-ökonomisch resultiert diese Verdrängung zum einen aus der internationalen Konstellation der unmittelbaren Nachkriegszeit, in der die USA die «militärisch, politisch und ökonomisch führende Macht» war (Ziltener 1999: 84). Deren Politik in Bezug auf Westeuropa war zentral bestimmt durch den Ost-West-Konflikt und die Containment-Strategie, d.h. die Eindämmung und Verhinderung einer sowjetischen Expansion. «Die antikommunistische Stoßrichtung der Restaurationsperiode nach 1945 stellte darüber hinaus ein wesentliches stabilisierendes Element für die politische Integration Westeuropas dar.» (Statz 1989: 13) Für die Stabilisierung Westeuropas wurde es in den USA als notwendig erachtet, die Zusammenarbeit der westeuropäischen Staaten zu stärken und in ein transatlantisches Bündnis einzubeziehen. Wichtige Schritte dahin wurden mit dem Wiederaufbauprogramm des Marshallplans unternommen. Strategisch wurden damit die Ziele der «Erneuerung der Infrastruktur, drastische Produktionssteigerungen (insbesondere in den Schlüsselsektoren Energie und Stahl), gleichgewichtige Streuung der europäischen Schwerindustrie statt der zu starken Ballung im Ruhr-/Saargebiet, Rationalisierung in der Landwirtschaft und im verarbeitenden Gewerbe und der Aufbau von Strukturen, die monetäre und finanzielle Stabilität garantieren sollen» (Ziltener 1999: 88), verfolgt. Mit dem European Recovery Program (ERP) wurden die finanziellen Mittel bereitgestellt, wobei die Empfängerländer Verpflichtungen (z.B. Verstärkung der innereuropäischen Kooperation) unterworfen wurden (vgl. ebd.). 1948 wurde mit der Organisation für wirtschaftliche Zusammenarbeit in Europa (OEEC) eine erste, relativ lose, institutionalisierte Form der Kooperation geschaffen. Versuche, an dieser Stelle schon eine vertiefte wirtschaftliche Integration durch Errichtung einer supranationalen Organisation zu erreichen, scheiterten an inneuropäischen Widerständen, insbesondere

schließt aber insofern an die Verdrängung sozialistischer Ideen in der unmittelbaren Nachkriegszeit an, da in den Bezugnahmen der Kommission und der Kommissionspräsidentin wiederum die sozialistischen Ideen ausgespart bleiben und die Verfasser zu Vorvätern der existierenden EU stilisiert werden – wodurch sich die EU in eine antifaschistische Tradition stellt und zugleich als demokratisches Entwicklungsmodell legitimiert. Der Verdrängungsprozess gegen alternative ökonomische und gesellschaftliche Organisationsformen wird immer wieder neu gestartet und durchgeführt.

an Großbritannien. 1949 wurde mit dem Ruhrstatut eine internationale Behörde zur Kontrolle der Ruhr geschaffen, die über die Kohle-, Koks- und Stahlproduktion wachte. Diese internationale Behörde bestand aus Vertretern von Belgien, Frankreich, Luxemburg, den Niederlanden, Großbritannien, der USA und Deutschlands (Ruhrstatut 1949: 91). Das Ziel des Ruhrstatuts wurde ökonomisch und politisch begründet. So sollte es für die «Beteiligten der wirtschaftlichen Zusammenarbeit» sichergestellt werden, dass sie einen «angemessenen Zugang» zu den Rohstoffen erhalten sollten (ebd.: 94). Die Ruhrbehörde sollte dabei «die Kohlen-, Koks- und Stahlproduktion des Ruhrgebiets auf den innerdeutschen Verbrauch und den Export aufteilen» (ebd.). Das politische Ziel bestand in der Kontrolle Deutschlands und damit der Berücksichtigung der Sicherheitsinteressen Frankreichs (vgl. Abelshauser 2011: 232). Sicherheits- und ökonomische Interessen konvergierten an manchen Punkten (Konkurrenzvorteile für die französische Industrie), aber die Kontrolle wurde auch als Bedrohung für das ökonomische Wachstum gesehen (vgl. Deist 1950: 60). Die politischen Sicherheitsinteressen zeigten aber, dass es eben nicht nur ökonomische Notwendigkeiten waren, die die ersten Formen internationaler Zusammenarbeit konstituierten.

Das Ruhrstatut sollte allerdings schon bald abgelöst werden von der Europäischen Gemeinschaft für Kohle und Stahl (EGKS), häufig auch kurz Montanunion genannt. 1950 schlug Robert Schuman im Rückgriff auf ein Konzept, das unter Jean Monnet erarbeitet wurde, in einer Rede die Gründung einer Hohen Behörde vor, unter deren Verwaltung die gesamte deutsch-französische Stahlproduktion gestellt werden sollte (Schuman 1950). Der Schumanplan wurde zur Grundlage der Gründung der EGKS. Hierbei offenbarten sich auch einige Widersprüche: Zum einen wurde die EGKS «gegen die Interessen der französischen Stahlproduzenten, die vor allem die deutsche Stahlkonkurrenz fürchteten, und unter Ausschluss bestimmter Teile des französischen Staatsapparats durchgesetzt» (Ziltener 1999: 94). Zum anderen zeigten sich widersprüchliche Interessen auch zwischen den USA und Großbritannien. Während die USA die Gründung unterstützten und «auf starke supranationale Elemente im Vertrag» drängten (ebd.), beteiligte sich Großbritannien nicht an der Umsetzung des Schumanplans. Die britische Regierung positionierte sich gerade gegen die supranationalen Elemente und «befürchtete zudem die Entwicklung der Kohle- und Stahlgemeinschaft hin zu einer umfassenden politischen Gemeinschaft» (Clemens/Reinfeldt/Wille 2008: 101). Tatsächlich wurden mit der EGKS supranationale Elemente geschaffen, die über die ursprünglichen Überlegungen von Monnet und Schuman hinausgingen. «Es wurde eine Hohe Behörde gebildet, kontrolliert durch einen Ministerrat [...], eine parlamentarische Versammlung, die Berichte anfordern und mit Zweidrittelmehrheit die Hohe Behörde stürzen konnte, sowie ein Gerichtshof als ‹Verfassungs›-, Verwaltungsgericht und Schlichtungsinstanz» (Ziltener 1999: 95; vgl. Clemens/Reinfeldt/Wille 2008: 102f.). So wurden die «ursprünglich als Kontrolle und Verwaltung der westdeutschen Schwerindustrie gebildeten politischen Organe [...] zum Herzstück der späteren Europäischen Wirtschaftsgemeinschaft (EWG) und des europäischen Einigungsprozesses überhaupt» (Hoffmann 2009, 513).

Häufig wird die gleichzeitig entstehende Entwicklung europäischer Symbole und ihr Zusammenhang mit dem Antikommunismus als wichtigem ideologischen Element des beginnenden europäischen Einigungsprozesses wenig beachtet. Es wurden nicht nur erste internationale Institutionen geschaffen, die supranationale Elemente aufwiesen, sondern auch ein bestimmtes Europabild entwickelt, das die unmittelbare faschistische/nationalsozialistische und kriegerische Vergangenheit irgendwie bearbeiten musste, um eine Einigung insbesondere zwischen Frankreich und Deutschland zu ermöglichen. Diese Bearbeitung bestand in der weitgehenden Ausblendung und Verdrängung der jüngsten Vergangenheit. Schuman erinnerte in seiner Rede an eine feindliche Vergangenheit, die als «der Jahrhunderte alte Gegensatz zwischen Frankreich und Deutschland» bestimmt wurde, der «ausgelöscht» werden müsse für die «Vereinigung der europäischen Nationen» (Schuman 1950). Der Krieg war so zwar deutlich präsent, aber nur in einer unbestimmten Form. Er konstituierte vielmehr einen negativen Hintergrund des Vereinigungsprozesses (vgl. Calligaro 2015: 4). Von hoher symbolischer Bedeutung war die Verleihung des ersten Karlspreises 1950 in Aachen an Richard Coudenhouve-Kalergi, den Initiator der Paneuropa-Bewegung. Karl der Große, Namensgeber des Preises, und das Karolingische Reich nahmen als Ausgangspunkt der Konstruktion einer gemeinsamen deutsch-französischen Geschichte eine wichtige Rolle in den ersten Jahrzehnten des europäischen Integrationsprozesses ein (vgl. ebd.; Larat 2000). Coudenhouve-Kalergi terminierte in seiner Dankesrede den Beginn der europäischen Spaltung demgemäß beim Teilungsplan von Verdun 843 und erhoffte sich von der europäischen Integration «die Erneuerung des Karolinger-Reiches auf demokratischer, föderalistischer und sozialer Grundlage» (Coudenhouve-Kalergi 1950). Man solle «nicht auf die Gespenster Napoleons und Hitlers zurückblicken», sondern «eher an Stalin denken», der Europa bedrohe, wenn es sich nicht einige (ebd.). Dieser Rückgriff auf eine lang zurückliegende Vergangenheit als symbolischer Rahmen, die unbestimmt und vage bleibende Erinnerung von Faschismus und Nationalsozialismus, die vielmehr ein Vergessen der konkreten Gräuel darstellt, sowie die Einbindung dessen in die Warnung vor der Sowjetunion bilden das Gerüst dieses Erinnerungskomplexes. Oder kurz gesagt: Verdrängung der Vergangenheit plus Antikommunismus plus ökonomische Integration gleich Westeuropa.

An der Person Coudenhouve-Kalergi kann die Gleichung exemplarisch verdeutlicht werden. Er trat in den 1920er Jahren als Gründer der Paneuropa-Bewegung schon früh für eine tiefgreifende europäische Einigung ein und für dieses Engagement erhielt er auch den Karlspreis. Unbeachtet blieb allerdings, dass er in seiner Eigenschaft als Vorsitzender der Paneuropa-Bewegung wenig Berührungsängste gegenüber dem italienischen Faschismus hatte und keineswegs immer für eine europäische Demokratie eingetreten war (vgl. Thöndl 2018). Er trat durchaus auch mal für «robustere Regierungsmethoden» (Pammer 2012) ein. Coudenhouve-Kalergi traf sich auch mit Mussolini, um über die Paneuropa-Idee zu sprechen, und bot ihm an, in seiner Zeitschrift *Paneuropa* einen Artikel zu schreiben (vgl. Thöndl 2018: 343). Das Band zwischen Coudenhouve-Kalergi und dem Faschismus wurde vor allem durch Antikommunismus geknüpft, Paneuropa vor allem als Abwehrbollwerk gegen die Sowjetunion gedacht. Er sah im Faschismus eine legitime Gegenbewegung gegen den Bolschewismus und grenzte sich erst ab 1937 etwas von ihm ab (ebd.: 362f.). Diese antidemokratischen Koketterien mit dem italienischen Faschismus blieben beim Karlspreis dethematisiert. Er bezog sich dann wiederum auf den Begriff des Abendlandes in Abgrenzung zum Bolschewismus, der auch in der Zeit Ende der 1940er / Anfang der 1950er Jahre in konservativen Milieus eine wichtige Rolle spielte. Mit diesem Begriff sollten «historische und kulturelle Gemeinsamkeiten Europas» herausgestellt werden, «was politische Fragen in den Hintergrund treten ließ» (Plichta 2001: 320). Auch dies diente dem Vergessen der konkreten Vergangenheit des Nationalsozialismus und Faschismus. An der Person Coudenhouve-Kalergi sieht man auch exemplarisch, wie die Kollaboration bürgerlicher Eliten mit dem Faschismus im Nachhinein dethemathisiert und verdrängt wurde. Insofern spielen diese symbolischen Erfindungen, die zu Beginn der europäischen Integration stehen, eine wichtige Rolle für den Charakter der Integration und ihren weiteren Verlauf. Das aktive Beschweigen der unmittelbaren Vergangenheit von Vernichtungskrieg und Shoah, amalgamiert mit dem Antikommunismus, bildete so einen zentralen ideologischen Baustein, was sich auch in den frühen Verträgen niederschlug. «The Holocaust was indeed not mentioned as such in early treaties and declarations on European integration. In western European states, the post-war years were characterized by a state of quasi-silence on the crimes committed against Jews.» (Littoz-Monnet 2012: 492)

Trotz dieser ideologischen Übereinstimmungen blieb die weitere Integrationsgeschichte konfliktreich und lief von Beginn wenig linear. Nach der Gründung der EGKS scheiterten zunächst Versuche weiterer Integrationsprojekte. So scheiterte der Plan eine Europäische Verteidigungsgemeinschaft (EVG) zu errichten an der Ablehnung durch die französische Nationalversammlung (vgl. Ziltener 1999: 96; Stapelfeldt 1998: 40). Dadurch scheiterte auch die Gründung einer Europäischen politischen Gemeinschaft (EPG). Resultat war die direkte Einbindung Deutschlands in die NATO sowie die Entwicklung Frankreichs zur Atommacht; wäre die EVG nicht gescheitert, wäre eine andere Entwicklung und insbesondere ein anderes Verhältnis zu den USA möglich gewesen (vgl. Ziltener 1999: 96). Schließlich führte das Scheitern auch zur Ausarbeitung von Plänen zur Erweiterung der EGKS auf alle Wirtschaftsbereiche[22], woraus die Verträge zur Europäischen Wirtschaftsgemeinschaft (EWG) und zur Europäischen Atom-Gemeinschaft (EURATOM) resultierten. Die Römischen Verträge, die 1957 unterzeichnet wurden und 1958 in Kraft traten, waren ein politisches Kompromisspaket, das aus schwierigen Verhandlungen entstand:

22 «In other words, the Rome Treaty extended the common market for coal and steel of the Paris Treaty and laid the basis for an economic union.» (Holland 1980: 11)

«Die Gründung der EG erfolgte nicht einfach als Resultat des erreichten Standes der Produktions- und Handelsverflechtung in Westeuropa und setzte nicht bruchlos eine allen gemeinsame Einsicht in die ökonomischen Notwendigkeiten der Marktöffnung in die Tat um. Denn die allgemeinen wirtschaftlichen Bedingungen der fünfziger Jahre stellten sich für die verschiedenen Länder sehr unterschiedlich dar. [...] Die wirtschaftspolitischen Ordnungsvorstellungen mußten sich erst einander annähern; die einzelnen Bestimmungen der Gemeinschaftsverträge waren ihrerseits das Resultat eines schwierigen Interessenausgleichs.» (Statz 1989: 18)

Diese Interessenunterschiede bis -gegensätze bezogen sich auf politische wie ökonomische Fragen. Zum Beispiel verhinderte Deutschland politische Steuerungs- und Regulierungsmöglichkeiten, so dass Elemente einer «positiven Integration», die in den Vorbereitungen für die Römischen Verträge noch angedacht waren (im sog. Spaak-Report), in den Römischen Verträgen nicht mehr enthalten waren (Holland 1980: 34f.). Zugleich waren Fragen einer stärkeren supranationalen Institutionalisierung umstritten. Das zentrale Ziel des gemeinsamen Marktes war auch nicht ein in allen Punkten übereinstimmendes Interesse aller Beteiligten, sondern je nach ökonomischer Ausrichtung wurden unterschiedliche Grade eines gemeinsamen Marktes favorisiert (vgl. Stapelfeldt 1998: 42). Hinzu traten Befürchtungen über ein Erstarken der westdeutschen Industrie im gemeinsamen Markt, unterschiedliche Interessen im Bereich der Agrarindustrie-Politik sowie auch widersprüchliche Interessen in der Frage der «Assoziierung» der noch bestehenden Kolonien[23] – insbesondere zwischen Frankreich und den Niederlanden und Italien (vgl. Ziltener 1999: 98). Insofern waren die Römischen Verträge ein Kompromiss, in dem sich in den einzelnen Punkten mal die einen, mal die anderen mehr durchsetzten (vgl. ebd.). Mit dem gemeinsamen Markt und einem nur beschränkten supranationalen Charakter der damit geschaffenen politischen Institutionen war das Übergewicht der «wirtschaftstechnokratischen Integration» deutlich, wobei dieses unter dem politischen Ziel der Friedenssicherung stand (Stapelfeldt 1998: 43). Die Europäische Gemeinschaft konstituierte sich als «Gemeinschaft ohne Erinnerung» (ebd.), die

23 Hierauf wird in Kapitel 4 ausführlicher eingegangen.

Antikommunismus und die Verdrängung des Faschismus/Nationalsozialismus mit einer ökonomischen Historizität der Zukunftsausrichtung verband.

3.2 Die zweite Phase: Keynesianische Integration / Fordismus

Die ersten Schritte der europäischen Integration waren also nicht rein ökonomisch motiviert, sondern durch Antikommunismus, den aufkommenden Ost-West-Konflikt sowie die US-amerikanische Hegemonie geprägt. Die Einbindung Westeuropas in ein neues internationales Geflecht aus Organisationen (Bretton Woods, Gatt, Nato) war aber selbstverständlich auch Teil der Schaffung eines relativ stabilen globalen Akkumulationsmodells nach dem Zweiten Weltkrieg. Es ist die Zeit, die in Deutschland als «Wirtschaftswunder» verklärt wird. Die Entwicklung des fordistischen Modells basierte auf einer tayloristischen Arbeitsteilung und damit einer massiven Erhöhung der Arbeitsproduktivität inklusive Ausweitung der Konsumgüterproduktion, für deren Absatz der Binnenmarkt massiv ausgeweitet wurde (vgl. Hirsch 2005: 115ff.). Dieses Akkumulationsmodell verband «das erste Mal in der Geschichte des Kapitalismus [...] die Steigerung der Lohneinkommen» mit der «Rentabilität des Kapitals» (ebd.: 116). Dieses Akkumulationsmodell war verbunden mit dem internationalen politischen Setting der Blockkonfrontation. Ökonomisch allerdings war es keine «Stunde Null» nach 1945, auf die wundersam die Ausweitung des Wohlstands folgte. Vielmehr hatte «der nationalsozialistisch-rüstungswirtschaftlich initiierte Modernisierungsschub vor und im Zweiten Weltkrieg [...] – auch hier Kontinuität – die technologische und ökonomische Basis für den wirtschaftlichen Aufschwung der Nachkriegszeit gelegt» (Hoffmann 2009: 541). Mit der ökonomischen Expansion ging auch der Ausbau staatlicher Sozialsysteme sowie keynesianischer Interventions- und Steuerungsmechanismen einher. «In allen EG-Ländern hat es nach dem 2. Weltkrieg zeitweise sozialdemokratische oder sozialdemokratisch geführte Regierungen gegeben. Sie haben die keynesianischen Steuerungsbotschaft theoretisch aufgegriffen, Instrumentarien entwickelt und teilweise sogar angewandt.» (Huffschmid 1989: 43) Dadurch entstand eine spezifische Räumlichkeit der fordistischen

Akkumulation, die sich auch in der europäischen Integration ausdrückte.

Der anfängliche Modus der Integration wird dabei häufig mit dem Namen Jean Monnet in Verbindung gebracht (vgl. Wissel 2015: 80ff.; Ziltener 1999). Zum einen wird dabei auf die Entwicklung des Wohlstands abgezielt, die für die europäische Integration eine wichtige legitimatorische Funktion hatte. Monnet sagte, dass zwei Dinge von der Integration erwartet würden: Frieden und die «Verbesserung des Lebensniveaus anstatt der Stagnation. Wenn das zweite Versprechen nicht erfüllt sein wird, werden wir nicht seine [des ‹Mannes auf der Straße› DK] Zustimmung haben, um das für das erste Ziel Notwendige zu tun» (zitiert nach: Patel 2019: 109). Bedeutender aber war die Art und Weise, das «Notwendige» zu tun: durch sektorale Integrationsschritte, die in von der Öffentlichkeit abgeschotteten Verhandlungen vorangetrieben wurden, wobei die Zustimmung der Bevölkerung erst im Nachhinein eingeholt wurde (vgl. Ziltener 1999: 102). Der Integrationsprozess wurde derart zu etwas Unausweichlichen und die Verknüpfung der Integration mit wachsendem Wohlstand verband sich ideologisch mit der Verdrängung der Vergangenheit und einer auf die Zukunft ausgerichteten Historizität (Calligaro 2015: 5). Die passive Zustimmung zu den Integrationsprozessen wurde dabei auf nationalstaatlicher Ebene organisiert, so dass eine spezifische räumliche Konstellation entstand. Der Fokus der Integration lag auf der Zollunion und dem Binnenmarkt, also der «Organisation des Abbaus der Binnenzölle und [der] Durchsetzung einheitlicher Außenzölle» (Ziltener 1999: 105). Die Verwirklichung der Zollunion 1968 war daher auch der «bedeutendste Integrationserfolg» (Stapelfeldt 1998: 52) in dieser Phase. Wichtiger Teil dieser Phase der Integration war zudem die Agrarpolitik, die zum «Prototyp einer keynesianischen Integrationsweise» (Wissel 2015: 81) wurde, indem die gemeinschaftliche Agrarpolitik gegenüber dem Weltmarkt stark abgesichert wurde (vgl. Ziltener 1999: 116). Während daher nach innen Handelshemmnisse abgebaut und nach außen die ökonomischen Sektoren mittels Zöllen abgesichert wurden, blieb die Sozialpolitik weitgehend auf nationalstaatlicher Ebene verankert. Die notwendige Europäisierung des Arbeitsmarkts im Zuge der Binnenmarktentwicklung wurde in den Römischen Verträgen in Artikel 48 festgelegt, in dem die «Freizügigkeit der Arbeitnehmer» (VGEWG, Art.48) als zu erreichendes Ziel niedergelegt wurde (neben den Freizügigkeiten von Waren, Dienstleistungen und Kapital). Diese Freizügigkeiten sollten vor allem die ökonomische Integration fördern, denn die Anwendung des Artikels zur Arbeitnehmerfreizügigkeit «blieb [...] Angelegenheit der nationalen Regelung. [...] Außerdem wurden das Recht auf kollektive Verhandlungen und die Koalitionsfreiheit bewußt ausgeschlossen. Die traditionellen sozialpolitischen Bereiche wie die Renten-, Arbeitslosen-, und Krankenversicherung sowie Wohnungssubventionen etc. blieben ausschließlich in der Zuständigkeit der nationalen Regierungen» (Lee 2000: 167f.). Entsprechend entstanden schon im Zuge der Römischen Verträge erste europäische Kapital-, bzw. Arbeitgeberverbände, während sich Gewerkschaften erst 1973 auf europäischer Ebene zusammenschlossen (vgl. Zilener 1999: 103).

Die europäischen Institutionen waren daher darauf ausgerichtet, die Bedingungen für die ökonomische Integration bereitzustellen und ansonsten «supranational vereinbarte nationale Regulationsformeln» (Lee 2000: 167) zu entwickeln. Trotz ökonomischer Integrationsschritte dominierte in der fordistisch-keynesianischen Phase daher der nationalstaatliche Raum. Die Dominanz der nationalstaatlichen *Scale* im Verhältnis zur internationalen und regionalen bedeutete für die politische Organisation und das institutionelle Arrangement, dass supranationale Institutionen vor allem die Kooperation zwischen Nationalstaaten förderten. Die relative Kongruenz von Nationalstaat und Volkswirtschaft zeigte sich auch in den Weltmarktbeziehungen. Die internationale Ökonomie nahm daher «die Form von Finanz- und Handelsströmen zwischen verschiedenen nationalen Volkswirtschafen an» (Jessop 1997, 56). Zum zweiten zeigte sich die Dominanz der nationalstaatlichen Scale auch nach innen durch die Orientierung der Politik an der Reduktion ungleicher Entwicklung innerhalb des nationalen Territoriums, um so die Bedingungen für Massenproduktion und -konsumtion sichern zu können (vgl. Jessop 2002, 77, Heeg 2001, 59ff.), was von Brenner als «spatial keynesianism» (2004, 114ff.) bezeichnet wurde. Dies hatte eine Homogenisierung der Lebens- und Verwertungsbedingungen zur Folge, die für das Kapital sichere Anlagemöglichkeiten versprach und auch für die Individuen eine vorher nicht gekannte Sicherheit ermöglichte. Der Staat war darin, zumindest der Vorstellung von Fortschritt nach, die in der territorialen Homogenisierung liegt, «Hüter des Allgemeinwohls, der über einen allgemeinen Überblick verfügt» und dadurch «im Interesse aller zu einer Homogenisierung des nationalstaatlichen Raumes in wirtschafts- und sozialpolitischer Hinsicht beitragen» sollte (Heeg 2001, 62). Die notwendige Dynamik des Kapitals schien so ein Stück weit eingefangen zu sein, so dass Krisenmomenten innerhalb des räumlich-prozessualen Settings des Fordismus entgegengearbeitet werden konnte.

Dass die Entwicklung der europäischen Integration nicht nur linear verlief, zeigt sich unter anderem darin, dass Großbritannien und andere Länder nicht der EWG beitraten, sondern 1960 die Europäische Freihandelsassoziation[24] (EFTA) gründeten. Dass diese Länder nicht der EWG beitraten, sondern eine eigene Handelszone gründeten, lag an politischen Konflikten, wie dem Verhältnis zwischen Frankreich und Großbritannien[25]. Daraus resultierten auch Handelshemmnisse der EWG mit den EFTA-Staaten durch deren Zollpolitiken, so dass immer wieder das Verhältnis von EWG zu EFTA auf dem Prüfstand stand (vgl. Wülker 1969; Wockenfoth 1961).

Trotz der Römischen Verträge und dem wirtschaftlichen Boom war diese Phase keine des linearen Fortschritts in der EWG, sondern auch schon von Integrationsrückschlägen und Konflikten durchzogen. Bieling weist auf vier zentrale Konflikte in dieser Zeit hin (2010: 67): erstens auf Konflikte zwischen Frankreich und den kleineren Mitgliedsstaaten um intergouvernementale Formen der Kooperation in den Bereichen Außen-, Sicherheits-, Wirtschafts- und Kulturpolitik, nach deren Nichtzustandekommen ein deutsch-französischer «Freundschaftsvertrag» stand, der «von den anderen Mitgliedsstaaten und den USA als ‹Sonderbündnis› beargwöhnt wurde» (ebd.). Zweitens auf Konflikte um Wirtschaftsplanung und Ordnungspolitiken, in denen sich die deutsche Position Ludwig Erhardts für eine Wettbewerbskonzeption gegen staatliche Planungselemente durchsetzen konnte. Drittens setzte sich Frankreich in der

24 Gegründet wurde die EFTA von Großbritannien, Schweiz, Dänemark, Norwegen, Portugal, Österreich und Schweden 1960. Im Laufe der Zeit gab es einige Wechsel in die EU und Neuaufnahmen. Heute sind noch vier Länder (Norwegen, Island, Liechtenstein, Schweiz) Mitglied der EFTA. Zu ihrer Entwicklung vgl. Steppacher 2022.

25 Frankreich legte «schon am 14.11.1958 ein Veto gegen eine britische Mitgliedschaft ein» (Stapelfeldt 1998: 53).

Agrarpolitik durch und verhinderte dabei mehrfach den Beitritt Großbritanniens, sowie viertens die sogenannte Krise des leeren Stuhls 1965. Frankreich blieb dem Ministerrat fern, um so die Einführung des Mehrheitsprinzips bei Entscheidungen der europäischen Agrarpolitik zu verhindern. Durch den «Luxemburger Kompromiss» 1966 wurde dieser Konflikt durch einen Beschluss gelöst, der die faktische Fortdauer des Einstimmigkeitsprinzips garantierte. Dadurch waren jedoch auch jegliche weitere vertiefende Integrationsschritte zunächst blockiert. «Die Kommission, deren Vorschläge im Gesetzgebungsverfahren nun weiterhin einstimmiger Rats-Entscheidungen bedurften, war erheblich entmachtet: sie konnte nur noch vorschlagen, was Aussicht auf einstimmige Zustimmung des Rates besaß» (Stapelfeldt 1998: 53). Insofern war selbst die Zeit der ökonomischen Expansion und des nationalen Wohlfahrtsstaates nicht unmittelbar mit einer fortschreitenden politischen Integration Europas verbunden, sondern vielmehr zeigten sich die Konflikte und Konkurrenzen des Kapitals auch vermittelt in politischen Konflikten. Zwar war diese Zeit durch die ökonomische Expansion mit der Entwicklung einer europäischen Historizität, die auf die Zukunft ausgerichtet war, geprägt. Aber diese ideologische Bearbeitung des Integrationsprozesses verdeckte oftmals den konfliktiven Charakter des Integrationsprojektes und seine Widersprüche.

3.3 Die dritte Phase: Weltwirtschaftskrise

Das ökonomische Expansionsmodell des Fordismus geriet schon Mitte der 1960er Jahre unter Druck, als es insbesondere zu einer Schwäche des Dollars kam, das Bretton-Woods-System der Wechselkurse zu erodieren begann und 1973 schließlich beendet wurde. Zugleich zeigten sich die Grenzen des fordistischen Akkumulationsmodells. Die tayloristischen Rationalisierungsprozesse waren ausgeschöpft, die Produktivitätsreserven erschöpft. Die Kapitalrentabilität ging zurück (vgl. Hirsch 2005: 125f.; Bieling 2010: 69). Durch Rückgang der Produktivität und der Kapitalrentabilität wurde es zudem «schwerer, die wohlfahrtsstaatliche Regulationsweise aufrechtzuerhalten» (Wissel 2015: 84). Die keynesianische Regulationsweise, die Ausrichtung auf die Expansion des Konsumgütermarktes bei Erschließung und Durchkapitalisierung des inneren Marktes durch stabile Lohnverhältnisse und einen relativ ausgebauten Sozialstaat geriet ebenso in die Krise. «Die enge Verbindung von Massenkonsum, Sozialstaat und Akkumulation, die das ‹goldene Zeitalter› des Fordismus gekennzeichnet hatte, zerbrach.» (Hirsch 2005: 125) Die krisenhaften Entwicklungen des Kapitals führten zu einer «allgemeinen Überakkumulation», wodurch strukturelle «Überkapazitäten in allen Industrien [...] sich zu langanhaltenden Strukturkrisen» vertieften (Huffschmid 1989: 42). Adam Tooze sieht in der Krise der 1970er Jahre den Beginn eines Entwicklungsbogens, der erst mit der Corona-Krise zu einem Ende komme (Tooze 2021: 32). Um die aktuellen gesellschaftlichen Disruptionen zu verstehen, ist eine solche Langzeitperspektive äußerst sinnvoll, denn so können verschiedene Entwicklungen ins Verhältnis gesetzt werden. Mit dem Zerbrechen des fordistischen Modells begann auch ein neuer Internationalisierungsschub und die langsame Relativierung der Dominanz des Nationalstaats bzw. des nationalstaatlichen Raums. Aus einer raumtheoretischen Perspektive scheiterten allerdings alle Versuche in den 1970ern, eine neue Konstellation hervorzubringen, die durch eine stabile raum-zeitliche Veränderung des Akkumulationsprozesses und seiner politischen Bearbeitung die Überakkumulation «in den Griff» bekam (Harvey 2005: 109).[26]

Dennoch führten die einsetzenden Internationalisierungsprozesse nicht zu einer vertieften Integration. Vielmehr waren die 1970er Jahre durch eine Stagnation der Integration gekennzeichnet. «Zwar wurde die EG 1973 um Großbritannien, Irland und Dänemark erweitert, der Handel innerhalb der EG-Staaten entwickelte sich jedoch schwächer als der mit Nicht-EG-Staaten.» (Wissel 2015: 84) Die Erweiterung führte daher nicht zu einer Vertiefung. Zudem unterblieb es auf der Ebene der EG «ganz», eine «wirksame Antikrisenpolitik» (Huffschmid 1989: 44) zu betreiben. Patrick Ziltener stellt fest, dass es nicht nur zu einer Stagnation der Integration kam, sondern teilwei-

26 Diese Überlegung geht davon aus, dass überschüssiges Kapital entweder durch zeitliche Verschiebungen (Investitionen in langfristige Projekte, Sozialausgaben wie Bildung und Forschung) oder durch räumliche Verschiebungen (Erschließung neuer Märkte, räumliche Neuanordnung von Produktionskapazitäten etc.) oder durch eine Kombination von beidem bearbeitet werden kann (vgl. Harvey 2009: 110ff.).

se Elemente der wirtschaftlichen Integration wieder zurückgenommen wurden: «Die sowieso nicht sehr tiefgreifenden Massnahmen zu Liberalisierung des Kapitalverkehrs innerhalb der Gemeinschaft kamen nicht nur zum Stillstand, sondern waren teilweise zurückgenommen worden, womit der Liberalisierungsgrad 1977 niedriger war als zu Beginn der 1960er Jahre.» (Ziltener 1999: 126) Ökonomische Stagnation und «gesunkene Handlungsfähigkeit der supranationalen Instanzen» gingen einher mit der Gespaltenheit und Konkurrenz der Mitgliedsländer, die sich auch in den intergouvernementalen Instanzen ausdrückte (vgl. ebd.: 127). Ebenfalls war eine relativ hohe Arbeitslosenquote in den Ländern der EG festzustellen. Zwar stieg das Wirtschaftswachstum nach 1975 wieder an, allerdings erreichte es in den Jahren von 1974 bis 1981 nur ungefähr die Hälfte des Niveaus von 1962–1973, in Zahlen für Westeuropa 2,2% gegenüber 4,6% Wachstum (vgl. Stapelfeldt 1998: 68f.). Zusätzlich verstärkten sich regionale Unterschiede innerhalb der EG-Staaten, was unter anderem durch den Beitritt Irlands (1973), Griechenlands (1981), Spaniens und Portugals (1986)[27] bedingt war (vgl. ebd.; Huffschmid 1989: 45).

Eine weitere gewichtige Ursache der wachsenden regionalen Unterschiede bestand in tiefgreifenden ökonomischen Umstrukturierungsprozessen, die vor allem das Verhältnis zwischen primären (Agrar), sekundärem (Industrie) und tertiärem (Dienstleistungen) Sektor betrafen (vgl. Stapelfeldt 1998: 69). Dies ging einher mit einer Krise des Agrarmarkts, deren Überschussproduktion «kaum mehr finanzierbar» (ebd.) war. Die Bearbeitung der Krise führte also zunächst nicht zu einem Bedeutungsgewinn der europäischen Ebene, sondern zu einem wirtschaftspolitischen Rückzug auf die nationalstaatliche Ebene (vgl. Huffschmid 1989). Auch mit der Einsetzung eines Regionalfonds zum Ausgleich der regionalen Disparitäten 1975

27 Irland wurde 1973 mit Dänemark und dem Vereinigten Königreich in der ersten Erweiterungsrunde aufgenommen. Griechenland, Spanien und Portugal waren bis in die 1970er Jahre (Militär)Diktaturen. Die Beitrittsverhandlungen wurden schon Ende der 1970er Jahre aufgenommen. Damit sollte, wie es in einer Zusammenfassung auf der Seite des Europäischen Parlaments heißt, die Demokratie in den jeweiligen Ländern gefestigt werden (vgl. https://www.europarl.europa.eu/factsheets/de/sheet/167/die-erweiterung-der-europaischen-union, Zugriff: 17.8.2023).

konnte «nicht von einer Supranationalisierung» gesprochen werden, die Nationalstaaten «hielten also die Zügel fest in der Hand»[28] (Ziltener 1999: 128).

Doch mit der Weltwirtschaftskrise kamen auch sowohl der Modus der internationalen Kapitalregulation als auch die keynesianischen institutionalisierten Klassenkompromisse in den Staaten der EG unter Druck. Mit dem Ende des Bretton-Woods-Systems begann die Liberalisierung der globalen Finanzmärkte, die durch freies Kapital zunehmend aufgebläht wurden, wodurch sich die krisenhafte Entwicklung verstärkte (vgl. Hirsch 2005: 126ff.). Auf nationalstaatlicher Ebene hatte dies zur Folge, dass auch die sozialdemokratischen Regierungen (in Deutschland und Großbritannien bspw.) schrittweise zur Aufgabe des fordistischen Klassenkompromisses bereit waren. John Kannankulam zeichnet am Beispiel Deutschlands nach, wie alle Maßnahmen der Bundesregierung, Preissteigerungen und Arbeitslosigkeit zu bekämpfen, mehr oder weniger wirkungslos blieben (vgl. Kannankulam 2008: 171ff.). Unter Druck gerieten die Regierungen auch von einer relativ starken Arbeiter*innenklasse, die durch hohe gewerkschaftliche Organisierungsgrade und die institutionelle Einbindung der Gewerkschaften erfolgreiche Lohnkämpfe führen konnte. In Deutschland kam es dabei 1973 auch zu wilden Streiks, insbesondere getragen von migrantischen Arbeiter*innen. So konnte trotz massiver Repression eine Bruttolohnerhöhung von 12% erkämpft werden, die aber aufgrund der Inflation lediglich eine reale Erhöhung um 1,4% bedeutete (ebd.: 172). In England kam es im Winter 1978/79 zu massiven Streiks, mit denen Lohnerhöhungen von bis zu 20% erkämpft wurden, die aber «nicht maßlos waren», sondern vorherige unbezahlte Überstunden kompensierten (ebd.: 219).

Die Stärke der Gewerkschaften bildete sich allerdings auf europäischer Ebene nicht gleichermaßen ab. Denn Formen der Einbindung von Gewerkschaftsfunktionären in die Hohe Behörde der EKGS wurden mit den EWG-Verträgen beendet und der «neu gegründete Wirtschafts- und Sozialausschuss

28 Mit der ersten Reform des Regionalfonds 1979 wurde allerdings festgelegt, dass 5% der Fondsmittel «von der Kommission nach eigenen Kriterien und auch ausserhalb der nationalstaatlichen definierten Fördergebiete eingesetzt werden können», womit sich «die europäischen Instanzen [...] auf dem Weg zur eigenständigen Politikgestaltung» befanden (Ziltener 1999: 129). Dieser Weg war allerdings noch weit.

(WSA) wurde mit weit geringeren Kompetenzen ausgestattet als sich die Gewerkschaften erhofft hatten» (Seifen 2009: 190). 1973 gründete sich zwar der Europäische Gewerkschaftsbund (EGB), der allerdings von inneren Interessenwidersprüchen der unterschiedlichen (nationalen und sektoralen) Gewerkschaften durchzogen war. Nichtsdestotrotz gab es zusätzlich zu der Einrichtung des WSA und des Ständigen Ausschusses für Beschäftigungsfragen (SAB) in den 1970er Jahren dreimal eine sogenannte Dreierkonferenz, die die Kommission und die Sozialpartner (Gewerkschaften und Unternehmerverbände) umfasste. Dies führte allerdings nicht dazu, dass eine einheitliche europäische Sozialpolitik entwickelt wurde. Gerade die Unternehmerverbände hatten wenig Interesse daran, auf europäischer Ebene eine ähnliche Institutionalisierung des Klassenkompromisses zu etablieren wie auf nationaler Ebene. Vielmehr war ihre «Auffassung, daß die Gespräche mit der Kommission und dem ‹Sozialpartner› zwar sinnvoll sind, ihr Inhalt und Ergebnis aber keine Verbindlichkeit haben dürfe» (Weiner 1989: 90). Die Gewerkschaften zogen sich aus der Dreierkonferenz zurück, da weder im WSA noch im SAB noch in den Dreierkonferenzen «verbindliche Beschlüsse gefaßt und Aktionen gegen die steigende Massenarbeitslosigkeit und die Verschlechterung der sozialen Lage größerer Teile der Bevölkerung eingeleitet werden konnten» (ebd.: 90f.).

Damit ergab sich in den 1970ern eine Gesamtsituation, die geprägt war von einer Überakkumulationskrise inklusive Stagflation, dem Ende der globalen Währungs- und Finanzregulation über das Bretton-Woods-Systems, Verschiebungen innerhalb des Kapitals zugunsten des Finanz- und Dienstleistungskapitals, der Notwendigkeit für das Industriekapital durch technische Innovationen das fixe Kapital zu erhöhen, ohne dass neue Arbeitsplätze geschaffen wurden, woraus folgte, dass staatliche «Steuerungsversuche und kapitalfraktionelle Strategien und Interessen [...] erkennbar zunehmend» auseinanderliefen (Kannankulam 2008: 174). Für die Europäische Integration bedeutete dies, dass der «eingeschlagene Integrationspfad (..) durch die wirtschaftlichen Krisen- und Umbruchprozesse und die hierauf bezogenen gesellschaftspolitischen Auseinandersetzungen unterminiert» wurde (Bieling 2010: 72). Die Integration stockte und wurde gar zurückgefahren und die nationalen Entwicklungen waren ebenfalls in der Krise, so dass Auswege innerhalb des eingeschlagenen Weges blockiert waren. Dieser Zustand wurde Anfang der 1980er Jahre als «Eurosklerose» diagnostiziert. Die Erklärung der Krise und der anhaltend hohen Arbeitslosigkeit lautete: «institutionelle Verkrustungen – von zu hoher Regulationsdichte, zu hohen Sozialstaatsleistungen und zu hoher Gewerkschaftsmacht getragen – erschweren oder blockieren die Anpassung der europäischen Wirtschaften an die neuen, durch Globalisierung und Informatisierung geprägten weltwirtschaftlichen Gegebenheiten» (Ganßmann/Haas 1999: 55). Die Diagnose «Eurosklerose» muss dabei als Teil der beginnenden neoliberalen Offensive für den nachhaltigen Umbau von Staat und Markt verstanden werden. Das «neoliberale Projekt» wollte einerseits den Integrationsprozess in der Form der Öffnung der europäischen Region gegenüber der globalen Ökonomie wiederbeleben, und durch Deregulierungen und Privatisierungen «die Marktkräfte von den Fesseln der Regierungsintervention und anderen starren Institutionen [...] befreien» (van Apeldoorn 2000: 200). Beflügelt wurden diese Ambitionen von den Wahlsiegen von Margret Thatcher in Großbritannien und Ronald Reagan in den USA und die durch sie betriebene Politik. Insbesondere Thatchers brutale Zerschlagung der Gewerkschaftsmacht zeigte, an welcher Stelle das neoliberale Projekt die Verkrustungen sah. Stuart Hall analysierte diese Politik als «autoritären Populismus» (Hall 1985). Das neoliberale Projekt sollte im Verlauf der frühen 1980er Jahre die Vertiefung der Europäischen Integration wieder vorantreiben und dabei Vorhaben wie die Wirtschafts- und Währungsunion wiederbeleben, die nach dem Gipfel von Den Haag 1969 schon ausgearbeitet (Werner Report 1970), aber in den Krisen der 1970er Jahre nicht realisiert wurden (vgl. Bieling 2010: 70). Dies sollte einen neuen Integrationsschub in die Wege leiten, der die Europäische Union bis heute maßgeblich prägt. Bevor dies im nächsten Kapitel weiter betrachtet wird, müssen noch kurz zwei Ereignisse angesprochen werden, die Versuche der Bearbeitung des Legitimationsschwundes der Integration im Zuge der Krisen und Renationalisierungsprozesse darstellen: die ersten Überlegungen zu einer europäischen Identität 1973 und die erste Direktwahl des Europäischen Parlaments 1979[29].

29 Offiziell hieß das Europäische Parlament zu diesem Zeitpunkt noch Versammlung. Es wurde zwar schon Parlament genannt (und es bezeichne-

Das Dokument über die Europäische Identität wurde 1973 nach dem Gipfel von Kopenhagen verfasst und bekräftigt zentral den Willen der damals neun Mitgliedsstaaten, bis zum Ende des Jahrzehnts «die Gesamtheit ihrer Beziehungen in eine Europäische Union umzuwandeln» (Dokument Identität 1973: 2). Im Mittelpunkt steht dabei die Bedeutung der europäischen Vergemeinschaftung zur eigenen Positionierung im sich wandelnden Weltmarkt, wobei als «innere» Grundlagen einer europäischen Identität vor allem Folgendes ausgemacht wird: «3. Diese Vielfalt der Kulturen im Rahmen einer gemeinsamen europäischen Zivilisation, dieses Bekenntnis zu gemeinsamen Werten und Prinzipien, diese Annäherung der Lebensauffassungen, dieses Bewußtsein ihnen eigener gemeinsamer Interessen sowie diese Entschlossenheit, am europäischen Einigungswerk mitzuwirken, verleihen der europäischen Identität ihren unverwechselbaren Charakter und ihre eigene Dynamik.» (ebd.: 2f.) Wie skizziert blieb insbesondere die Umwandlung in eine Europäische Union uneingelöst. Auch konnte dieses vor allem auf Wirtschaftsbeziehungen abgestellte Dokument keine großen identifikatorischen Angebote für die Bürger*innen der Mitgliedsstaaten machen.

Ein Schritt in diese Richtung sollte dagegen die erste Direktwahl des Europäischen Parlaments 1979 sein. Bis dahin setzte sich das EP aus Delegierten der nationalen Parlamente zusammen. Es gab für das EP allerdings kein geregeltes Verfahren, was dazu führte, dass es ein «Parlament *als Ganzes* in Permanenz» (Grabitz 1979: 50) war. Die nationalen Entsendungen waren nicht an eine europäische, sondern an die jeweils nationalen Legislaturperioden gekoppelt, d.h. es kam entsprechend zu jeweils anderen Zeitpunkten zu Wechseln im Parlament. Ebenfalls hatte das EP vor 1979 damit im klassisch demokratietheoretischen Sinn keine Repräsentationsfunktion. Auch sonst hatte es kaum Kompetenzen, sondern hautpsächlich eine Beratungsfunktion für Kommission und Rat. Lediglich in Haushaltsfragen gab es in einem engen Rahmen die Möglichkeit, Vorschläge der Kommission abzulehnen. Aber: «Even if the Assembly does not pass the Community`s budget, a socalled one-twelfth formula comes into operation, by which the Commission can spend one-twelfth of the previous year`s budget each month for the

---

te sich auch selbst so), offiziell wurde diese Bezeichnung aber erst 1992 mit dem Maastrichter Vertrag festgelegt (vgl. Tömmel 2014: 105).

next year. The system is biased heavily against the Assembly, which in practice so far has served more as a fig-leaf of democracy rather than a democratic institution proper.» (Holland 1980: 7) Ob die Direktwahl alleine diese gravierenden demokratischen Defizite lösen könnte, war umstritten. Einerseits wurden durch die Direktwahl erstmals die EG-Bürger*innen zu europäischen Wähler*innen, wodurch zumindest die Frage der Repräsentation berührt war. Der damalige Präsident des EP Georges Spénale formulierte dementsprechend bei der Unterzeichnung des Aktes zur Durchführung der Direktwahl 1976: «Dieser 20. September ist ein wichtiges Datum für die (Europäische) Gemeinschaft. Es ist der Tag, der den Weg bereitet für ein Europa der Bürger, an der Seite des Europas der Staaten.»[30] Im EP in der Diskussion des Entwurfs des Aktes für die Durchführung einer Direktwahl gab es große Unterstützung, nur sowohl die European Progressive Democrats und die Kommunist*innen erklärten neben ihrer jeweiligen prinzipiellen Zustimmung einige Vorbehalte, die vor allem den uneinheitlichen Wahlprozess und die fehlenden Kompetenzen des EP betrafen (vgl. Piodi 2009: 36). Der Akt zur Einführung einer Direktwahl sah entgegen dieser Vorbehalte schließlich keine Kompetenzerweiterungen des EP vor. Damit blieb es auch fraglich, ob so das Parlament «ein Selbstverständnis als Repräsentativkörperschaft der Gemeinschaft europäischer Bürger, einer civitas Europea, ausbildet, die es in die Lage versetzt, seine heute nur rudimentär vorhandenen Kompetenzen und Funktionen in einem Prozeß der Verfassungsentwicklung allmählich zu intensivieren und auszuweiten.» (Grabitz 1979: 47) Somit war die erste Direktwahl einerseits ein hauptsächlich symbolisches Angebot, das aber ebenso als zaghafter Beginn einer institutionellen Verschiebung und neuer Integrationsschritte gesehen werden könnte.

30 Zitiert nach: https://www.europarl.europa.eu/news/de/headlines/eu-affairs/20160916STO43170/40-jahrestag-der-unterzeichnung-des-akts-uber-die-direktwahl-zum-parlament. Letzter Zugriff 23.8.2023.

3.4 Die vierte Phase: Erweiterte Integration als Krisenbearbeitung

Der Werner-Plan untermauerte zwar schon 1970 das Vorhaben, eine Wirtschafts- und Währungsunion zu entwickeln, so dass ein Binnenmarkt ohne Störungen des Wettbewerbs entstehen könne[31]. Wie gesehen, entwickelten sich im Zuge der Krise eher Desintegrationstendenzen und ein Rückzug auf die nationale Ebene. Allerdings konnte die Krise auch nicht innerhalb des fordistisch-keynesianischen Rahmens des Nationalstaats gelöst werden. Mit der Einführung des Europäischen Währungssystems 1979 wurde ein Wechselkurssystem etabliert, durch das der «gemeinsame währungs- und fiskalpolitische Regulierungs- und Koordinierungszwang verstärkt» wurde (Lee 2000: 171). Dies ging Anfang der 1980er Jahre mit einem neuen polit-ökonomischen Klima einher: «the economic climate had changed. Keynesianism had bitten the dust in Washington, London, Paris and Bonn. Most crucially, West German economic policy was not only in the hands of committed monetarists in government, but was also substantially determined by the even more monetarist Bundesbank, which was independent by its terms of the constitution from the government itself.» (Holland 1980: 41) In Frankreich scheiterte zudem ein letzter Versuch eines national-keynesianischen Alleingangs. Dies alles beförderte eine Umorientierung auf die europäische Ebene. «Politisch-strategisch bedeutete dies in Europa und Nordamerika eine tiefgreifende Wende von der nationalen sozialdemokratischen zur neoliberalen/neokonservativen Hegemonie.» (Lee 2000: 172) So erlangte die neoliberale Diagnose der «Eurosklerose» Wirkmächtigkeit und die weiteren Integrationsschritte waren geprägt von der Krisendiagnose, die vor allem Überregulierung und zu große Gewerkschaftsmacht und daraus folgend die Notwendigkeit postulierte, die Ökonomie zu deregulieren, umfangreiche Privatisierung vorzunehmen und den zu schaffenden Binnenmarkt als möglichst störungsfreien Wettbewerb zu etablieren.

31 «Economic and monetary union will make it possible to realize an area within which goods and services, people and capital will circulate freely and without competitive distortions, without thereby giving rise to structural or regional disequilibrium.» (Werner-Report 1970: 9)

Diese neue Phase der Integration wurde vor allem mit der Einheitlichen Europäischen Akte 1986 erreicht. Die Rezeption der EEA in der Literatur zeigt wiederum die Nicht-Linearität des Integrationsprozesses. Während noch 1989 Albert Statz in seiner Auseinandersetzung mit den institutionellen Reformen und dem in der Akte formulierten Ziel «zu konkreten Fortschritten auf dem Weg zur Europäischen Union beizutragen» (EEA Art. 1) zu dem Schluss kam, dass trotz der Reformen eine «neue Integrationsstrategie [...] nicht erkennbar» (Statz 1989: 31) sei, nannte Ingeborg Tömmel retrospektiv die EEA als eine der drei Stationen, an denen sich zeigte, dass der «Integrationsprozeß ab Mitte der 80er Jahre einen neuen, spektakulären Aufschwung» (Tömmel 1995: 51) erlebte. Auch für Ziltener markierte die Vertragsreform durch die Akte einen Umbruch in der Integrationsweise[32] (1999: 145ff.). Im Kern betrafen diese Neuregelungen die Entwicklung des Binnenmarktes, deren Richtung mit dem Weißbuch zur Vollendung des Binnenmarktes vorgegeben wurde (vgl. EC 1985). Darin schlug sich die Kooperation der Kommission mit dem European Round Table of Industrialists nieder (vgl. Ziltener 1999: 139). Dies betraf vor allem die Schaffung/Vollendung des gemeinsamen Marktes durch den Abbau von Handelshemmnissen und die Ermöglichung des freien Verkehrs von Waren, Dienstleistungen, Kapital und Arbeitskräften. Der Umbruch in der Integrationsweise lag in der «weitgehende[n] Ablösung der Schaffung europäischer Standards mittels Harmonisierung durch das Prinzip der gegenseitigen Anerkennung nationaler Standards» (Ziltener 2003: 218). Doch auch institutionell veränderte sich die Integration, da die drei Institutionen – Kommission, Rat und Parlament – mit der EEA reformiert wurden. So wurde die Kommission aufgewertet durch «Stärkung der Durchführungsbefugnisse der Kommission» (Ehlermann 1986: 105), die vom Rat an die Kommission vormals übertragen werden konnten, nun aber weitgehend übertragen werden

32 Diese widersprüchliche Rezeption der EEA zeigte sich auch in der EG selbst. Die Reaktionen reichten «von dem Ausdruck nachhaltiger Enttäuschung über das Ausbleiben echter Reformen und wirklicher Fortschritte auf dem Wege zur Europäischen Union – so das Europäische Parlament und die Union Europäischer Föderalisten –» bis zur Hoffnung, die der damalige Bundeskanzler Kohl zur Sprache brachte, dass sich «in wichtigen Bereichen Fortschritte» zeigen, die «weit in die Zukunft weisen» (Wessels 1986: 65).

mussten. Auch die Befugnisse des Parlaments wurden leicht erweitert, insbesondere im Bereich «Verfahren der Zusammenarbeit für eine Reihe normaler ‹Legislativakte›» (ebd.), wobei dennoch die Funktionen und Kompetenzen des Parlaments auch nach der EEA noch weit von denen nationaler Parlamente entfernt waren.

Ausdruck der Kräfteverhältnisse zu dieser Zeit waren schließlich auch die sozialpolitischen Elemente, die im Rahmen der EEA angesprochen wurden. Diese blieben maximal vage. So wurde dem EWG-Vertrag 1986 der Artikel 118b hinzugefügt, der die Idee der Dreierkonferenzen zwischen den Sozialpartnern und der Kommission wieder aufgriff. Darin hieß es: «Die Kommission bemüht sich darum, den Dialog zwischen den Sozialpartnern auf europäischer Ebene zu entwickeln, der, wenn diese es für wünschenswert halten, zu vertraglichen Beziehungen führen kann.» (EWG-V Art. 118b) Formulierungen wie «bemüht sich», «wenn diese es für wünschenswert halten», «zu vertraglichen Beziehungen führen kann» lassen einen sehr breiten Interpretationsspielraum. Diese Vagheit resultierte aus einer spezifischen Kräftekonstellation, die Lee folgendermaßen beschreibt: «Während sich die Kommission als Politikinitiator und -koordinator, das Europäische Parlament sowie die Gewerkschaften für eine europäische Deregulierung der Arbeitsbeziehungen einsetzen, stehen die Regierungen, die einen Verlust der eigenen Einflußmöglichkeit in der Sozial- und Arbeitspolitik befürchten, und die Unternehmerverbände solchen Politiken entgegen. Neben den fehlenden institutionellen Rahmenbedingungen hat vor allem das Desinteresse auf der Seite der Arbeitgeber eine europäische Regelung blockiert.» (Lee 2000: 170) Damit hatte sich eine Konstellation herausgebildet, die die Entwicklung der Integration maßgeblich prägen und welche die Krisenbearbeitung durch erweiterte Integration auf den Modus neoliberalautoritärer Wettbewerbsorientierung ausrichten sollte. Mit der EEA wurde erstmals auch ein zeitlicher Rahmen festgehalten, in dem die weiteren Integrationsschritte hin zum Binnenmarkt zu erfolgen hätten. In Artikel 13/EEA wurde bestimmt, dem Artikel 8 des EWG-Vertrags den Artikel 8a hinzuzufügen, in dem dies festgelegt wurde. «Die Gemeinschaft trifft die erforderlichen Maßnahmen, um bis zum 31. Dezember 1992 [...] den Binnenmarkt schrittweise zu verwirklichen. Der Binnenmarkt umfaßt einen Raum ohne Binnengrenzen, in dem der freie Verkehr von

Waren, Personen, Dienstleistungen und Kapital gemäß den Bestimmungen dieses Vertrages gewährleistet ist» (EEA, Art. 13/ EVG-V Art. 8a).

Doch auch wenn die Weichen für eine bestimmte Ausrichtung der Integration gelegt waren, so war der weitere Weg auch weiterhin von Konflikten und Widersprüchen durchzogen. Die Frage der Freizügigkeit beispielsweise benötigte eine Auslegung über die Reichweite und insbesondere die sozialpolitischen Konsequenzen der Freizügigkeit. Ein Bericht zur sozialen Dimension des Binnenmarktes, der unter dem Vorsitz des damaligen Vizepräsidenten der Kommission Manuel Marin erstellt wurde, forderte neben der Anerkennung von Abschlüssen den Abbau von diskriminierenden Mechanismen und Programme gegen Armut und den Abbau der sozialökonomischen Unterschiede zwischen den Mitgliedsländern durch Reform des Strukturfonds, was die britische Regierung unter Margret Thatcher als Versuch, «den Sozialismus durch die Hintertür einzuführen» ablehnte (Wissel 2015: 99). Die allgemeine Freizügigkeitsrichtlinie scheiterte, allerdings konnten dennoch die Freizügigkeitsrechte für Nicht-Erwerbstätige ausgebaut werden (vgl. ebd. 99f.). Die Konfliktlinien liefen dabei in den Prozessen, die zum Vertrag von Maastricht führten, nicht eindeutig. Vielmehr verbanden sich Positionen, die sich eine Demokratisierung durch Erweiterung der supranationalen Kompetenzen und Rechte erhofften, mit solchen, die eine Ausweitung sozialer Rechte auf europäischer Ebene begrüßten, um nationale Sicherungssysteme abzubauen (wie der ERT, vgl. Wissel 2015: 102). Während letztere Position eine Fraktion des neoliberalen Blocks beschreibt, gab es auch weiterhin einen national ausgerichteten Teil des neoliberalen Blocks, der die Erweiterung von europäischen Rechten mit sozialpolitischen Folgen ablehnte.[33]

Zusätzliche Dynamik erhielt diese Entwicklung durch den weltpolitischen Umbruch 1990. Das «Ende der Bipolarität im internationalen System» bedeutete auch das Ende der «gesamteuropäischen Teilung», was nachhaltige Auswirkungen auf «die Entwicklung der Integrationskonstruktion und deren institutionelle Architektur» zeitigte (Wessels 2022: 90). Mit

33 Dieses Milieu war und ist im EP in der Fraktion der Europäischen Konservativen und Reformer organisiert und aus diesem Spektrum ist die AfD entstanden. Einen etwas genaueren, aktuellen Blick auf die «Neoliberalen gegen Europa» werfen Slobodian/Plehwe 2020.

dem Ende des Ostblocks war «die gesamte politische Architektur Europas [...] neu zu vermessen» (Deppe 1993: 42). Insbesondere die Vereinigung der beiden deutschen Staaten machte die «deutsche Frage» (ebd.) wieder virulent, die ja schon während der ersten Schritte der Integration ein wesentliches Element der politischen Konstellation war. Mit der Errichtung der Wirtschafts- und Währungsunion wurden dabei auch «Vereinbarungen über neue Politiken und Formen der Zusammenarbeit in den Bereichen der Gemeinsamen Außen- und Sicherheitspolitik (GASP) sowie der Innen- und Rechtspolitik» (ebd.) vorgenommen[34]. Der Ausbau der politischen Zusammenarbeit auf europäischer Ebene wurde von der deutschen Regierung im Zuge der deutschen Einigung in Absprache mit Frankreich vorangetrieben, um Befürchtungen vor einem wiedererstarkten Deutschland in der Mitte Europas zu zerstreuen. Frankreich erhoffte sich dadurch positive Effekte für die eigene Ökonomie sowie eine Stärkung der eigenen politischen Rolle in Europa (vgl. ebd.: 42f.).

Mit den Umbrüchen und dem Triumph des Kapitalismus über den Sozialismus wurde die schon Mitte der 1980er Jahre einsetzende «Europhorie» (vgl. von Leipzig/Wels 1991: 38) nochmals verstärkt. Der Vertrag von Maastricht stellte dann auch eine qualitative Veränderung der Integration dar. Zentrum war die Wirtschafts- und Währungsunion, für die ein dreistufiges Verfahren festgelegt wurde (vgl. Tömmel 2014: 50f.; Wessels 2022: 94). Die Währungsunion war so konzipiert, dass eine gemeinsame Währung und die Einsetzung der Europäischen Zentralbank festgeschrieben wurden, die «dazu erforderliche ökonomische Harmonisierung wurde dagegen in der Verantwortlichkeit der Mitgliedsstaaten belassen» (Tömmel 2014: 51). Gleichzeitig wurde festgelegt, dass die Grundlage der weiteren Integration die Stabilität des Geldes sei, d.h. dass die Handlungsfreiheit der Mitgliedsstaaten durch Konvergenzkriterien eingeschränkt

34 Diese drei Elemente werden als «Tempelkonstruktion» oder «Drei-Säulenmodell» genannt. Die drei Säulen (WWU, GASP, Zusammenarbeit Inneres und Justiz werden unter dem Dach eines einheitlichen institutionellen Rahmens zusammengefasst (vgl. Wessels 2022: 92f.) Dieses Modell «signalisiert auf anschauliche Weise, dass fortan zwei Integrationswege vergleichsweise unverbunden nebeneinander stehen: eine tendenziell supranational orientierte sowie eine vorwiegend intergouvernemental organisierte Vergemeinschaftung» (Tömmel 2014: 52).

und auf eine bestimmte Wirtschafts- und Geldpolitik festgelegt wurde (vgl. ebd.; Stützle 2014: 246).

Damit hatte sich die deutsche Geldpolitik in gewisser Weise europäisiert und die Versuche Deutschland einzuhegen haben sich ins Gegenteil verkehrt. Der Vertrag von Maastricht «enthält die Philosophie der fundamentalistischen deutschen Stabilitätspolitik als Programm der künftigen Europäischen Währungsunion und des Weges dorthin» (Huffschmid 2002: 157). Die Konvergenz- und Stabilitätskriterien des Maastrichter Vertrags bedeuteten strenge fiskalpolitische Zwänge und bestanden in den Vorgaben, dass erstens die Inflationsrate «anhaltend niedrig» sein solle und «im Jahr vor der Prüfung höchstens 1,5% über den der drei Länder mit der niedrigsten Inflationsrate liegen» dürfe (Stützle 2014: 249), zweitens das öffentliche Defizit nicht mehr als 3% des Bruttoinlandprodukts betragen und der Schuldenstand nicht 60% des BIP überschreiten dürfe. Drittens hieß es, die «Mitgliedsländer dürfen in den letzten zwei Jahren die ‹normale Bandbreite› des EWS ‹ohne starke Spannungen› ausgenutzt haben», und viertens, dass «der ‹durchschnittliche langfristige Normalzinssatz› […] höchstens 2 Prozent über dem Satz der maximal drei Länder mit der geringsten Inflationsrate (im Jahr vor der Prüfung) liegen» solle (ebd.: 250).

Die Einführung dieser Kriterien war nicht widerspruchsfrei, wie auch die gesamte WWU kontroverse Debatten auslöste (vgl. Hrbek 1992). Diese Festlegung auf eine neoliberal-monetaristische Wettbewerbspolitik wurde einerseits flankiert von einem Element einer politischen Union, das von großer Bedeutung ist: der Einführung der Unionsbürgerschaft (Art. 8 EUV). Obwohl die Unionsbürgerschaft nun keine Staatsbürgerschaft im engeren Sinne darstellt, da sie zur Voraussetzung die Staatsangehörigkeit in einem Mitgliedsstaat hat[35], stellt sie dennoch eine wichtige Wegmarke der Entwicklung der EU «von einer bloß ökonomischen Wirtschaftsgemeinschaft zur politischen Union» dar. Sie kann als «der erste Durchbruch des Staatspro-

35 Es verhält sich also bei der Unionsbürgerschaft umgekehrt zur Staatsbürgerschaft, bei der, auf Deutschland übertragen, eben nicht die Mitgliedschaft in einem Bundesland Voraussetzung ist, sondern umgekehrt, die Staatsbürgerschaft das Erste darstellt. Nichtsdestotrotz war die Unionsbürgerschaft mit politischen Rechten versehen und kann als Tendenz zu einer europäischen Staatlichkeit gesehen werden (vgl. Hobe 1993).

jekts Europa auf dem politischen Terrain» betrachtet werden (Buckel 2011: 646; vgl. Wissel 2015). Dennoch blieb die Unionsbürgerschaft zunächst vor allem eine Form symbolischer Politik oder ein «halbherziger Legitimationsversuch angesichts des Demokratiedefizits» (ebd.). Dies zeigt auch den widersprüchlichen Integrationsprozess und dessen Nicht-Linearität. Der Widerspruch hier besteht darin, einerseits mittels der Unionsbürgerschaft tatsächlich die Grundlage für eine politische Union – von der Marktbürger*in zur Unionsbürger*in – und eine europäische Ebene von Rechten für die Bürger*innen zu schaffen, die eine neue Stufe darstellen. Zugleich aber wird andererseits die institutionelle Struktur in einer Art und Weise auf die WWU ausgerichtet, dass die eben noch mit neuen Rechten ausgestatteten Bürger*innen möglichst aus den Entscheidungen über die Verfasstheit der Union ausgeschlossen werden. Stephen Gill nannte diese Form «neue[r] Konstitutionalismus»: «Die Staatsformen verändern sich in Richtung eines disziplinierenden Neoliberalismus, lassen also einen graduellen Abschied vom sozial regulierten Markt und gewissen Formen der Planung erkennen und gestatten die Konsolidierung oder Festschreibung beschränkter, aber noch immer mächtiger neoliberaler Staatsformen, die sich einer popular-demokratischen Verantwortlichkeit entziehen. Beispiele hierfür sind die unabhängige Europäische Zentralbank, der Trend zu einer größeren Machtzentralisierung in den Bereichen der Exekutive und in der zumeist nur schwer durchschaubaren Bürokratie der Europäischen Union, in der Kommission wie in den nationalen ‹Quangos› (Quasi Governmental Organisation).» (Gill 2000: 43f.)

In diesem Widerspruch deutet sich schon an, dass auch die nächsten Schritte der Integration nicht krisenfrei verlaufen werden. Nach der «Europhorie» kam es relativ schnell zur Post-Maastricht-Krise, die sich aus mehreren Elementen zusammensetze (vgl. Deppe 1993). Einmal kam es zu einer größeren Legitimationskrise, die aus der Lücke zwischen der Festschreibung der neoliberalen Wettbewerbsorientierung auf europäischer Ebene und der Bearbeitung der sozialpolitischen Konsequenzen auf nationalstaatlicher Ebene resultierten. «Immer größere Teile der Bevölkerung waren nicht länger bereit, die sozialen Konsequenzen der neoliberalen Restrukturierung zu akzeptieren.» (Forschungsgruppe «Staatsprojekt Europa» 2014: 247) «Die vorherrschenden Tendenzen zu Bürokratisierung und zum

Eurokratismus haben sich noch verstärkt: administrative Effizienz dominiert auch künftig vor realen Partizipationsmöglichkeiten» (Lee 1994: 8). Zudem erwirkte Großbritannien eine opt-out-Klausel, die es ermöglichte, nicht an der dritten Stufe der Währungsunion teilzunehmen und den Euro nicht einzuführen (vgl. Protokoll Nr. 25). Auch Dänemark bekam eine opt-out-Klausel, nachdem die Bevölkerung in einem ersten Referendum den Maastricht-Vertrag ablehnte. Ein zweites Referendum war nach der Erklärung, dass Dänemark nicht an der dritten Stufe der Währungsunion teilnehmen muss, erfolgreich (vgl. Protokoll Dänemark). Dadurch wurde die Idee eines Europas der zwei Geschwindigkeiten wieder aktuell. Die neoliberale Ausrichtung der EU und die wachsende Unzufriedenheit der Bevölkerungen führte in den 1990er Jahren zu einer Reihe von Siegen sozialdemokratischer Parteien, die aber nicht zu einer Änderung des neoliberalen Kurses, sondern zu einer Neoliberalisierung der sozialdemokratischen Parteien führte (vgl. Forschungsgruppe «Staatsprojekt Europa» 2014: 247). 1997 unterzeichneten schließlich alle Mitglieder der Eurozone die erste Version des Stabilitäts- und Wachstumspakts und ordneten dadurch ihre Fiskalpolitiken den Maßgaben des Paktes unter (vgl. Zeilinger/Reiner 2020: 229). Dadurch hatte der Rat die Möglichkeit, Staaten, die dagegen verstießen, «zu einer beträchtlichen Geldbuße» zu verurteilen (Wessels 2022: 97). 1997 wurden auch mit dem Vertrag von Amsterdam weitere Änderungen des Vertragswerks unternommen, die wiederum leichte Europäisierungen vorschrieb. So wurde das Amt des «Hohen Beauftragten» in der gemeinsamen Außen- und Sicherheitspolitik eingeführt, die Asyl- und Migrationspolitik in die EG-Säule verlagert oder auch das Verfahren der «verstärkten Zusammenarbeit» geschaffen (vgl. ebd.). 1999 trat die dritte Stufe der Wirtschafts- und Währungsunion in Kraft, woraufhin am 1.1.2002 der Euro in den 12 teilnehmenden Staaten eingeführt wurde.

3.5 Die fünfte Phase: Multiple Desintegrationskrisen

Auch im neuen Jahrtausend entwickelte sich die europäische Integration vor allem durch Krisen. Der Blick auf die einschneidende Bedeutung der Finanz- und Eurokrise ab 2008 darf jedoch nicht dazu führen, vorherige Ereignisse unbeachtet zu lassen. Mit dem Vertrag von Nizza wurden zwar einige institutionelle Veränderungen erreicht, diese blieben aber hinter den Erwartungen zurück (vgl. Tömmel 2014: 67f.; Wessels 2022: 100f.). Auch die von einem Konvent erarbeitete und während der Gipfelkonferenz von Nizza verkündete Grundrechtecharta, die zwar einen Fortschritt darstellte und «als Kernelement einer künftigen europäischen Verfassung gehandelt» (Tömmel 2014: 66) wurde, führte nicht zu einer Erhöhung der Akzeptanz der EU in der Öffentlichkeit. Für die ungelösten Probleme wurde ein Konvent zur Zukunft der Europäischen Union 2002 konstituiert, der eine neuerliche Überarbeitung der Verträge besorgen sollte und einen Verfassungsvertrag der EU erarbeitete (vgl. ebd.: 70). Dieser Verfassungsvertrag wurde von Referenden in Frankreich und den Niederlanden abgelehnt und war damit gescheitert. Die Verfassungskrise der EU wurde von der Mainstream-Europaforschung als ein innenpolitisches Problem analysiert. Es habe «den politischen Eliten an Überzeugungskraft gefehlt», denn wer «ehrgeizige Ziele setzt, muss diese gut begründen können und die Bürger auf den Europa-Kurs mitnehmen. Daran hat es elementar gefehlt. Die innenpolitische Schwäche der europäischen Akteure erweist sich als eigentliche Achillesferse unseres Kontinents.» (Weidenfeller 2005: 25)

Der europäische Verfassungsentwurf sei «zu umfangreich, zu kompliziert, zu unverständlich» konstruiert, so dass nun alle ihre Ängste, die «nichts mit der Verfassung zu tun» (ebd.) hätten, hineininterpretieren konnten. Aus einer kritischen Perspektive erwies sich die Verfassungskrise dagegen als Fortwirken der Post-Maastricht-Krise (vgl. Beckmann/Deppe/Heinrich 2006: 312ff.).

Weder der Stabilitäts- und Wachstumspakt noch die 2000 in Lissabon ausgerufene Strategie, die EU bis zum Jahr 2010 «zum wettbewerbsfähigsten und dynamischsten wissensbasierten Wirtschaftsraum der Welt zu machen.» (Europäischer Rat 2000: 2) führten zu einem Rückgang der Arbeitslosigkeit oder lösten das Versprechen ein, für mehr soziale Sicherheit zu sorgen. Das Ende des kurzzeitigen New-Economy-Booms Ende der 1990er / Anfang der 2000er Jahre führte schon kurz nach der Ausrufung der Lissabon-Strategie zu einem «globalen Kurseinbruch auf den Aktienmärkten und der Pleite vieler Unternehmen aus den neuen Wachstumssektoren» (Beckmann/Deppe/Heinrich 2006: 314). Da die sozialdemokratischen (oder Mitte-Links-) Regierungen mit ihrer Adaption des neoliberalen Integrationsprozesses gescheitert waren und abgewählt wurden und die EU Kommission nach der Ost-Erweiterung der EU[36] neu zusammengesetzt wurde, ergab sich eine Konstellation, in der die Lissabon-Strategie nicht überdacht, sondern radikalisiert wurde: «Die neue Lissabon-Strategie betont den Vorrang von Wachstum, Wettbewerbsfähigkeit und Arbeit, während die sozialen und umweltpolitischen Zielsetzungen, die 2000 wenigstens mitformuliert wurden, weitgehend unter den Tisch gefallen sind» (ebd.: 315). Der eingeschlagene Weg der neoliberalen Wettbewerbskonstitution der EU wurde also fortgeführt und verschärft. Ausdruck fand diese Verschärfung dann im Vertrag von Lissabon 2007, der weitgehend auf dem Verfassungsentwurf von 2005 beruhte, aber aus dem auch einige Verfassungselemente wieder herausgestrichen waren. Auch wenn es mit dem Vertrag von Lissabon zu institutionellen Anpassungen kam und das Säulenmodell der EU, das intergouvernementale und supranationale Institutionen voneinander abgrenzte, aufgehoben wurde, änderte sich dennoch wenig (vgl. Seeger 2008). Vielmehr blieben die undemokratischen Formen der Gewaltenteilung und Kompetenzen vor allem der Exekutive bestehen. Damit wurde die «neoliberale Struktur der Union festgeschrieben» (Fisahn 2012, 363) und auch der «bevorzugte Zugang der Kapitalinteressen zu den Apparaten und Entscheidungsfindungsprozessen im europäischen Apparate-Ensemble» (Wissel/Wolff 2016: 230) zementiert. Das Staatsprojekt Europa zeigte sich mehr denn je als Materialisierung eines «neoliberalen Staatsprojekts, das auf eine weitgehende Entdemokratisierung und gesellschaftliche Entsolidarisierung setzt» (ebd.).

36 Am 1.4.2004 traten Estland, Lettland, Litauen, Malta, Polen, die Slowakei, Slowenien, die Tschechische Republik, Ungarn und Zypern der EU bei (vgl. Lippert 2004). Am 25.4.2005 wurde der Beitrittsvertrag von Bulgarien und Rumänien unterzeichnet (vgl. Lippert 2005), die schließlich 2007 beitraten.

3.5.1 Die Krise 2008ff.: Einbruch der Weltwirtschaft und Eurokrise

Mit den Transformationen, die aus der politischen Bearbeitung der Krise der 1970er Jahre resultierten, entstand eine Konstellation, die als finanzdominiertes Akkumulationsregime bezeichnet wurde (vgl. Demirović/Sablowski 2011; Sablowski 2013). Die schon angesprochenen Verschiebungen innerhalb der kapitalistischen Produktionsweise in der Bearbeitung der Überakkumulation bestanden demnach in einer neuen Rolle des Finanzkapitals im Gesamtprozess der Kapitalakkumulation. Das Finanzkapital ist allerdings fraktioniert und dadurch kein einheitlicher Akteur und zudem auch weiterhin sowohl auf das industrielle Kapital als auch einen politischen Rahmen angewiesen. Jene Verschiebungen hatten also Auswirkungen auf die Zusammensetzung des Kapitals, auf die innere Zusammensetzung der Produktion und die Desintegration global operierender Konzerne (Outsourcing, globale Wertschöfpungsketten, Just-in-Time-Produktion usw.), bis auf den Alltag der lohnabhängigen Bevölkerungen mittels der «Finanzialisierung des Alltags» (vgl. Young 2014: 63f.). Während die Überakkumulation durch, einfach gesagt, Entwicklung eines großen deregulierten Finanzsektors und der Anlage von Kapital in Finanzprodukten bestand, wurden gleichzeitig Privathaushalte zunehmend über Kredite verschuldet. Die Kreditausweitung auf dem Privatsektor resultierte aus den Sättigungstendenzen des inneren Marktes und dem Sinken der Lohnquoten, was beides durch neoliberale Politiken der Begrenzung staatlicher Nachfrage flankiert wurde (vgl. Demirović/Sablowski 2012: 85). Konkreter Auslöser der Weltwirtschaftskrise war die Krise des Immobilienmarktes in den USA (Subprime-Krise) und die Pleite der Lehman Brothers Bank. «Die Schockwellen dieses Ereignisses liefen durch die politischen Ökonomien der nordatlantischen Welt und waren auch darüber hinaus deutlich zu spüren. Die Akteure auf den Finanzmärkten reagierten auf die politische Weigerung, eine eher kleine, wenn auch systemrelevante Bank wie Lehman Brothers zu retten, mit Panikverkäufen all jener Wertpapiere und Verbriefungen, die plötzlich einen toxischen Charakter angenommen hatten und auch zuhauf in den Bilanzen weitaus größerer Finanzinstitute zu finden waren. Dies drohte einen finanzwirtschaftlichen Zusammenbruch ungeahnten Ausmaßes auszulösen, und um diesen zu verhindern, entschlossen sich Regierungen allerorten, gigantische Rettungspakete zu schnüren.» (Biebricher 2021: 236f.)

In der spezifischen europäischen Situation führte diese Konstellation dazu, dass die Wirtschafts- und Finanzkrise vor allem als Staatsschuldenkrise re-interpretiert wurde. Die Staatsfinanzen wurden durch Bankenrettungs- und Konjunkturprogramme stark belastet, während gleichzeitig die Wirtschaft um 4% einbrach und dadurch auch Einnahmen der Staaten sanken, da Steuern ausblieben (vgl. Stützle 2014: 317). Da nun die Krise nicht durch eine Entwertung von Finanzvermögen, sondern durch steigende Staatsschulden bearbeitet wurde, gelang es Kapitalfraktionen und ihren politischen Interessenvertreter*innen, die Krise als Staatsschuldenkrise umzudeuten, und so nahm «die Verarbeitung der Krise eine europäische Form an, in der es Deutschland gelang, die Anpassungslasten den schwächeren Euro-Staaten aufzubürden und den Charakter der Politik zu bestimmen» (ebd.: 319). Insbesondere die Divergenz zwischen Nord- und Südeuropa wuchs dramatisch und langsam schob sich Griechenland ins Zentrum der europäischen Krise. In der Eurozone wurde im Anschluss an die Re-Interpretation der Krise als Staatsschuldenkrise ein Programm der Austerität verfolgt, eine autoritäre Form der Stabilisierung, die vor allem von Deutschland und dem Finanzminister Schäuble durchgesetzt wurde. Der Stabilitäts- und Währungspakt wurde zur Bearbeitung der Krise mehrfach durch neue Verträge verändert und verstärkt, wodurch «eine austeritätspolitische Konsolidierungsagenda» sukzessive implementiert wurde, um den Euro zu stabilisieren (Bieling/Haas/Lux 2014: 237). 2010 wurde dafür die Einführung des «Europäischen Semesters» von der Kommission vorgeschlagen, das der «Koordinierung der Wirtschaftspolitik» dient, womit die «nationalen Stabilitäts- und Konvergenzprogramme» und die «nationalen Haushalte und Reformprogramme» frühzeitig koordiniert werden können (EC 2010: 3). Damit wurden die «Grundsätze» für einen «robusten Krisenbewältigungsrahmen» (ebd.) gesetzt.

Diese «New Economic Governance» bedeutete eine weitere Festschreibung der wettbewerbsstaatlichen Integrationsweise. Zusätzlich wurde ein Gesetzespaket verabschiedet, das landläufig unter dem Namen «Six-Pack» firmiert, da es aus fünf Gesetzen und einer Direktive bestand (vgl. Degryse 2012: 29; Oberndorfer 2012; 2015) und eine Verschärfung und Vertiefung des Stabilitäts- und Wachstumspaktes beinhaltete. Insbesondere die Überwachung der nationalen Einhaltung der festgelegten Kriterien und die Konsequenzen bei Nichteinhaltung weisen auf eine autoritäre Entwicklung. Denn die Kommission und damit die Exekutive wurde massiv gestärkt durch die Möglichkeit, bei Nichteinhaltung der Kriterien des Paktes ohne parlamentarische Kontrolle Sanktionen festlegen zu können (vgl. Oberndorfer 2012: 64f.). Das Six-Pack wurde durch zwei weitere Verordnungen ergänzt. Das sogenannte Two Pack konkretisierte vor allem das Defizitverfahren und vereinheitlichte das Prozedere im Falle der Inanspruchnahme des europäischen Rettungsschirms. Auch hier findet sich wieder eine autoritäre Verstärkung der Exekutive: «Vor allem bekommt die EU-Kommission jedoch zukünftig das Recht, Haushaltsentwürfe zu prüfen, bevor sie den jeweiligen Parlamenten der EU-Mitgliedsstaaten vorgelegt werden.» (Stützle 2014: 335f.) Diese Maßnahmen wurden gewissermaßen eingerahmt vom Vertrag über Stabilität, Koordinierung und Steuerung in der Wirtschafts- und Währungsunion (Europäischer Rat 2012), dem Fiskalpakt. Der Fiskalpakt selbst ist dabei nicht Teil des Primärrechts der EU, sondern ein völkerrechtlicher Vertrag «außerhalb des Europarechts» (Oberndorfer 2012b: 169), in dem sich die Vertragsparteien auf eine europäische Schuldenbremse und die Rückführung der Staatsschulden verpflichteten (vgl. auch: Bilancetti 2019). «Wenn diese Regeln nicht eingehalten werden, soll – ohne Beteiligung der Parlamente – ein automatischer Korrekturmechanismus ausgelöst werden.» (ebd.; vgl. Ryner 2015: 282) Alle diese Maßnahmen, Verordnungen und Verträge führten zum einen zu einer Schwächung demokratischer Mitbestimmungsmöglichkeiten und damit zu einer Stärkung der europäischen Exekutive. In der Krise wurde dadurch auch der ohnehin geringe Einfluss des einzigen europäischen Organs mit demokratischer Legitimation, des Europäische Parlaments, «massiv geschwächt» und durch die Krisenpolitik «marginalisiert» (Wissel 2016: 277). Die EU entwickelte sich zum «ordoliberalen Käfig» (Ryner 2015), in dem alle Möglichkeiten der Krisenbearbeitung auf die Vertiefung und Verhärtung der neoliberalen Wettbewerbsordnung reduziert wurden. Auch wenn dies teilweise in einer Form verfestigt wurde, die nicht unmittelbar in den EU-Verträgen ratifiziert war,

war diese Verengung ein wesentliches Element dessen, was als «Überkonstitutionalisierung» (Grimm 2015) kritisiert wurde: wesentliche Politikfragen wurden der politischen Auseinandersetzung entzogen und a priori in einer austeritätspolitischen Weise beantwortet.

3.5.2 Hoffnungen für linke Bewegungen in der Krise?

Wie sich die Kräfteverhältnisse in der EU verschoben haben, zeigte sich in großer Deutlichkeit im Umgang mit den krisenbedingten Verwerfungen in Griechenland. Diese waren so tiefgreifend, dass auch der (erzwungene) Austritt Griechenlands aus der Eurozone kurzzeitig möglich schien. Insbesondere wurde die neue Machtposition Deutschlands innerhalb der EU offensichtlich. Noch Anfang der 2000er Jahre galt Deutschland als «kranker Mann Europas», da es die Defizitkriterien des Stabilitäts- und Wachstumspaktes nicht einhalten konnte und einen schweren Einbruch der Wirtschaft erlebte, wobei jedoch von Seiten der EU keine Sanktionen gegen Deutschland verhängt wurden[37] (vgl. Tooze 2018: 115). Deutschland reagierte mit der Einführung von Hartz IV, einem rigorosen Programm der «Liberalisierung des Arbeitsmarkts und der Kürzung von Sozialleistungen» (ebd.). Dadurch konnten die Löhne niedrig gehalten werden und zusätzlich wurde durch Prekarisierung und durch das Zwangssystem beim Arbeitslosengeld II Druck auf die Lohnabhängigen ausgeübt. Diese Lohnpolitik sah dann auch der griechische Ökonom Lapavitsas als zentrales Element der Schieflage in der Eurozone und als Ursache für die Griechenlandkrise (Lapavitsas 2019: 32ff.). «To be more specific, at the root of the Eurozone—and the Greek—crisis lie divergences in competitiveness driven fundamentally by domestic German wage policies, that is, by the trajectory of capital-labor relations in Germany.» (ebd.: 35)

Für Adam Tooze hingegen war das Outsourcen deutscher Produktion nach Ost- und Südeuropa viel wichtiger für den Wettbewerbsvorteil innerhalb der Eurozone (vgl. Tooze 2018: 116). Deutschland hatte sich jedenfalls in eine mächtige Position gebracht und die regionalen Differenzen in der Eurozone wa-

---

37 Auch Frankreich übertraf die Obergrenze des Haushaltsdefizits und wurde nicht sanktioniert.

ren gewachsen. Besonders drastisch war Griechenland von der Krise betroffen. Der Einbruch des Wirtschaftswachstums in der EU von +3,3% 2006 auf -4,3% in 2009 verstärkte die ökonomischen Ungleichgewichte und vertiefte Probleme der griechischen Ökonomie (vgl. Sotiropoulos 2020: 63f.). 2008 brachen schon Schlüsselindustrien der maritimen Logistik (Reedereien, Handelskonzerne, Hafenbetriebe) oder der Touristiksektor ein, was sich derart auf die griechischen Banken auswirkte, dass sie «durch Staatsgarantien gestützt» werden mussten (Roth 2011: 164). Das jährliche Haushaltsdefizit wurde größer und auch die Neuverschuldung stieg auf 148% in den Jahren 2009/2010 (vgl. ebd.: 165). Die Lage spitzte sich zu, denn die Banken wollten unsicher gewordene griechische Staatsanleihen loswerden. Anfang 2010 war die Lage so verfahren, dass die damalige griechische Regierung bei der EU und beim Internationalen Währungsfonds (IWF) um Finanzhilfe bat (vgl. Moors/Appel 2014: 342). Am 3. Mai 2010 wurde sich auf ein Programm geeinigt, das Griechenland finanzielle Unterstützung durch EU und IWF zusagte, während Griechenland im Gegenzug drastische Strukturreformen durchzuführen hatte, um «die Budgetdefizite mit Hilfe einer umfassenden »inneren Abwertung« abzubauen» (Roth 2011: 166). Die Troika (Kommission, EZB, IWF) diktierte ein umfassendes Austeritätsprogramm (EC 2010b), das unter anderem drastische Kürzungen im Bereich der Löhne und Pensionen im öffentlichen Dienst wie auch im Bereich der Sozialausgaben vorsah. Doch nicht nur Griechenland, auch andere südeuropäische Länder wie Spanien und Italien waren massiv von der Krise betroffen. Die von der EU, bzw. der Troika, implementierten Austeritätsprogramme führten allerdings zu neuen gesellschaftlichen Konflikten, deren Verlauf und Resultate bis heute die materielle Struktur der EU prägen.

Die Eurokrise war allerdings nicht nur ein Element der sich langsam auftürmenden Vielfachkrise, sondern es schien sich für kurze Zeit auch ein Möglichkeitsfenster für linke Bewegungen zu öffnen. Hoffnungen keimten auf, dass die Krisenbearbeitung durch Austeritätspolitik gestört oder gar beendet werden könnte. Es stellte sich die Frage nach einem möglichen «‹europäischen Frühling›, der auch institutionell das Ende des Neoliberalismus einleitet?» (Buckel/Georgi/Kannankulam/Wissel 2012: 12) Auch wenn früh klar war, dass die Krise «nicht das Vorstadium der Revolution» ist, geriet «das gesellschaftliche Kampffeld in Bewegung» (Wolff 2012: 158): «Möglichkeiten für radikalen Reformismus und gesellschaftliche Emanzipation werden sichtbar.» (Huke/Schlemermeyer 2012: 455) Diese Bewegung des gesellschaftlichen Kampffelds führte dazu, dass in der kritischen Europaforschung selbstkritisch ein «Elitenfokus» festgestellt wurde, der sich dadurch auszeichne «soziale Kämpfe im europäischen Raum ausschließlich auf Auseinandersetzungen um institutionelle Arrangements» zu reduzieren (Wigger/Horn 2013: 201). Unerwartet entwickelten sich in kurzer Zeit Massenproteste, die sich gegen die drastischen Auswirkungen der Austeritätsmaßnahmen richteten, aber auch eine andere Form der Demokratie einforderten. In Spanien kam es im Mai 2011 landesweit zu großen Demonstrationen unter dem Motto «Democracia Real Ya!» (Echte Demokratie Jetzt). Diese Bewegung «entstand außerhalb der politischen Parteien als Kritik der Parteien-Demokratie» (Cuevas 2012: 96). Daran schloss sich die Besetzung des zentralen Platzes Puerta del Sol in Madrid an. Nachdem der Platz zunächst von der Polizei geräumt worden war, kamen die Protestierenden zurück, bauten erneut Zelte auf und verblieben auf dem Platz. Vorbild waren die Proteste des sogenannten Arabischen Frühlings und insbesondere die Besetzung des Tahir-Platzes in Kairo, die «ein Fanal der Hoffnung gesetzt» haben, «das auch auf die Bedrängten in liberalen Demokratien ausstrahlte» (Teune 2012: 33).

In Spanien entwickelte sich die Bewegung 15M/Indignados durch Platzbesetzungen an vielen Orten, die mit ihrem Slogan «Sie repräsentieren uns nicht» die Kritik an den autoritären Entwicklungen der Demokratie und Europas auf eine kurze Formel brachte (vgl. Huke 2017). In Griechenland blieben viele Kämpfe, die seit dem Ausbruch der Krise geführt wurden, bis zu den Platzbesetzungen in Spanien lokal und organisatorisch begrenzt. Am 25. Mai 2011 kam es zu Versammlungen von Hunderttausenden auf den zentralen Plätzen Griechenlands. In den folgenden Tagen nahmen allein in Athen «mehrere hunderttausend Menschen an zwei miteinander korrespondierenden Kundgebungen teil» und riefen zum Widerstand gegen die «Diktatur der Troika» auf (Kritidis 2011: 145f.). Ähnlich wie in Spanien entwickelten sich hier «Selbstorganisationsprozesse, die sich an basis- beziehungsweise direktdemokratischen Vorstellungen orientierten» (ebd.: 146). Damit hatten Bewegungen das Kampffeld betreten, die jenseits bestehender politischer Parteien agierten und neue Formen der demokratischen Selbstorganisation und -verwaltung entwickelten. Zudem stehen sie für den Versuch, solidarische Praxen in der Bewältigung des Alltags unter verschärften Krisenbedingungen auszuweiten. Im Laufe der Krise veränderte sich aber auch die Parteienlandschaft und neue linke Organisationen entstanden, wie Podemos in Spanien und Syriza in Griechenland. Während Podemos, deren Führungszirkel mit Chantal Mouffe kooperierte, so etwas wie der Feldversuch eines «linken Populismus» wurden, stand Syriza nach ihrem Wahlsieg und dem drohenden Auslaufen der EU-Hilfsprogramme für Griechenland 2015 im Zentrum der Krisenauseinandersetzungen. Syriza wollte nach dem Wahlsieg das Abkommen mit der Troika neu verhandeln, um aus der Spirale der Austerität herauszukommen. Dabei spitzte sich der Konflikt mit der EU und insbesondere mit Deutschland vor allem in der Eurogruppe zu, einer Institution, die formal im EU-Vertragswerk zwar über Protokoll 14 verankert ist, der dort aber keinerlei Entscheidungsbefugnisse gegeben werden (EUV, Protokoll 14). Die Eurogruppe besteht aus den Finanzminister*innen der Eurozone und trifft sich regelmäßig vor EU-Gipfeln, bereitet Beschlüsse vor und war der Ort der Verhandlungen um die Neugestaltung des Hilfsprogramms für Griechenland. Da sie formal keine Entscheidungsbefugnisse hat, ist ihre reale Machtposition auch ein Ausdruck einer autoritären Architektur (zur Eurogruppe siehe: Abels 2018). Der Ausgang des Konflikts, den Syriza führte, war von großer Bedeutung für die weitere Entwicklung der EU wie auch für linke Bewegungen: «Gelingt es Syriza, im Rahmen der Eurozone einen gesellschaftlichen Transformationsprozess einzuleiten, dann öffnet das für Linke in ganz Europa neue Räume und lässt Alternativen auch in anderen Ländern möglich erscheinen. Ein Scheitern wiederum würde die Linke in ganz Europa um Jahrzehnte zurückwerfen.» (Konecny 2015: 325)

Die Verhandlungen waren von Schäuble dominiert, der schon im Februar 2015 in der Eurogruppe mit Blick auf das Auslaufen des Hilfsprogramms sagte: «am 28. 24 Uhr, isch over» (Schäuble, zitiert nach: Becker 2017). Alle Versuche, ein drittes Memorandum, das die Austeritätspolitik ungebrochen fortsetzen sollte, abzuwehren, blieben erfolglos. Der damalige griechische Finanzminister Varoufakis zitierte in einem Artikel Wolfgang Schäuble im Eurogruppenmeeting mit den Worten

«‹Elections cannot be allowed to change anything›, he said, with a large majority of finance ministers nodding along» (Varoufakis 2015). Schon nach der Wahl Syrizas begannen die EU-Institutionen, Griechenland mit Beendigung aller Hilfen zu drohen und Maßnahmen durchzuführen: Die EZB erklärte kurz nach der Wahl, griechische Staatsanleihen nicht mehr als Sicherheit zu akzeptieren, wodurch das griechische Bankensystem abhängig von den Mitteln der Emergency Liquidity Assistance (ELA) wurde, woraufhin es den Entscheidungen der EZB unterlag (vgl. Oberdorfer 2020: 26). Kredite wurden durch die Eurogruppe blockiert und alles wurde von einem öffentlichen Diskurs begleitet, der die linke Regierung maßlos attackierte. Diese versuchte, eine stärkere Position in den Verhandlungen zu erlangen und berief ein Referendum über die Annahme des neuen Hilfspakets/Memorandums ein. Dieses Referendum markierte einen Scheitelpunkt der Krisenproteste. Mit einer großen Kampagne unter dem Hashtag «Oxi»[38] (Nein) wurde das Referendum begleitet; es löste Hoffnungen aus, dass es tatsächlich, trotz aller Maßnahmen seitens der EU, einen Weg aus der autoritären Austeritätspolitik eröffnen könnte[39]. Das Referendum stimmte mit 61% gegen das Memorandum und unterstützte

38 «Das Oxi war mit einer Explosion der Kreativität und Aneignung der Kampagne von unten verbunden. Die Kampagne aktualisierte auf diese Art die Erfahrungen der Besetzungen des Syntagma-Platzes.» (Candeias 2016: 160)

39 Eine kleine Anekdote sei gestattet: Ich war 2015 während des griechischen Referendums auf einer Tagung in Wien, auf der die jüngsten Entwicklungen der EU und der Krisenproteste diskutiert wurden. Mit größter Spannung wurde dabei auch das Referendum verfolgt. Der Ausgang des Referendums erzeugte spürbar große Hoffnungen. Diese Hoffnung übertönte in gewissem Maße die Probleme, die auf der Eröffnungsveranstaltung von einer spanischen Rednerin bezüglich der Parteiwerdung der Bewegungen in Spanien angemerkt wurden. Wenn meine Erinnerung zutrifft, schilderte sie die Widersprüche zwischen einem sich institutionalisierenden Parteiapparat von Podemos und den Basisinitiativen der Bewegungen. Dieser Widerspruch zwischen den Hoffnungen auf ein linkes Regierungsprojekt und den sich entwickelnden Problemen der Parteiwerdung sozialer Bewegungen deutet schon auf ein zentrales Problem der Entwicklung einer europäischen Linken hin, das sich vor allem im sogenannten Linkspopulismus ausdrückt, der aus den Niederlagen in europäischen Kämpfen einen Rückzug auf die nationalstaatliche Ebene fordert und dabei zugleich in der Parteiform die Vermittlung der sozialen Bewegungen «vergisst».

damit die Position Syrizas. Doch auch damit konnte der Druck der EU-Institutionen oder der Troika nicht abgewehrt werden. Die Erpressung «durch die EZB und EU, angetrieben von der deutschen Regierung, ist brutal» (Azzellini 2015: 639). Unter diesem Druck wurden Neuwahlen durchgeführt, die Syriza wieder gewann, allerdings hatten sich einige linke Gruppierungen von Syriza abgespalten. Das dritte Memorandum wurde schließlich von Syriza angenommen, was die Niederlage der Linken in diesem Antiausteritätskampf besiegelte. Auch die daran anschließende Kampagne #thisisacoup blieb weitgehend folgenlos. Subalterne Interessen konnten sich in keiner Weise gegen die EU durchsetzen, vielmehr wurde das Programm der neoliberalen Krisenbearbeitung durch Austerität auch von einer linken Regierung fortgeschrieben, was zur Frage des Verhältnisses von Parteien und Bewegungen und auch zu weiterführenden Fragen der Möglichkeiten, subalterne Interessen in die Institutionen der EU einzuschreiben, führte (vgl. Azzellini 2015; Candeias 2016).

Diese Niederlage prägt bis heute die Situation linker Kräfte in Europa. Insbesondere zerfielen wieder die Ansätze einer neuen Verbindung von sozialen Bewegungen und linken Parteien und gleichzeitig gab es Auftrieb für sogenannte linkspopulistische Versuche, die inhaltlich über eine vermeintlich linke Propagierung des Volkes gegen die europäischen Eliten eher einen linksnationalistischen Weg eingeschlagen haben. Diskussionen, die während der Griechenland-Krise über einen Austritt aus der EU von links (Lexit/Grexit) geführt wurden, gingen weiter in der generellen Wiederentdeckung des Nationalstaats, der nun wieder als Refugium vor dem globalen Kapitalismus gedacht wird[40]. Die heutige Zersplitterung der Linken muss vor dem Hintergrund ihrer Niederlagen in der Eurokrise betrachtet werden, nicht zuletzt deshalb hat diese Episode der Krise eine solche Be-

40 In der deutschen wissenschaftlichen Diskussion steht vor allem Wolfgang Streeck für eine Propagierung des Nationalstaats als Refugium des Klassenkompromisses (vgl. Streeck 2021). Politisch versuchte sich Sarah Wagenknecht mit der gescheiterten Aufstehen-Bewegung an einem linkspopulistisch-nationalistischem Ansatz. Auf europäischer Ebene übte vor allem Chantal Mouffes Konzept des Linkspopulismus (Mouffe 2018) einen großen Einfluss auf die spanische Podemos aus, aber auch die Bewegung von Jean-Luc Melenchon in Frankreich gehörte in dieses Umfeld.

deutung. Der Sieg des autoritären Wettbewerbsstaates gegen demokratische Bewegungen prägt die sozialen Kämpfe in der EU bis heute.

3.5.3 Der lange Sommer der Migration oder die Rassismuskrise

2015 markierte ein einschneidendes Krisenjahr, in dem sich nicht nur die Auseinandersetzung um die Eurokrise mit dem Schauplatz Griechenland zuspitzte. Eine eigene Dimension und Dynamik weisen die innereuropäischen Konflikte um das EU-Migrationsregime auf, die sich 2015 ebenfalls dramatisch entwickelten. Auch diese Entwicklungen resultierten aus verschiedenen Faktoren, die einerseits aus jahrelangen Widersprüchen und Konflikten innerhalb der EU um Migrationspolitik herrührten und andererseits aus der Dynamik der Bewegung der Menschen auf der Flucht[41]. Die Zuspitzung 2015 muss daher im Kontext der Konflikte um eine europäische Migrationspolitik beschrieben werden, die wiederum einen wesentlichen Teil des Staatsprojekts Europa ausmacht (vgl. Buckel 2013). Zur Vorgeschichte gehört daher der Umbruch in der europäischen Migrationspolitik, der mit dem Vertrag von Amsterdam 1997 eingeleitet wurde. Während vorher Migrations- und Asylpolitik auf nationalstaatlicher Ebene verblieb und auf europäischer Ebene damit ein intergouvernementales Politikfeld war, wurde es 1997 in die vergemeinschaftete Säule der EU[42] überführt und zugleich das Schengen-Abkommen über die europäischen Bin-

41 Die Menschen auf der Flucht auch als Akteur:innen wahrzunehmen ist ein Verdienst der kritischen Migrationsforschung. Konzeptionalisiert wurde dies im Begriff der «Autonomie der Migration» (eine thesenartige Zusammenfassung dieses Konzepts: Bojadžijev/Karakayali 2007), der vielfältige Debatten auslöste und in dem Begriff von Migration als «eigensinniger Praxis.» (Benz/Schwenken 2005) Materialistische Grenzregimeanalysen haben dies aufgegriffen und begreifen Grenzen als staatliche Apparate, in denen sich konfligierende Praxen und daher auch die Praxen flüchtender Menschen verdichten (Georgi 2019).

42 Zu diesem Zeitpunkt galt noch das Säulenmodell der EU, das die EU bildhaft als einen Tempel entwirft, der auf drei Säulen steht, womit verschiedene Politikfelder gemeint waren und die verschiedenen Formen der Nicht/Europäisierung. Zentral wurden damit zwei «unterschiedliche Integrationswege» gleichzeitig ermöglicht: «eine tendenziell supranational orientierte sowie eine vorwiegend intergouvernemental orientierte

nengrenzen in «den Rechtsrahmen des Gemeinschaftsrechts integriert» (ebd.: 49). Dadurch wurde Migrations- und Asylpolitik zu einem Teil europäischer Staatlichkeit, die sich fragmentiert durch vielfältige Konflikte zwischen den Mitgliedsländern und den europäischen Instanzen krisenhaft weiterentwickelte. «In inkrementellen Prozessen kommen auf diese Weise Richtlinien, Verwaltungspraxen und gerichtliche Vorgaben zustande, die nur ganz allmählich eine europäische Migrationskontrollpolitik herausbilden.» (ebd.: 50)

Ein zentrales Instrument war das Dublin-Übereinkommen, das zwar schon 1990 mit dem Schengen-Abkommen ausgehandelt worden war, aber erst 1997 in Kraft trat. Zwei wesentliche Elemente wurden damit implementiert: «Zum einen sollten Asylsuchende in der EU einem konkreten Land zugewiesen werden, das ihren Asylantrag bearbeiten muss. Zum anderen sollten sie nur diese eine Chance für einen Asylantrag im Schengenraum bekommen. Zuständig sollte im wesentlichen der Mitgliedstaat sein, der durch die Erteilung eines Visums oder durch den unterlassenen Schutz der Außengrenzen die Einreise und damit auch den Asylantrag ‹verursacht› hatte. Diese Zuständigkeit sollte durch ‹Überstellungen› genannte Abschiebungen polizeilich durchgesetzt werden.» (Lorenz 2015: 2) Die Umsetzung des Dublin-Übereinkommens blieb aber konflikt- bis krisenhaft, so dass es mehrfach überarbeitet wurde. Mit der Dublin-II-Verordnung 2003 wurde das Abkommen in Unionsrecht überführt und «die Zuständigkeit für Asylverfahren damit primär den Staaten an den EU-Außengrenzen übertragen» (Kopp 2023: 74). Die Verantwortung für die Umsetzung wurde damit den Ländern der südlichen Peripherie überlassen, die mithilfe der EU die Außengrenzen massiv aufrüsteten. Diese Verlagerung der Zuständigkeit für die europäischen Grenzen an die peripheren Staaten war einer von «zwei Ringe(n) der Externalisierung» (Buckel 2018: 441).

Der zweite Ring wurde gezogen von einer Vorverlagerung europäischer Grenzkontrollpolitiken auf nicht-europäisches Terrain. Kontrollmaßnahmen wurden in die nord- und westafrikanischen Staaten verlagert, bilaterale Rücknahmeabkommen geschlossen und mit Diktaturen (wie Libyen) zusammengearbeitet, die zu einer Art Türwächter der EU wurden (vgl. ebd.). Diese externe Dimension der Grenze wurde nach den Versuchen vieler

Vergemeinschaftung» (Tömmel 2014: 52). Migrationspolitik wurde so von der letzteren in die erstere Form überführt.

Menschen, die massiven Grenzanalagen der spanischen Enklaven Ceuta und Melilla auf dem afrikanischen Kontinent 2005 zu überwinden, zu einem Teil europäischer Migrationspolitik: über den «Global Approach to Migration» (ER 2005) und den «Global Approach to Migration and Mobility» (EC 2011) wurde diese externe Dimension festgeschrieben: «Sie zielte auf die Einbindung der Herkunfts- und Transitstaaten der Migration in das europäische Grenzregime» (Kasparek/Tsianos 2015: 3). Zusätzlich wurde die Grenzschutzagentur Frontex 2004 ins Leben gerufen, die schnell gewachsen ist und eine wichtige Rolle in der Sicherheitsarchitektur des europäischen Grenzregimes eingenommen hat (vgl. Huke/Lüssemann/Wissel 2014). Komplettiert wurde das Dublin-Regime von der EURODAC-Verordnung, durch die eine Datenbank errichtet wurde, in der die Fingerabdrücke von Migrant*innen gespeichert werden, wodurch sich nachvollziehen lässt, wo jemand zuerst eine europäische Grenze überschritten hat (vgl. Buckel 2013: 66). Zu dieser Sammlung von Informationen trat 2013 die Errichtung von EUROSUR, eines Systems zur Grenzüberwachung. Dies ist ein «technologisches Informations- und Kommunikationssystem, innerhalb dessen von Satelliten, Drohnen und weiteren Überwachungsinstrumenten erhobene Daten über die europäische Außengrenze ausgetauscht werden» und es «dient primär der Unterbindung irregulärer Migration und stellt damit einen Meilenstein in der Technologisierung der Grenze dar» (Kasparek 2015: 3).

Die unmittelbare Vorgeschichte des Sommers 2015 ist von mehreren Dynamiken geprägt, die sich aus den Konflikten um die Verschärfungen des Grenzregimes entfalteten. Fabian Georgi zeigt für die Zeit zwischen 2011 und 2014 fünf Krisensymptome auf, die zu unterscheiden sind, die sich aber auch gegenseitig verstärkt haben (vgl. Georgi 2019: 209; vgl. Kopp 2023: 112). Erstens stieg die Zahl der Asylanträge deutlich an, zweitens «schlugen zahlreiche Gerichtsurteile ab 2011 räumliche Breschen in das Dublin-Regime, da sie Dublin-Abschiebungen nach Griechenland und in andere EU-Länder verboten» (ebd.). Drittens wurden während des arabischen Frühlings Regierungen gestützt, die vormals den vorgelagerten Externalisierungsring gestellt hatten und die europäische Migrationsabwehr unterstützten, viertens kam es mit dem Hirsi-Urteil[43] des EGMR

43 Zum Hirsi-Fall und der Bedeutung von Rechtskämpfen für die Entwicklung der EU siehe: Pichl/Vester 2014.

zu einer Niederlage des europäischen Grenzregimes, durch die Push-Backs reduziert wurden, und fünftens führten zahlreiche Länder wieder Kontrollen an Binnengrenzen ein, wodurch Schengen in eine Krise geriet (vgl. ebd.).

Hinzu trat das Bootsunglück von Lampedusa im Oktober 2013, bei dem ungefähr 400 Menschen auf der Flucht ums Leben kamen. Dies führte zu einem «öffentlichen Aufschrei und vehementer Kritik an den Kontrollen der EU-Außengrenzen» (Kopp 2023: 112). Dadurch wurde zwar die generelle Tendenz zur Versicherheitlichung und Militarisierung der Grenze zur Verhinderung von Migration nicht umgekehrt, aber «diese kompromisslose Position [geriet] dennoch in die Defensive» (Kasparek 2015: 2). Das nach Lampedusa von der italienischen Regierung eingesetzte Programm Mare Nostrum war eine ambivalente Reaktion. Es war ein Programm italienischer Sicherheitsbehörden, die einerseits als Ziel die Rettung von Flüchtenden in Seenot hatte und andererseits «Schleuserkriminalität» verfolgen wollte (ebd.: 4). Dennoch wurde die «Prämisse des Grenzregimes, die den Schutz der europäischen Grenzen über das Recht auf Leben der Flüchtenden gestellt hatte» durchbrochen und innerhalb eines Jahres gelangten so ungefähr 170.000 Migrant*innen nach Italien (Hess et.al. 2017: 10). Dieses Programm wurde von der italienischen Regierung finanziert und als sie die EU um finanzielle Unterstützung zur Verlängerung bat, wurde dies abgelehnt, woraufhin es eingestellt werden musste – Italien war ja schwer getroffen von der Euro- und Finanzkrise. Diese Ablehnung der Finanzierung von Mare Nostrum durch die EU wurde insbesondere «auf Drängen des deutschen Innenministers Thomas de Maizière» (Schwierz/Ratfisch 2015: 7) beschlossen. In der Ablehnung zeigten sich zentrale Konflikte um die Aufnahme von und den Umgang mit Flüchtenden zwischen Ländern des europäischen Kerns und den Staaten an den Außengrenzen. Wie tief die Konflikte gingen, zeigte die erstmals öffentlich geäußerte Befürchtung von Luxemburgs Außenminister Asselborn, die EU könne zerbrechen (SZ 9.11.2015).

Diese Zuspitzung der Konflikte wurde in der Öffentlichkeit als «Flüchtlingskrise» gefasst, aber es war «keine Flüchtlingskrise, sondern eine historische und strukturelle Niederlage des europäischen Grenzregimes» (Hess et.al. 2017: 6). 2015 wird daher als langer Sommer der Migration bezeichnet, da erstmals Praxen von Menschen auf der Flucht zur Überwindung des

Grenzregimes massenhaft öffentlich sichtbar wurden und zu einer besonderen Konstellation geführt haben. Von den oben skizzierten Krisendynamiken müssen nochmals die gescheiterten Aufstände des arabischen Frühlings hervorgehoben werden. Denn durch den brutalen syrischen Bürgerkrieg nach der Niederschlagung der Proteste hatten sich große Lager in der Türkei, im Libanon und Jordanien gebildet, in denen unzumutbare Lebensbedingungen und eine «chronische Unterversorgung» herrschten (Kopp 2023: 113). So wurden Bewegungen zur Weiterflucht in Richtung Europa ausgelöst. Für die kollektive Handlungen insbesondere der syrischen Flüchtenden spielten die «Erfahrungen des Aufstands und die Einforderung der Demokratie» (Hess et.al. 2017: 9) eine wichtige Rolle. Kurz erzählt, öffneten sich kurzzeitig Fluchtrouten, europäische Länder verzichteten auf die Registrierung und die Weiterflucht wurde nicht behindert. Es kam zu kollektiven Märschen, wie dem unter dem Hashtag #marchofhope bekannt gewordenen Aufbruch von Tausenden, die vom Bahnhof Keteli in Budapest zu Fuß in Richtung Österreich gingen (vgl. Kasparek/Speer 2015). Angesichts der Herausforderungen sagte Angela Merkel: «Wir schaffen das» (FAZ 31.8.2015), ein Satz, der zum geflügelten Hoffnungswort für die einen und zum Feindbild für konservativ-rechte Milieus wurde. Im Sommer 2015 entwickelte sich zusätzlich eine breite Solidaritätsbewegung, die unter dem Stichwort «Willkommenskultur» zusammengefasst wurde und unter der sich vielfältige Praxen der direkten Unterstützung der Flüchtenden sammelten (vgl. Hamann/Karakayali 2016).

Während auf der einen Seite Flüchtende und zivilgesellschaftliche Initiativen das europäische Grenzregime kurzfristig kollabieren ließen, wurde allerdings auch schon an dessen Rekonstitution gearbeitet. Dabei wurden einerseits auf nationaler Ebene Maßnahmen getroffen, die in Deutschland beispielsweise in zwei Paketen der Asylrechtsverschärfung bestanden, die trotz und wegen großer Konflikte innerhalb der deutschen Regierung verabschiedet wurden[44] (vgl. Pichl 2017; Keil 2016).

---

44 «Sichtbar wurde das an der permanenten Uneinigkeit der Regierungsparteien untereinander und selten offen ausgetragenen Streitigkeiten. So drohte beispielsweise der CSU-Vorsitzende Seehofer mit «bayrischer Notwehr» gegen die Politik der Kanzlerin, es gab Brandbriefe und große Konflikte innerhalb der Regierung, so zwischen Merkel und dem Innenminister (FR 6.10.2015 / Tagesschau.de 7.10.2015). Hierbei zeigte

Dass dabei die Konfliktlinien auf nationaler Ebene quer durch die Regierungsparteien gingen, zeigt die Mehrdimensionalität der Krise, die sich auch auf europäischer Ebene findet. Insbesondere die Frage der Einrichtung von Erstaufnahmelagern an sogenannten Hotspots, die von Deutschland gefordert wurde, stieß bei Italien, Griechenland und Ungarn auf Ablehnung. Die Frankfurter Rundschau kommentierte damals, dass im «Streit über die Flüchtlingspolitik» Europa «zerfasert» (FR 14.10.2015).

Beim EU-Gipfel im Dezember 2015 wurden dann Beschlüsse zur Migrationspolitik getroffen, die vor allem fordern, die bereits verfolgte «Strategie [...] die beispiellosen Migrationsströme, mit denen Europa konfrontiert ist, einzudämmen», umzusetzen und die «Kontrolle über die Außengrenzen wiederzuerlangen» (Europäischer Rat 2015: 2). Insbesondere wurde die Strategie der Externalisierung der europäischen Grenze wieder aufgegriffen und ein «Aktionsplan EU-Türkei» beschlossen, nach dem die Türkei Gelder erhalten solle für die Aufnahme bei gleichzeitiger Hinderung der Weiterreise von Flüchtenden. Schon im November 2015 wurde bei einer EU-Afrika-Konferenz in Valletta eine neue Verhandlungsphase mit afrikanischen Ländern zur Zusammenarbeit in der Migrationspolitik/Migrationsabwehr eingeleitet (vgl. Kopp 2023: 119). Diese Ausrichtung prägt die Migrationspolitik der EU bis heute, wie auch die Konflikte innerhalb der EU sich auf diese Dynamiken zurückführen lassen. Die autoritäre Militarisierung der Außengrenzen wurde fortgeführt und Menschenrechte wurden im Rahmen von migrationspolitischen Entscheidungen immer wieder angegriffen wie auch Externalisierungsstrategien, wie der Aufbau von Lagern in Ländern außerhalb der EU immer wieder weitergetrieben wurden (vgl. zu aktuellen Entwicklungen Pichl 2023). Jüngstes Beispiel ist die steigende Anzahl von Flüchtenden, die seit dem Sommer 2023 auf der italienischen Insel Lampedusa ankommen. Die Politik der Externalisierung der EU und der postfaschistischen italienischen Regierung unter Meloni wird in Abkommen mit

---

sich in diesen innerparteilichen Konflikten auch ein Riss zwischen den Kapitalfraktionen und ihrer Repräsentation in den Regierungsparteien, da Merkel zwar, liest man sich die Stellungnahmen der Unternehmerverbände zur Flüchtlingspolitik durch, auf deren Linie lag, aber große Teile der CDU/CSU mit ihrer antimigrantischen und Anti-Asylpolitik im Widerspruch dazu standen.» (Keil 2016: 47)

nordafrikanischen Staaten (wie dem EU–Tunesien-Memorandum-of-Understanding 2023) bekräftigt wie auch in einem 10-Punkte-Plan der Kommissionspräsidentin von der Leyen, der bei einem Besuch in Italien verkündet wurde und der hauptsächlich aus einer Verstärkung des Grenzschutzes und der Ausweitung europäischer Abwehrmaßnahmen nach Afrika besteht (EC 2023). Dass mittlerweile postfaschistische Regierungen wie in Italien für die Außengrenzen der EU zuständig sind und die Politik der EU-Kommission umsetzen und gleichzeitig auf weitere Verschärfungen drängen[45] zeigt die autoritären Entwicklungen wie in einem Brennglas.

Der lange Sommer der Migration muss auch noch als Ausgangspunkt eines weiteren gesellschaftlichen Konfliktfelds gesehen werden. Die migrationspolitische Konfliktlage wurde von rechten Akteur:innen genutzt, rassistische Topoi und Ideologeme in den gesellschaftlichen Diskurs zu bringen. Insbesondere die Straßenproteste der Patriotischen Europäer gegen die Islamisierung des Abendlandes (Pegida)[46], die Ende 2014 als kleine Protestzüge weniger hundert Teilnehmer:innen begannen, wuchsen im Jahr 2015 schlagartig an und breiteten sich kurzzeitig in vielen Teilen der EU aus. Ziel vieler rechter Protestformen waren Unterkünfte von Geflüchteten. Vereinendes Feindbild von Konservativen bis zu faschistischen Rechten wurde Angela Merkel, der mit ihrer Entscheidung im Sommer 2015, die deutsche Grenze nicht zu schließen, vorgeworfen wurde, sie hätte europäisches Recht gebrochen. Der Rechtsbruch-Mythos ist in den folgenden Jahren ein zentrales Motiv zur Mobilisierung rassistischer und migrationsfeindlicher Stimmungen[47].

Dies markiert eine Art doppelten Beginn: Mit den neuen rechten Protestformen formierten sich vormals passivierte Bevölkerungsteile autoritär auf der Straße, was flankiert wurde von den Erfolgen rechter Parteien wie der 2013 gegründeten AfD in Deutschland. Zudem begannen sich Rechte wieder vermehrt mit Europa zu beschäftigen und die EU als Feindbild zu markieren. Es entwickelten sich langsam neue Formen einer eu-

---

45 Meloni forderte, notfalls die Marine zur Migrationsabwehr einzusetzen (vgl. https://www.dw.com/de/meloni-will-in-migrationskrise-notfalls-marine-einsetzen/a-66830497 letzter Zugriff 18.9.2023).

46 Zu Pegida vgl. Keil 2015.

47 Die Nicht-Schließung der Grenzen war kein Rechtsbruch, sondern vom europäischen Recht gedeckt (vgl. Thym 2018; Pichl 2016).

ropäischen Zusammenarbeit der Rechten bis hin zur Entwicklung eines europäischen rechten Projekts (siehe Kapitel 5). Da diese Entwicklung einer autoritären gesellschaftlichen Formierung mittlerweile durch die großen Erfolge rechter bis faschistischer Parteien in der EU einen großen Einfluss auf die Entwicklung europäischer Politiken hat, muss man die Ereignisse von 2015 auch als Niederlage der zivilgesellschaftlichen und linken Politiken einer humanen Migrationspolitik sehen, die aus einem Zusammenspiel der Autoritarisierung des europäischen Grenzregimes mit rechten, rassistischen Akteur:innen auf der Straße und in den Parteien resultierte. Dies prägt die EU und ihre materielle Institutionalität und damit auch die Kampffelder, auf denen weiterhin um eine bessere Gesellschaft gestritten werden muss.

3.5.4 Brexit und Rechtsstaatsverfahren – wachsende desintegrative Konflikte

Die Konfliktdynamik innerhalb der EU nahm weiter zu und Desintegrationstendenzen wurden stärker. Insbesondere zeigten sich Verschränkungen der verschiedenen Krisen und die Entwicklung einer tiefgreifenden politischen Krise. Die Fragmentierung der europäischen Apparate[48] sowie die autoritären Krisenbearbeitungsformen, wie sie am Beispiel der Austeritäts- und Migrationspolitik sichtbar wurden, wurden flankiert von einer Krise der klassischen Parteien und dem Aufkommen rechter oder sogenannter populistischer Parteien in vielen Ländern Europas[49]. Diese Anzeichen deuten auf «Risse im Block an der Macht», die sich schon in der Bearbeitung der Finanzkrise offenbarten, als das neoliberale Hegemonieprojekt in unterschiedliche Teile

48 Unter Fragmentierung europäischer Staatlichkeit ist eine Entwicklung zu verstehen, die die Konflikte um Kompetenzen zwischen den europäischen Institutionen erhöht und die innere Kohärenz der EU verringert. Dazu zählen der Kompetenzzuwachs der Kommission und der EZB, die Spannungen zwischen den Mitgliedsstaaten und der EU, die Macht einzelner Staaten wie Deutschland, die ausgehandelte Entscheidungen in letzter Minute torpedieren (wie zuletzt beim geplanten Lieferkettengesetz). Die Krisen haben solche Konflikttendenzen verstärkt (vgl. Wissel 2019).

49 Für den Veränderungsprozess von Parteien siehe Mair 2013, exemplarisch für den Niedergang des klassischen Parteiensystems in Frankreich siehe Amable/Palombarini 2018.

zersplitterte (vgl. Kannankulam 2019: 89ff.). Diese Risse zeigten sich innerhalb des neoliberalen Blocks nicht zuletzt als eine Spaltung in pro- und antieuropäisch ausgerichtete Fraktionen (vgl. Slobodian/Plehwe 2020). Solche Risse und Spaltungen sowie die damit einhergehenden Neuordnungen ganzer Parteiensysteme lässt darauf schließen, dass in der langanhaltenden ökonomischen Krise alle Versuche, eine langfristig ausgerichtete Kapitalakkumulation zu re-etablieren scheitern. Die politische Form kann die verschiedenen Kapitalinteressen nicht mehr bündeln und in einer langfristigen Strategie vereinen. Dabei handelt es sich nicht um ein europäisches Phänomen. Anton Jäger sieht Ähnliches in den USA und dem 2016 bei den Präsidentschaftswahlen siegreich hervorgehenden Donald Trump. Dieses «Zeitalter des Tumults» werde bestimmt von einer «rücksichtslos fortschreitenden Auflösung der Parteibindungen» insbesondere des Kapitals (Jäger 2023: 52). Nicos Poulantzas fasste dies als Repräsentationskrise, als Bruch zwischen Parteien und den vormals von ihnen vertretenen herrschenden Klassenfraktionen (Poulantzas 1973: 73). Die gesellschaftlichen Widersprüche vertiefen sich, Konflikte weiten sich aus und es entsteht eine Situation in der die Widersprüche weder gelöst werden noch weiter prozessieren können. In der politischen Dimension der Krise entfaltet sich so eine eigene Dynamik, die nicht alleine auf die ökonomische Krise zurückgeführt werden kann.

In der EU verschärften sich Desintegrationstendenzen, die einen Höhepunkt im Brexit-Referendum am 23.6.2016 fanden. Das britische Referendum über den Austritt aus der EU wurde rechtlich erst durch den Vertrag von Lissabon ermöglicht, in dem erstmals das Recht auf Austritt eines Mitgliedslandes verankert wurde: «Jeder Mitgliedsstaat kann im Einklang mit seinen verfassungsrechtlichen Vorschriften beschließen, aus der Union auszutreten». (Art. 50 EUV) Das Votum von 51,9% für ein Verlassen der EU ließ «die europäische Gemeinschaft zunächst erschüttern», denn der Brexit stellt «nicht nur eine Zäsur in der europäischen Integrationsgeschichte dar, sondern ist auch ein beispielloser Präzedenzfall» (Klein 2017: 45). Denn so überraschend für viele der Ausgang des Referendums war, so wenig waren die Modalitäten des tatsächlichen Austritts geregelt. Im Brexit kulminierten dabei mehrere Entwicklungen in einer besonderen Konstellation, die aus mindestens drei Dimensionen besteht: Erstens der Dimension der Krisenentwicklung der EU insgesamt inklusive der wachsenden Konflikte um die Bearbeitung der ökonomischen Krise wie auch der Krise der Migrationspolitik (vgl. Busch 2016: 62ff.) sowie die europaweit wachsenden rassistischen Stimmungen (vgl. Fekete 2018). Zweitens die Dimension der Entwicklungen des schwierigen Verhältnisses Großbritanniens zur EU, das von Anfang an von einer bestimmten Distanz geprägt war, die sich immer wieder in Sonderrechten ausdrückte,[50] und drittens die Dimension der Besonderheiten des britischen Kapitalismus, seines Verhältnisses zum Weltmarkt inklusive der immanenten Wirkung der britischen Geschichte als Kolonialmacht und Empire (vgl. Georgiou 2017).

Allein die letztgenannte Dimension weist eine größere Komplexität auf, so dass hier nur einige Stichpunkte angeführt werden können. Das Brexit-Votum ist einerseits verbunden mit der allgemeinen Durchsetzung einer neoliberalen Ordnung, deren Durchsetzung in Großbritannien spezifische Entwicklungen nahm und unter Thatcher eine brutale Dimension der Zerschlagung von Gewerkschaftsmacht annahm. Daraus resultierte langfristig nicht nur der Verlust eines großen Teils des Organisationsgrads der Arbeiter*innenklasse, sondern auch der Verlust von Erfahrungen von Solidarität und erfolgreichen Kämpfen, die positive Auswirkungen auf die Lebensrealität haben. Die lange Phase der New-Labour-Regierung von 1997 bis 2010 brachte zwar einige kleinere sozialdemokratische Verbesserungen, im Großen und Ganzen wurde aber der neoliberale Kurs beibehalten und sie wurden auch 2010 schon wieder einkassiert; Blairs New Labour versprach den Arbeiter*innen neue Teilhabe am «Stakeholder-Capitalism», aber dies blieb eine Chimäre (vgl. Gough 2017: 370). Eine Besonderheit der britischen Ökonomie bestand darin, dass durch die Neoliberalisierungsprozesse eine Verschiebung auf die City of London, also auf direkte Verbindungen zu globalen Finanzkapital-Prozessen, stattfand, während es ansonsten zu einer breiteren Deindustrialisierung kam (vgl. Froud/Johal/Williams 2016: 815). Die EU wurde vor allem als Element der Deregulierung verstanden und genutzt, während Versuche eine supranationale interventionistische Industriepolitik zu installieren abgewehrt wurden – die EU als

50 Wie bspw. die opt-out-Möglichkeit im Vertrag von Maastricht, eben nicht an der WWU teilnehmen zu müssen, ebenfalls wurden einige Einschränkungen in der Arbeitnehmer*innenfreizügigkeit nach der Osterweiterung ermöglicht.

Freihandelsmarkt wurde bejaht, die EU als politisch Institution eher abgelehnt (vgl. Gerogiou 2017: 106). In der Bedeutung der City of London spiegelt sich nicht nur die politische Macht einer Kapitalfraktion, sondern auch die Geschichte eines kolonialen Finanzzentrums eines Empires. «This complex mixture of imperial nostalgia, the rise of the City, Euroscepticism and support for political and regulatory decentralisation is well illustrated by a comment by Crispin Odey, a hedge-fund owner who was among the main financial backers of the Leave campaign: ‹Europe turns us into a colony and we are used to an empire. We are not used to obeying rules we haven't set›.» (ebd.: 107)

Diese Mixtur aus spezifischen Kapitalinteressen für Deregulierungen, kolonialer Nostalgie oder gar einer Form «postimperialer Melancholie» (Matera 2021) und Europafeindlichkeit wurde häufig in ihrer Komplexität nicht wahrgenommen, sondern das Brexit-Votum als Wahl einer vernachlässigten (weißen) Arbeiter*innenklasse verstanden. Hintergrund dieses Erklärungsmusters ist die Vorstellung einer neuen gesellschaftlichen Spaltungslinie zwischen dem Nationalen und der Globalisierung sowie dass Arbeiter*innen nurmehr auf nationaler Ebene ihre Interessen gegen die globalen Eliten verteidigen könnten. Flankiert wird dies von der Annahme, dass diese Spaltung zusätzlich noch eine kulturelle Dimension habe und die globalen Eliten als postmaterialistische Gruppe ihre Überzeugungen zu beispielsweise Geschlechtergerechtigkeit oder Migration den unterlegenen Klassen oktroyieren. Dieses Deutungsmuster ist allerdings selbst Teil eines neokonservativen, rechten (Kultur-) Kampfes, denn es rationalisiert und perpetuiert die rassistischen Dimensionen der Konflikte, indem migrantische Arbeiter*innen per se ausgeschlossen werden aus der Betrachtung und es dethematisiert die klassenübergreifenden Interessenkonstellationen nationalistischer Politiken[51]. Bezeichnenderweise blieb die Diskussion darüber, ob der Brexit den Arbeiter*innen Nachteile bringen könne, sehr überschaubar, obwohl gerade einige in der EU trotz ihrer Wettbewerbskonstitution verankerten Rechte auf dem Spiel standen und befürchtet wurde, dass der Brexit zu neuen Phasen der Deregulierung, insbesondere der Arbeitsmärkte, führen werde (vgl. Moore 2017).

---

51 Schon 1985 thematisierte Helmut Dubiel dies am Beispiel von Inglehart, dessen Thesen aus den 1970er Jahren nach Trump und Brexit wieder eine hohe Aufmerksamkeit erfuhren (Dubiel 1985).

Die Leave-Kampagne, angeführt von der rechtspopulistischen UKIP, bestand einerseits darin, rechte und rassistische Ideologeme als annehmbare politische Argumente in der Öffentlichkeit zu platzieren, und andererseits dies mit einem Politikstil der Übertreibungen, Halbwahrheiten und ganzen Lügen zu verbinden (vgl. Fekete 2018: 118f.). Flankiert wurde dies von Slogans wie «Breaking Point: the EU has failed us» und «We must take back control of our borders» (ebd.: 119). Darin kulminierten lange Traditionen der Feindseligkeit gegenüber Immigration, die sowohl aus der kolonialen Tradition folgen als auch aus der bis ins späte 19. Jahrhundert zurückreichenden Politik des rechten Tory-Flügels, Xenophobie und Rassismus zu fördern. Dies drückte sich nicht zuletzt darin aus, als Schuldige für das «Verschwinden der guten Zeiten» in der Krise der 1970er die damals sichtbarer werdenden Minderheiten zu machen (Gough 2017: 367f.).

Der Brexit ist daher insgesamt Ausdruck der politischen Krise, die mit den anderen Krisen zwar verbunden ist, aber auch eine Eigendynamik entfaltet. Er steht zudem für ein Bündnis aus einer klassenübergreifenden Ablehnung supranationaler politischer Regulierung und Koordinierung, die gespeist wird aus neoliberalen Interessen der Deregulierung, rassistischen Traditionen und einem kolonialnostalgischen Nationalismus, der sich ein britisches Empire zurücksehnt. Brexit steht auch für die Öffnung des Konservatismus zu einer postfaktischen Politik und zu rechten bis neofaschistischen Akteur*innen. Der Brexit bedeutet auch das vorläufige Ende der Vorstellung einer «immer engeren Union» und damit einen schweren Schlag für die weitere europäische Integration. Dieses neue Bündnis ist aber kein soziales Projekt, sondern Ausdruck widerstreitender Interessen verschiedener Kapital- und Klassenfraktionen und Teil einer autoritären Fragmentierung politischer Institutionalität durch die multiplen Krisen. Diese Fragmentierung zeigte sich auch im schwierigen Prozess der Aushandlung des Austrittsabkommens. Nach dem Austrittsbrief der damaligen britischen Premierministerin Theresa May (May 2017) gab der gesetzliche Rahmen einen Zeitraum von 2 Jahren vor, bis zu dem der Austritt vollzogen sein musste. Diese Frist wäre am 29. März 2019 ausgelaufen. Die Verhandlungen zwischen Großbritannien und der EU gestalteten sich allerdings als äußerst schwierig, da im britischen Unterhaus eine Abstimmung über ein Austrittsabkommen mehrfach gescheitert war (vgl. Schade 2020: 49). Um einen sogenannten harten Brexit, einen Austritt ohne Abkommen, zu vermeiden, wurde die Frist mehrfach verlängert. Am 31.1.2020 wurde der Austritt schließlich vollzogen, es wurde jedoch eine Übergangszeit vereinbar (bis Ende 2020), während der Großbritannien zwar von der EU-Politik ausgeschlossen war, aber «politische Entscheidungen der EU weiter umsetzen» musste (ebd.: 51). Die Verhandlungen für die EU führte hauptsächlich der Europäische Rat, der auch inhaltlich die Verhandlungen prägte und dabei, wie Bujard und Wessels feststellten, erstaunlich geschlossen auftrat (vgl. Bujard/Wessels 2021). Dennoch blieben viele Fragen der politischen Zusammenarbeit zwischen der EU, den Mitgliedsländern und Großbritannien noch ungeklärt, so dass beispielsweise in der Außen- und Sicherheitspolitik von britischer Seite bilaterale Strategien gefahren werden, die zu Widersprüchen zwischen den Interessen von Mitgliedsländern an solchen Kooperationen und dem Interesse der EU, eine gemeinsame Sicherheitspolitik aufzubauen, führen kann (vgl. Mintel/Ondarza 2022). Eine Abkehr von der neoliberalen Ausrichtung ist aber durch den Brexit nicht zu erkennen.

Auch wenn die Brexit-Verhandlungen in der EU zu keinen großen Verwerfungen geführt haben, so sind die desintegrativen Fliehkräfte dennoch deutlich wahrnehmbarer geworden. Die Legitimitätskrise der EU ist durch den Brexit stärker geworden und hat rechte, souveränistische Kräfte in Europa gestärkt. Von Seiten der EU wurde direkt mit dem Gipfel von Bratislava 2016 gegen diese Tendenzen ein Prozess in Gang gesetzt, indem die Debatte um die Zukunft der EU forciert wurde (Europäischer Rat 2016). Die Kommission veröffentlichte daraufhin ein Weißbuch zur Zukunft Europas (EC 2017), das zwar relativ folgenlos blieb, aber nach der Europawahl 2019 wieder als Anknüpfungspunkt diente, als die Konferenz zur Zukunft Europas einberufen wurde, die 2021 startete und bis 2022 ging[52]. Diese Maßnahmen der EU-Institutionen bewegten sich allerdings alle auf einer Ebene, die die grundsätzliche Ordnung der EU unangetastet ließ bzw. den bisherigen Weg eher vertiefen sollte.

Mit dem Brexit trat allerdings noch eine weitere Konfliktlinie deutlicher hervor: die Konfliktlinie zwischen den Staaten eines

52 Um die Konsequenzen dieser Konferenz wird noch immer zwischen den Institutionen gerungen. Allerdings ist sie auch wieder etwas aus dem Fokus gerückt.

Kerneuropas und der Peripherie, hierbei vor allem der osteuropäischen Mitgliedsstaaten. So befürchteten die Visegrád-Staaten (Polen, Tschechien, Slowakei, Ungarn), dass mit dem Brexit eine neue Phase der Vertiefung der Integration angestoßen werden könne, dass mit Großbritannien ein Verbündeter gegen die als zu stark empfundene Supranationalisierung wegfallen würde und schließlich dass sich die Macht der Eurozone (und damit eines Kerneuropas) noch mehr gegenüber den eigenen Ländern vergrößern würde (vgl. Lang 2016). Allerdings verlaufen die Konfliktlinien auch hier nicht zweidimensional. Ein gewichtiger Teil dieses Konflikts ist der um das Rechtsstaatsgebot des Art. 2 EUV, das durch die zunehmende Erosion und Zurücknahme rechtsstaatlicher Elemente vor allem in Ungarn und Polen in Frage gestellt wird. Zum einen erwies sich der Rechtsstaatsmechanismus nach Art. 7 EUV als wirkungslos gegen die autoritären Umbauten des Staates sowohl in Ungarn als auch in Polen (vgl. Elliesen/Henkel/Kempe 2019, 2018; Ágh 2018). Diese Umbauten betrafen zentrale Elemente der Rechtsstaatlichkeit wie die Untergrabung der Unabhängigkeit der Justiz, die Erlangung staatlicher Kontrolle über einen Großteil der Medien, Gerrymandering[53] und andere Maßnahmen, die eine Veränderung der Machtverhältnisse ausschließen sollten. Begleitet wird dies von einer Anti-Brüssel-Rhetorik, die häufig zudem antisemitisch aufgeladen wird (indem die EU als von George Soros gesteuert behauptet wird), einem antimigrantischen Nationalismus und Nativismus sowie einer autoritären antifeministischen Politik der Einschränkung von Frauenrechten und von LGTBQIs[54].

In einem Bericht über Ungarn der Abgeordneten des Europäischen Parlaments Judith Sargentini für den Ausschuss für bürgerliche Freiheiten, Justiz und Inneres sind Bedenken über 12 Bereiche von der Funktionsweise des Verfassungs- und Wahlsystems über die Unabhängigkeit der Justiz, Meinungsfreiheit, Minderheitenrechte und die Grundrechte von Migrant*innen bis zu zu sozialen Rechten aufgeführt (EP 2018a: 5). Dieser Bericht führte zu einer Entschließung des Europäischen Parlaments, den Rat aufzufordern, ein Verfahren nach Art. 7 EUV

53 Gerrymandering bezeichnet die Verschiebung von Wahlkreisgrenzen, um die Wahlaussichten der Opposition zu verkleinern.

54 Zu den autoritären Entwicklungen in Polen und Ungarn vgl. z.B. Szombati 2018; Rydliński 2018; Elliesen/Henkel/Kempe 2018., zum ungarischen Nationalismus: Marszovsky 2024.

einzuleiten (EP 2018b). 2017 leitete die Kommission schon ein Rechtsstaatsverfahren gegen Polen wegen einer Justizreform ein, die die Unabhängigkeit der Justiz untergrub. 2020 wurde der Rechtsstaatsmechanismus nach Art. 7 ergänzt durch eine Verordnung, die durch das Europäische Parlament erlassen wurde. Diese Verordnung über eine «allgemeine Konditionalitätsregelung zum Schutz des Haushalts der Union» (EP 2020) ermöglicht es, Gelder der Union bei Verstößen gegen die Rechtsstaatlichkeit zu blockieren. Von dieser Möglichkeit wurde dann auch gegen Ungarn und Polen Gebrauch gemacht. Sie klagten vor dem Europäischen Gerichtshof dagegen, jedoch wurde die Klage 2022 abgewiesen (EuGH 2022). Diese Konflikte sind ein zentraler Bestandteil der Krise der EU, denn die Bedeutung der osteuropäischen Länder und insbesondere Ungarns und Polens ist gerade in ihrer Rolle als Vorbild für rechte bis faschistische Akteur*innen in Europa bedeutsam. Zudem sind sie in der Lage, Entscheidungen im Rat zu blockieren. Allerdings muss auch noch die politische Ökonomie des Rechtsstaatskonflikts erfasst werden, weil so deutlich wird, dass auch dieser Konflikt komplexer ist.

Der ökonomische Hintergrund des ungarischen Autoritarismus liegt in einer widersprüchlichen Konstellation. Zum Ersten öffnete sich Ungarn nach der Wende 1990 für globales und später mit dem Beitritt zur EU auch verstärkt für europäisches Kapital. Oben wurde schon einmal erwähnt, dass für Adam Tooze die osteuropäischen Märkte und Standorte ein wichtiges Element für die Erholung der deutschen Ökonomie nach den Krisen Anfang des Milleniums darstellte. Zum Zweiten wandelte sich Fidesz, die Partei des derzeitigen Präsidenten Orbán, nach einer Wahlniederlage 2002 in einer strategischen Wende von einer liberalkonservativen zu einer völkisch-nationalistischen Partei. Sie fing kurz nach einer erneuten Wahlniederlage 2006 an, von einer Krise des ungarischen Staatshaushalts zu profitieren, denn die siegreichen Sozialdemokrat*innen antworteten auf diese Staatsverschuldung mit der Durchsetzung eines neoliberalen Sparprogramms (vgl. Elliesen/Henkel/Kempf 2018: 31). 2010 siegte Fidesz bei den Wahlen und begann damals schon den autoritären Staatsumbau. Die Ökonomie dabei ist weiterhin geprägt von der Ausrichtung auf globales und europäisches Kapital. Auch Fidesz hat die neoliberale Grundordnung nicht geändert, sondern fortgeführt und zudem Arbeiter*innenrechte abgebaut. Ein Beispiel: 2018 verabschiedete die Regierung ein Arbeitszeitgesetz, das die «Anzahl möglicher Überstunden um 60% erhöhte, deren Bezahlung jedoch erst bis zu drei Jahre später verlangt» (Fürst 2019: 547). Gegen dieses Gesetz gab es große Proteste, die von den Staatsmedien als von George Soros und aus den USA bezahlt dargestellt wurden (vgl. ebd.). Insgesamt wurde ein disziplinierendes Arbeitsregime etabliert, das neoliberale Disziplinierung der Arbeitskraft mit völkisch-nationalistischer Rhetorik legitimiert.[55] Schließlich bilden Zahlungen aus der EU ein wichtiges Element der ungarischen Ökonomie, denn sie werden von Orbán dazu verwendet, die nationale Bourgeoisie zu versorgen: «Auf diesem Weg wird somit nicht zuletzt ein nicht geringer Teil der sozialen und ökonomischen Basis der Fidesz-Partei verlässlich subventioniert.» (Elliesen/Henkel/Kempe 2019: 152).

Da Ungarn also einerseits im Konflikt mit der EU liegt, andererseits auf deren Zahlungen angewiesen ist, ist dieser Konflikt einer, der nicht um einen Austritt Ungarns kreist, sondern um die weitere Autoritarisierung der EU und ihrer Mitgliedsländer und um die Verschiebung gesellschaftlicher Kräfteverhältnisse in Europa nach rechts. Allerdings zeigt sich auch, dass das Kampffeld des Autoritarismus keine ökonomische Alternative zur neoliberalen Wettbewerbsordnung bietet (wie oftmals gerade in deutschen Debatten um die AfD und ihren angeblichen sozialen Flügel suggeriert wird), sondern ein Kampf um verschiedene Formen autoritärer Vergesellschaftung sind. Nach den vielen Niederlagen der europäischen Linken (im Allgemei-

---

55 «So kürzte die Regierung sowohl die Höhe als auch die Bezugsdauer des Arbeitslosengeldes. Die Auszahlung von Sozialleistungen wurde zudem grundsätzlich von der Bereitschaft abhängig gemacht, jede freie Stelle auf dem Arbeitsmarkt anzunehmen. In diesem Zusammenhang können arbeitslose Menschen über ein staatliches Arbeitsprogramm auch zu 30-tägigen Arbeitseinsätzen verpflichtet werden. Oftmals werden sie dabei zu schwerer körperlicher Arbeit, etwa in der Forstwirtschaft, gezwungen. Der Durchschnittslohn liegt hier bei etwa 70 Prozent des Mindestlohns. Diese Maßnahmen forcieren die Entstehung einer politisch disziplinierten *industriellen Reservearmee*. [...] An der Sozial- und Arbeitsmarktpolitik Orbáns zeigt sich auch, wie kompatibel die neoliberale Standortoptimierung mit den Versatzstücken nationalistischer Ideologie ist. So versteht Fidesz die Verausgabung von Arbeitskraft als Dienst an der Nation, zu der jede*r Ungar*in verpflichtet sei.» (Elliesen/Henkel/Kempe 2019: 149)

nen) während der multiplen Krisen haben sich die Kräfteverhältnisse deutlich verschoben und die Kampffelder werden zunehmend von rechtsautoritären Akteur*innen geprägt.

3.5.5 Von der Europawahl über Sicherheitspolitik bis zu neuen Integrationsschritten während Corona: Vertiefte Integration und neue Konflikte

Auch in den Folgejahren wirkten die multiplen Krisen auf verschiedenen Ebenen und die Konflikte innerhalb der EU wurden eher mehr als weniger. Mit dem Brexit-Votum, der festen Etablierung autoritärer Regime in Ungarn und Polen, dem Wahlsieg des Moviemento 5 Stelle und der protofaschistischen Lega in Italien 2018, den Wahlerfolgen des Front National/Rassemblement National in Frankreich, der Etablierung der Schwedendemokraten oder dem wachsenden Erfolg der AfD in Deutschland veränderte sich die politische Landschaft in eine Richtung, die autoritären Krisenbearbeitungen tendenziell weiter Vorschub leistet. Einher ging dies mit einem Vertrauensverlust der Bevölkerung in die EU. Zwischen 2007 (also Zeitpunkt kurz vor dem Ausbruch der Finanz- und Wirtschaftskrise) und 2018 stellte sich dieser Verlust so dar: während 2007 noch 57% der EU-Bürger*innen der EU vertrauen (Eurobarometer 67: 49), waren dies 2018 nur noch 42% (Eurobarometer 89: 106). Auf politischer Seite stand die Europawahl 2019 unter dem Vorzeichen, eine Richtungswahl zu sein, in der über die künftige Ausrichtung der EU abgestimmt würde (vgl. Leggewie 2019). Tatsächlich waren Umbrüche in den Kräfteverhältnissen des Europäischen Parlaments zu erwarten und auch eine Stärkung der rechten Fraktionen war abzusehen, trotz des Wegfalls der britischen Fraktionen der UkIP und der Tories nach vollzogenem Brexit. Nach der Europawahl kam es dann auch zu Konflikten, die vor allem die Neubesetzung der Kommissionspräsidentschaft betraf. Da auch noch die Präsidentschaft des Europäischen Rats, die Präsidentschaft der Europäischen Zentralbank, die Hohe Vertretung der Union für Außen- und Sicherheitspolitik sowie die Präsidentschaft des Europäischen Parlaments neu zu besetzen waren, kam es zu längeren und schwierigen Verhandlungen im Rat, wo schließlich eine Paketlösung entwickelt wurde (vgl. Hrbek 2019). Dabei wurde Ursula von der Leyen als Kandidatin für die Kommissionspräsidentschaft benannt. Dies führte zu Konflikten, da sie nicht für das Europäische Parlament kandidierte und damit der übliche Modus, dass ein*e Spitzenkandidat*in einer Partei/Fraktion des Parlaments auch die Kandidatur zur Kommissionspräsidentschaft übernimmt, umgangen wurde. Ursula von der Leyen wurde schließlich gewählt, allerdings stimmten auch die Fraktionen, die ihre Kandidatur prinzipiell unterstützten, nicht geschlossen für sie ab, was auf Reibungen und Konflikte hindeutete (vgl. Müller 2019: 65). Wäre diese Wahl schiefgegangen, hätte es zu größeren Konflikten nicht nur innerhalb des Parlaments, sondern auch zwischen den europäischen Institutionen kommen können.

In den Konflikten um die Kommissionspräsidentschaft und die neue Zusammensetzung im Europäischen Parlament zeigen sich auf eigene Weise nochmals die Fragmentierungen der EU, die in den Jahren davor virulent wurden. Jenen Fragmentierungen wurde ab 2015, spätestens ab 2016 mit einer zunehmenden Betonung der Notwendigkeit einer neuen europäischen Sicherheitspolitik und einer Militarisierung der EU begegnet, womit die Bedeutung repressiver Apparate für weitere Integrationsschritte gestiegen ist (vgl. Klatzer/Schlager 2020; Oberndorfer 2019). Im Zentrum der Versicherheitlichung und Militarisierung steht dabei die Aufrechterhaltung des Binnenmarktes in seiner neoliberalen Form. So heißt es in den Schlussfolgerungen des Europäischen Rates vom 22./23.7.2017, dass für «die Stärkung Europas» und den «Schutz seiner Bürgerinnen und Bürger [...] wirksame Maßnahmen» getroffen werden müssen, um «den Terrorismus zu bekämpfen, und die gemeinsame Sicherheit und Verteidigung Europas auszubauen, die wirtschaftliche Entwicklung Europas in einer globalisierten Welt zu gewährleisten, die Migration zu bewältigen und die Außengrenzen zu schützen.» (Europäischer Rat 2017: 1). Eine Stärkung der gemeinsamen Außen- und Sicherheitspolitik werde «außerdem dazu beitragen, dass die Vorteile offener Märkte zum Tragen kommen und dass zugleich vor unlauteren Praktiken geschützt wird» (ebd.). Damit werden die Aufrüstung des Grenzschutzes und die Sicherung des Marktes verknüpft mit einer zunehmend militarisierten Außenpolitik der EU. Der 2017 eingerichtete Europäische Verteidigungsfonds (EVF), der für 2019 und 2020 mit Mitteln von ungefähr 500 Millionen Euro ausgestattet wurde (EC 2017b; Göler/Reiter 2019: 327f.), verknüpft ebenfalls die oben genannten Politiken durch Projekte in den Bereichen «Drohnentechnologie, Satellitenkommunikation, Frühwarnsysteme, künstliche Intelligenz, Cyberabwehr und Meeresüberwachung» (EC, zitiert nach: Göler/Reiter 2019: 328). In der Weiterführung des EVF wurden 2022 ca. 1 Milliarde Euro bereitgestellt, um insbesondere Überwachungs- und Verteidigungssysteme im Weltraum und auf See zu entwickeln (EC 2022). Im Bereich «Seegefechte» ist die Überwachung von Meeren um die EU expliziter Teil und damit wird auch der Schutz der Außengrenzen zu einem Teil europäischer Verteidigungspolitik. Die Vertiefung der europäischen Sicherheits- und Verteidigungspolitik wurde maßgeblich von Frankreich und Deutschland vorangetrieben[56]. Insbesondere Frankreich erhob die «strategische Autonomie» der EU zu einem «Kernpunkt» der Europapolitik, was von der Kommission unter dem Begriff der «offenen strategischen Autonomie» adaptiert wurde (vgl. Schild 2019: 508). Diese strategische Autonomie verknüpft verschiedene Politikbereiche, insbesondere aber die Handelspolitik und die Sicherung von globalen Wertschöpfungsketten mit der angestrebten Fähigkeit der EU, dies durchzusetzen. «Im Konzept der offenen strategischen Autonomie spiegelt sich der Wunsch der EU wider, auf der internationalen Bühne einen eigenen Kurs zu bestimmen und durch Führungsstärke und Engagement die Welt um uns herum im Sinne der Interessen und Werte Europas zu gestalten. Bei der offenen strategischen Autonomie ist die bestmögliche Nutzung der Möglichkeiten, die die Offenheit und das globale Engagement der EU bieten, aber auch die durchsetzungsfähige Verteidigung europäischer Interessen nach innen und nach außen vorgesehen.» (EC 2021: 1f.; EC 2021b).

In dieser Verstärkung der Sicherheits- und Verteidigungspolitik in Verbindung mit Handels- und Migrationspolitik zeigt sich der Versuch, die Krise der Integration wie auch die ökonomische Krise durch Schaffung neuer Sicherheitstechnologien und Aufrüstungsprojekte zu bearbeiten. Fehlender Konsens soll so durch eine Verbindung von «Sicherheit und rassistischen Ausschluss» (Oberndorfer 2019: 248) geschaffen werden, die Ak-

56 So wurde im Aachener Vertrag zwischen Frankreich und Deutschland, der 2019 abgeschlossen wurde, im ersten Artikel festgelegt, dass sich beide Staaten «für eine wirksame und starke Gemeinsame Außen- und Sicherheitspolitik» einsetzen und die Wirtschafts- und Währungsunion «stärken und vertiefen» (Aachener Vertrag 2019: 4).

kumulation durch Repression – oder als militarisierte Akkumulation – wieder in Schwung gebracht werden (vgl. ebd.). Insbesondere im Bereich der politischen Bearbeitung von Migration als sicherheitspolitisches Problem haben rechte Akteur*innen auf europäischer Ebene ein Feld gefunden, auf dem sie die EU weiter in Richtung autoritärer Integration pushen können. Dies vergrößert die Konfliktherde innerhalb der EU. Das Staatsapparate-Ensemble wird gleichzeitig fragiler in seinem inneren Zusammenhalt und autoritärer nach innen und außen. Die multiplen Krisen werden seit dem Brexit also einerseits ideologisch (Zukunft Europas) und repressiv (Ausbau der repressiven Staatsapparate) bearbeitet.

In dieser Situation unterbrach der Beginn der Corona-Pandemie Anfang 2020 auch auf europäischer Ebene den Gang der Dinge und setzte neue Dynamiken in Gang[57]. Zunächst wurde die EU vom Corona-Virus stark erschüttert und die multiplen Krisen durch eine weitere verstärkt. Die globale Ökonomie brach in kürzester Zeit so stark ein wie noch nie. Das weltweite Bruttoinlandsprodukt schrumpfte im Februar 2020 um 6% und im März und April lag es 20% unter dem Stand des Jahresanfangs – zum Vergleich schrumpfte es im Krisenjahr 2009 um 1,67% (vgl. Tooze 2021: 124). Kommissionspräsidentin Ursula von der Leyen sprach von einem «externen Schock durch das Virus», durch das Unternehmen «nicht verschuldet [...] in eine Notlage» geraten seien, denn sie seien «ja an sich gesund» (von der Leyen 2020). Der Terminus des «externen Schocks» verweist auf zweierlei: auf den Kern einer Legitimationsstrategie für die kommenden Maßnahmen der EU gegen die Krise und auf die Möglichkeit zu behaupten, die derzeitige Corona-Krise stehe in keinem Zusammenhang zu den vorhergegangenen Krisen. Beides folgt einer bestimmten Logik der politischen Krisenbearbeitung der EU. Die Legitimationsstrategie des «externen Schocks» versucht die anfängliche europäische Starre und Untätigkeit in den ersten Wochen der Pandemie zu erklären. Die EU spielte zu Beginn nicht nur faktisch keine Rolle in der Organisation staatlicher Maßnahmen, auch war «von Solidarität zwischen den Mitgliedsstaaten der Europäischen Union nichts zu spüren» (Vogel 2020: 5). Diese Legitimation der anfänglichen Untätigkeit war auch eine Legitimation der Fortfüh-

57 Das Folgende ist teilweise veröffentlicht in: Keil 2021a; 2021b.

rung der neoliberalen Integrationsweise, indem die Pandemie als von außen kommend markiert wurde. Damit wurden die Folgen der autoritär-neoliberalen Krisenbearbeitung nach 2008 und ihre Auswirkungen auf die Entsolidarisierungen im Beginn der Pandemie dethematisiert. Doch bei genauer Betrachtung sieht man, dass die Pandemie ein Teil der Krise des kapitalistischen Gesamtzusammenhangs ist und daher keine Naturkatastrophe, sondern eine tiefgreifende Krise der gesellschaftlichen Naturverhältnisse (vgl. Haug 2020). Sie ist damit in «doppeltem Sinne der herrschenden Wirtschaftsweise geschuldet», nämlich einmal der aus der europäischen Austeritätspolitik hervorgegangenen «Infrastrukturkrise» (Kaufmann/Muzzupappa 2020: 161) sowie grundlegend dem Problem einer «Vollbremsung» (Nachtwey 2021) für eine Ökonomie, deren maßgeblicher Zweck Wachstum ist. Nach einem anfänglichen Rückzug in den Nationalstaat kam es jedoch relativ schnell zu einer «partiellen Rückbesinnung auf die EU», wobei im weiteren Verlauf der Krise immer wieder die «zentrifugalen Kräfte innerhalb der EU» deutlich wurden (Sablowski 2020).

Eine einschneidende Änderung der EU-Politik wurde mit den Beschlüssen des außerordentlichen EU-Gipfels vom Juli 2020 erreicht (Europäischer Rat 2020). Diese haben das Paradigma des Verschuldungsverbots aufgeweicht, und insbesondere Deutschland hat hier seine Position modifiziert (vgl. Oberndorfer 2020b). Das dort beschlossene Aufbauprogramm NextGenerationEU (NGEU) sowie die Aufbau- und Resilienzfazilität (ARF) stellen für viele eine fiskalpolitische Wende dar (z.b: Fabbrini 2022: 186f.; vgl. Gehrken 2022: 734). Denn zum ersten Mal wurde es der Kommission ermöglicht, Gelder auf den Finanzmärkten aufzunehmen, um die Folgen der Pandemie in den Mitgliedsstaaten zu bearbeiten. Ausgestattet wurde NGEU mit 750 Milliarden Euro, von denen 312 Milliarden als nicht-rückzahlbare Zuschüsse zur Verfügung gestellt wurden. Die gemeinschaftliche EU-Schuldenaufnahme wurde häufig als Hamilton-Moment gefeiert – so verglich beispielsweise der damalige deutsche Finanzminister Olaf Scholz das NGEU mit der Bündelung von Kompetenzen auf der Ebene des Zentralstaats in den USA durch den ersten Finanzminister Alexander Hamilton, der einen wichtigen Schritt in der Entwicklung der USA darstellt (Scholz 2020). Auch der französische Historiker Silvain Kahn jubelte: «Die Europäische Union ist jetzt ein Staat» (Kahn

2020). Zudem wurde die Ausweichklausel für den Stabilitäts- und Währungspakt aktiviert, so dass die Verschuldungskriterien des Paktes temporär ausgesetzt wurden. Diese Maßnahmen zeigten in eine Richtung, die zu einer «gestärkten Fiskal- und damit Transferunion mit entsprechenden Kapazitäten zum Abbau wirtschaftlicher Ungleichgewichte» (Gehrken 2022: 740) führen könnten.

Schon kurz vor den Beschlüssen zu NGEU und ARF zeigte sich ein möglicher Bruch mit dem bisherigen neoliberalen Kurs der EU, ein Möglichkeitsfenster, dass sich durch die historisch kontingente Situation hätte ergeben können (vgl. Schneider/Syrovatka 2020: 343). Doch dieses Fenster war, wenn überhaupt, nur kurz geöffnet, denn einige Elemente der Beschlüsse deuteten eher darauf hin, einen pragmatischen Weg zu finden, die Wettbewerbskonstitution und die Austeritätspolitik weiterzuführen. Erstens ist das gesamte Paket temporär begrenzt und eine dauerhafte Einrichtung einer EU-Verschuldungsmöglichkeit nicht vorgesehen (vgl. Gehrken 2022: 740). Zweitens wurden die Auszahlung der Mittel aus der ARF an Reformmaßnahmen der Mitgliedsländer gekoppelt und die Prüfung der jeweiligen Pläne soll im Rahmen des Europäischen Semesters[58] (ES) geschehen, wodurch die «Eingriffsrechte der EU im Rahmen des ES weiter gestärkt» (ebd.: 741) werden. Zudem wurde die Zuweisung von Mitteln nicht nur an die Umsetzung der länderspezifischen Empfehlungen im Rahmen des ES gekoppelt, sondern auch an Empfehlungen zum ökologischen und digitalen Wandel (sogenannter Green Deal) sowie zur Stärkung der wirtschaftlichen und sozialen Resilienz des Mitgliedsstaates (vgl. Oberdorfer 2020b: 19). Auf der Ebene demokratischer Entscheidungsprozesse bedeutet dies vor allem Aufwertungen der Kommission sowie des Rats, aber nicht des Parlaments. In einer Entschließung des EP vom 23.7.2020 zu der kurz zuvor beschlossenen Einrichtung von NGEU und ARF heißt es, das EP «lehnt den Standpunkt des Europäischen Rates zur Verwaltung der Aufbau- und Resilienzfazilität ab, mit dem von der Gemeinschaftsmethode abgewichen und eine rein zwischenstaatliche Zusammenarbeit angestrebt wird; [...] fordert eine

58 Das Europäische Semester ist Teil des Rahmens der wirtschaftspolitischen Steuerung der EU und wurde 2010 beschlossen und 2011 eingeführt. Es führt politische Koordinierungselemente zusammen und stützt die ökonomische Ausrichtung der EU.

demokratische und parlamentarische Ex-ante-Kontrolle und folglich seine Beteiligung an delegierten Rechtsakten sowie seine Einbeziehung in die Ex-post-Kontrolle, ob die Mittel im Rahmen der Aufbau- und Resilienzfazilität sinnvoll und im Interesse der Unionsbürger und der EU ausgegeben werden und ob mit ihnen ein echter Mehrwert für die EU geschaffen wird und die wirtschaftliche und soziale Resilienz gefördert werden» (EP 2020b). Damit reagierte das Parlament auf den Beschluss des Rates, die «Bewertung der Aufbau- und Resilienzpläne [...] vom Rat mit qualifizierter Mehrheit auf Vorschlag der Kommission im Wege eines Durchführungsrechtsakts» billigen zu lassen (Europäischer Rat 2020: 7), d.h. unter Umgehung des Parlaments. Die fiskalpolitischen Maßnahmen zur Bearbeitung der Corona-Krise waren also kein eindeutiger Weg in eine neue europäische Staatlichkeit mit erweiterten fiskalpolitischen Möglichkeiten jenseits neoliberaler Formen, sondern vielmehr ein widersprüchlicher Prozess, in dem einerseits Kompetenzen auf EU-Ebene zumindest temporär erweitert wurden, andererseits Konflikte zwischen den Institutionen hervorgerufen wurden und zugleich der neoliberale Pfad pragmatisch weiterverfolgt wurde. Die Konflikte um NGEU und ARF traten vor dem Gipfel im Juli 2020 offener zu Tage.

Dabei formierte sich eine Gruppe von vier Mitgliedsstaaten (Niederlande, Österreich, Schweden, Finnland), die als die «geizigen Vier» bezeichnet wurden, da sie sich unter anderem mit einem Non-Paper vehement gegen die Möglichkeit der EU-Gemeinschafts-Verschuldung stellten (Frugal Four 2020; vgl. de la Porte/Jensen 2021). Auch wenn die Pläne der EU von Deutschland und Frankreich unterstützt wurden, zeigte sich hier die Wirkmächtigkeit einer dogmatischen Aufrechterhaltung des SWP und des Verschuldungsverbots, also der Austeritätspolitik. Aber die Konfliktlinien in den Auseinandersetzungen um die Bearbeitung der Corona-Pandemie verliefen nicht nur um die Fragen der Verschuldung und der Fiskalpolitik. Die Konflikte um die Corona-Maßnahmen wurden flankiert und durchzogen von den Konflikten um Rechtsstaatlichkeit und den europäischen Green Deal (vgl. de la Porte/Jensen 2021). Insgesamt zeigt sich, dass auch in der Corona-Krise die anderen Krisen weiter wirksam blieben und sie sich neu verknüpft haben. Während jedoch in der Euro- und Finanzkrise wie auch in der Krise des Migrationsregimes linke Bewegungen und Parteien noch eine

Rolle spielten, so waren diese in den Konflikten um die Corona-Maßnahmen kaum noch als eigenständige Akteur*innen präsent. Die EU bewegt sich weiterhin in einem von multiplen Krisen durchzogenen mehrdimensionalen Konfliktfeld, in dem die Kräfte einerseits in Richtung eines schrittweisen Ausbaus europäischer Staatlichkeit ziehen und andererseits erhöhte Widerstände der Mitgliedsstaaten sowie verstärkte Interessenskonflikte zwischen diesen bemerkbar sind. Die jüngste Geschichte der Europäischen Integration ist auch eine des Oszillierens zwischen Integration und Desintegration, oder genauer: autoritärer Integration und autoritär-nationalistischer Desintegration.

3.6 Posthegemoniale Konstellation? Kurze Einordnung des gegenwärtigen (Des)Integrationsstandes[59]

Die widersprüchlichen Prozesse der europäischen Krisenbearbeitung stellen sich also dar als gleichzeitiger schrittweiser oder inkrementeller Staatsausbau, d.h. die europäischen Apparate erhalten mehr Kompetenzen (vgl. Gehrken 2022: 737), wobei zugleich die Desintegrationskräfte erhöht wurden. So sehr mit NGEU und Green Deal ein neues ökonomisches Wachstums- und Entwicklungsmodell von der EU angestrebt wird, das für einen neuen innereuropäischen Konsens über die Zukunft der EU führen soll, so wenig soll an der prinzipiellen wettbewerbsförmigen Ausrichtung verändert werden (vgl. Ryner 2021).

Ideologisch flankiert wurden diese Prozesse durch die Konferenz für die Zukunft Europas, auf der eine neue Form der Bürger*innenpartizipation erprobt wurde. In vier thematischen Bürger*innenforen wurden zentrale politische Bereiche der politischen Entwicklung der EU besprochen, was in einem Katalog von 49 Empfehlungen mit über 300 Einzelvorschlägen für Maßnahmen resultierte (Konferenz für die Zukunft Europas 2022: 45ff.). Allerdings ist trotz der Initiative des Europäischen Parlaments bis heute unklar, welche Konsequenzen daraus für die Institutionen folgen sollen. Diese neue Form deliberativer Partizipation (vgl. Abels et.al. 2022) stellt damit nur einen sehr unzulänglichen Versuch dar, die EU zu demokratisieren. Vielmehr

59 Zum Begriff der posthegemonialen Konstellation vgl. ausführlich Keil 2023.

muss dieser unzulängliche Versuch vor dem Hintergrund der autoritären Entwicklungen der EU gesehen werden, die durch ideologische Maßnahmen flankiert werden. Die Geschichte der Europäischen Integration ist insgesamt eine der Vertiefung, die durch massive Konflikte hindurch erfolgte und weiter erfolgt. Dass in der Gegenwart der multiplen Krisen sich auch die Konflikte vermehren, ist dabei Ausdruck der Erosion des Vermittlungsvermögens zwischen Kapitalakkumulation und sozialer Legitimation durch die EU (vgl. Ryner 2019: 90). Das europäische Staatsapparate-Ensemble ist dabei immer noch weit davon entfernt, ein kohärentes Staatsprojekt auszubilden, vielmehr sehen wir eine autoritäre Rekonfiguration, die sich vor allem in der Erweiterung der Kompetenzen der Sicherheits- und Repressionsapparate zeigt und der mit allen Mitteln fortgeführten neoliberalen wettbewerbsförmigen Integrationsweise. Dazu kommen vielfache Verschiebungen nach rechts in vielen Mitgliedsländern. Erfolge und Regierungsbeteiligungen rechter bis (post)faschistischer Parteien wie in Italien, Ungarn oder Polen sowie der in vielen Mitgliedsländern ebenfalls stattfindende autoritäre Umbau des Staates erhöhen die Desintegrationstendenzen. Demokratische Formen der Partizipation schwinden oder werden so rekonfiguriert, dass sie zwar den autoritären Umbau ideologisch begleiten, aber die Aufnahme von subalternen Interessen, insbesondere Interessen an einer anderen ökonomischen Ausrichtung, systematisch verunmöglichen. Dabei ist eine Konstellation entstanden, die ich posthegemonial nennen würde, da sich das Verhältnis von Staat(lichkeit) zu Gesellschaft autoritär rekonfiguriert hat, staatliche Zugriffe erweitert wurden bei gleichzeitiger Verringerung von Partizipations- und Abwehrrechten. Es wird kein hegemonialer Konsens mehr produziert, sondern die Multiplizität der Krisen autoritär bearbeitet. Dadurch verstärken sich verschiedene autoritäre Entwicklungen dramatisch gegenseitig. Zu beobachten ist dies gerade bei den neuen Anläufen zur Abschaffung des Asylrechts in Europa. In diesen Konflikten wird die autoritäre Ausrichtung des Grenzschutzes der EU von (post)faschistischen Politiker*innen wie der Italienischen Ministerpräsidentin Meloni noch weiter verstärkt und gesellschaftliche Kräfte, die die Abschottungspolitik ablehnen und die Einhaltung grundlegender Menschenrechte anmahnen werden zunehmend marginalisiert. Materialistische Europakritik muss allerdings die auch in diesen zunehmenden autoritären Schließungsprozessen auftretenden Widersprüche wahrnehmen und analysieren. Eine eindimensionale Sicht auf diese multidimensionale Krisenformation führt ebenfalls zu reaktionären Folgen.

4 Herausforderungen und blinde Flecken: Europäische Staatlichkeit, europäische Identität und die Gegenwart des Kolonialismus

Die kurze Skizze der Geschichte der europäischen Integration hat deutlich gemacht, dass sie eine Geschichte von Krisen, gesellschaftlichen Kämpfen und Konflikten ist, in denen die Ökonomie zwar eine große Rolle spielt, die politischen und sozialen Dimensionen aber eigenständige Dynamiken aufweisen. Die besondere Form der Europäischen Union ist dabei weder einfacher Reflex der ökonomischen Verhältnisse des transnationalen Kapitals noch eine politische Übereinkunft zur Erreichung von Freiheit und Gleichheit und zur Überwindung des Nationalstaats. Sie ist vielmehr zu verstehen als eine spezifische Rekonfiguration von Staatlichkeit, die durch viele gesellschaftliche Kämpfe vor einem besonderen historischen Hintergrund entstanden ist bzw. durchgesetzt wurde. Krisen und gesellschaftliche Kämpfe um deren Bearbeitung sind die Modi, durch die sich Herrschaft reproduziert. Jene Kämpfe drehen sich immanent auch um das Verhältnis von Staat und Gesellschaft und um das räumliche Arrangement politischer Institutionen. Mit dem Verhältnis von Staat und Gesellschaft ist damit einerseits die Reichweite staatlichen Handelns in nicht-staatliche Bereiche hinein gemeint, wozu auch umgekehrt die Einflussmöglichkeiten Nicht-Staatlicher Akteur*innen / der Bevölkerung auf staatliche Entwicklung zählt. Zum anderen gehört dazu auch die innere Kohärenz von Staatlichkeit, der innere Zusammenhang der Staatsapparate, der nicht a priori gegeben ist, sondern sich nur über gesellschaftliche Kämpfe herstellt, sich wie ein Staatsprojekt durch Kämpfe hindurch ausbildet. Das Besondere der europäischen Staatlichkeit ist, dass sie nicht nur einfach zu den nationalstaatlichen Apparaten hinzutritt als feste Institutionen intergouvernementaler Verträge und Abkommen, sondern eine relative Eigenständigkeit erlangt hat und sich tatsächlich eine Form trans/supranationaler Staatlichkeit materialisiert hat, die jenseits eines klassischen Staatsverständnisses liegt.

Während ein solches Verständnis «den Staat – im Anschluss an die Überlegungen von Georg Jellinek und Max Weber – als ein hochzentralisiertes Gebilde und unitarischen Akteur» (Bieling 2019: 121) versteht, so analysiert kritische materialistische Europaforschung den Staat als ein durch Kämpfe hindurch hergestelltes Ensemble von Apparaten. Gerade die theoretische Bestimmung Jellineks (1905: 381ff.) der drei Elemente des Staates – Staatsgebiet, Staatsvolk, Staatsgewalt – zeitigt demokratietheoretische Effekte, die Konsequenzen haben, die zwar im Bereich der Demokratietheorie viel, im Bereich kritisch-materialistischer Europaforschung aber eher wenig diskutiert werden. Denn die Entwicklung der EU stellt nicht nur den räumlichen Zusammenhang von Staatlichkeit in Europa auf besondere Weise neu her, sondern auch die Frage, was denn das «Staatsvolk» ist, wird neu gestellt. Anders gesagt entwickelt sich mit dem europäischen Staatsapparate-Ensemble auch eine neue Form des Staatsgebiets, eine neue Form von Territorialität, und damit auch eine neue Form des «Staatsvolks», denn die politische Zugehörigkeit der Einzelnen wurde durch europäische Bezugspunkte verändert und erweitert. Damit wurde auch die gesellschaftlich-materielle Grundlage der Nation, der Form, in der sich die Zugehörigkeit zu einem politischen Herrschaftsgebiet historisch-strukturell herausgebildet hat, verändert und europäisiert. Es entwickelten sich dabei in einer spezifischen Weise Elemente einer europäischen Identität heraus, die die nationale nicht ablöst, sondern sich mit dieser verbindet und dabei die Dimensionen der Ausgrenzung, die in der Nation / nationalen Identität angelegt sind, reproduziert.

Fragen, die mit der Entwicklung einer europäischen Identität aufgeworfen werden, sind bisher hauptsächlich Bestandteil demokratietheoretischer Debatten, die sich um die Möglichkeit einer europäischen Identität als Grundlage einer europäischen Demokratie drehen. In kritisch-materialistischen Arbeiten bleiben viele Aspekte dieses Komplexes unterbelichtet[60]. Die de-

60 So wird das Problem europäischer Identität teilweise gar nicht verhandelt (z.B. Forschungsgruppe Staatsprojekt Europa 2014), nur am Rande demokratietheoretischer Überlegungen erwähnt (z.B. Abels/Wilde 2016) oder nur im Kontext rechts-autoritärer Parteien als nationale Identität verhandelt (so bei Salzborn 2020). Allerdings werden insbesondere im Bereich der raumtheoretischen Analyse viele wichtige Erkenntnisse auch für eine kritisch-materialistische Theorie europäischer

mokratietheoretischen Debatten bewegen sich in der Beantwortung der Frage, ob europäische Identität möglich und nötig sei (vgl. Habermas 2004: 68ff.) zwischen den zwei Gegensätzen der Verneinung und Bejahung. Die jeweiligen Antworten auf diese Frage sind verknüpft mit der Frage nach Behebung des Demokratiedefizits der EU und damit, ob ein europäischer Demos entstehen könne, der durch die europäischen Institutionen repräsentiert wird.[61] Die No-Demos-These, also die Verneinung der Existenz eines europäischen Demos, vertritt exemplarisch Kielmannsegg, der «bisher keine belastbare politische Identität der Europäer als Europäer» (2009: 228) sieht.

Begründet wird diese These damit, dass Europa «keine Kommunikationsgemeinschaft, kaum eine Erinnerungsgemeinschaft und noch immer nur sehr begrenzt eine Erfahrungsgemeinschaft» sei (ebd.). So gäbe es also keine der nationalen Identität entsprechende europäische kollektive Identität, folglich könne es auch keinen europäischen Demos geben. Die Gegenthese dazu vertritt exemplarisch Habermas. Im Unterschied zu Kielmannsegg, der Erinnerung, Geschichte und Sprache ins Zentrum seines Begriffs nationaler Identität stellt, rückt Habermas Rechte und Verfassungspatriotismus ins Zentrum. «Indem sich Identifikation mit dem Staat in eine Orientierung an der Verfassung verwandelt, gewinnen die universalistischen Verfassungsgrundsätze gewissermaßen Vorrang vor den partikularen Einbettungskontexten der jeweils eigenen nationalen Geschichte des Staates.» (Habermas 2004: 78) Darin liegt auch eine normative Hoffnung auf eine nicht-ausschließende kollektive, da europäische Identität, die in den Verfassungsgrundsätzen eingebettet sei, auch keinen äußeren Feind brauche, auch weil es in der nationalistischen Vergangenheit einen inneren habe (Kohli 2002: 127f.). Auf dieser Ebene verknüpft sich mit europäischer Identität ein Fortschrittsgedanke, der europäische Demokratie als Überwindung einer nationalistischen Vergangenheit durch die zivilisierende Kraft des Rechts setzt (vgl. Habermas 2011).

Nicht unterschlagen werden sollen Ansätze, die zwischen diesen beiden Positionen liegen und eine Vermittlung zwischen

---

Identität bereitgestellt (vgl. z.B. Buckel 2013; Wissel 2015; Wissel/Wolff 2016).

61 Zur Demokratiedefizit-These vgl. Abels 2020; Abels/Wilde 2016; Tobler 2010. Eine Übersicht über Ansätze zur Europäischen Identität bietet Wiesner 2020.

nationaler und transnationaler/europäischer Ebene vornehmen. So versuchten Beck und Grande mit dem Begriff des «kosmopolitischen Europas» ein neues Narrativ zu erzeugen, welches ein drittes darstellen sollte zwischen Nation und Europa (Beck/Grande 2007: 14). Europäische Identität erwachse demnach aus der Re-Imagination des Nationalen und dem Wandel kollektiver Identität weg von einer nationalen Erinnerungsidentität hin zu einer, die sich aus gemeinsamen Risiken, die aus der Zukunft drohen, speise (vgl. Beck/Levy 2013: 6).

Die Verknüpfung von europäischer Identität mit der Zukunft findet sich auch bei Weidenfeld, der angesichts der vielen Krisen und der speziellen Form der EU die Besonderheit der Herausforderungen betont: «Heute die Frage nach der Identität Europas aufzuwerfen, bedeutet eine intellektuelle Herausforderung besonderer Art. So wie die Europäische Union ein Gebilde sui generis ist, so ist auch die Notwendigkeit einer tragfähigen Zukunftsperspektive für Europa eine Herausforderung sui generis.» (Weidenfeld 2019: 24) Hinzu treten Weltmarktstrukturen, die insbesondere durch Migration kosmopolitisierende Effekte zeitigen und so zur Re-Imagination des Nationalen beitragen, das nicht aufgelöst werde, sondern als Vermittler zwischen Individuum und kosmopolitischen Horizont fungiere (Beck/Levy 2013: 10). Auch hier scheint die normative Hoffnung durch, dass die kosmopolitisch-nationale Identität die «Ideale und Prinzipien, für die Europa im Kern immer schon stand und steht» (Beck/Grande 2007: 15), durchsetzen könne.

In diesem Spannungsfeld zwischen der demokratietheoretischen Frage, ob europäische Identität und damit ein europäischer Demos möglich und notwendig sei und einer ins normative gehenden Re-Imagination des Nationalen durch europäische und kosmopolitische Ideale und Prinzipien lassen sich zwei Elemente herausarbeiten, die auch für eine materialistische Betrachtung notwendig sind. Erstens die (möglicherweise banale) Erkenntnis, dass mit der Entwicklung supranationaler Institutionen auch neue politische Bezugspunkte geschaffen werden, die die Bestimmung der Allgemeinheit verändern. Und zweitens, dass dies einhergeht mit neuen Erzählungen und einer Re-Imagination von Geschichte und Historizität. Diese Erzählungen und ihre Historizität wandeln sich allerdings, was wiederum mit den verschiedenen Integrationsphasen sowie den jeweiligen Gesellschaftsformationen, der staatlich-institutionellen Konfiguration in einer spezifischen Akkumulationsweise, verbunden ist. Ganz grob lassen sich dabei vier Phasen unterscheiden: erstens die Nachkriegsphase, in der eine auf die Zukunft gerichtete Historizität die unmittelbare Vergangenheit als «black box» ausblendete und in der ein Narrativ vom ökonomischen Erfolg, Frieden und Versöhnung etabliert wurde (vgl. Manners/Murray 2016; Calligaro 2015). Zweitens die Krise der 1970er, als sowohl Integration als auch ökonomisches Wachstum in die Krise gerieten und in der sich eine auf die Gegenwart ausgerichtete Historizität etablierte, ein Presentismus, der sowohl Vergangenheit als auch Zukunft weitgehend ausblendete, aber weiterhin mit einer teleologischen Historiographie der Integration verbunden blieb (vgl. Calligaro 2015: 6). Drittens die vertiefte Integrationsphase inklusive Erweiterung nach 1992, die vor allem die Vergangenheit neu ins Zentrum rückte. «The end of the Cold War marked either the beginning or the intensification of memorial debates at the domestic level» (ebd.: 9). Auf nationaler Ebene spielte vor allem die Neuausrichtung der Vergangenheitspolitik in Deutschland nach der Einheit eine prägende Rolle, da sich diese als «Deutsche Industrie-Norm» des Gedenkens in Europa als Vorbild durchsetze (Garton Ash 2002: 33; vgl. Keil 2015b). Auf europäischer Ebene trat nach der Osterweiterung das Problem der Erinnerung des Stalinismus zu dem der Erinnerung des Nationalsozialismus / der Shoah hinzu. «Since then, eastern European states have attempted to promote an alternative narrative of Europe`s past, according to which Nazi and Stalinist crimes are comparable and should, as such, occupy an equally significant place in EU commemoration and identity policies.» (Littoz-Monnet 2013: 490) Diese Phase wird unten nochmals breiter thematisiert. Die vierte Phase schließlich beginnt mit der Suche nach einem neuen europäischen Narrativ, die nach der Verleihung des Friedensnobelpreises an die EU 2012 einsetzte und die Zukunft wieder versuchte ins Zentrum zu rücken (vgl. Murray/Manners 2016).

Diese kurze Phaseneinteilung sagt auch etwas über die Entwicklung europäischer Identität aus, denn einerseits sind damit wichtige Elemente einer kollektiven Identitätsbildung benannt und andererseits scheint auf, dass die Identitätsvorstellungen und -narrative an die materielle Wirklichkeit der Integration, ihrer apparativen Ausgestaltung sowie ihrem Zusammenhang mit der ökonomischen Entwicklung gekoppelt sind. Die Identitätsfrage bekam vor allem nach der qualitativen Veränderung der Integration nach dem Maastrichter Vertrag Bedeutung, da sich die materiellen Grundlagen kollektiver Identität deutlich wandelten.

Beispielhaft beschrieben werden kann dies an zwei Ereignissen in den 1970er Jahren. 1973 wurde auf dem Gipfel von Kopenhagen ein Dokument über die Europäische Identität verfasst, das dazu dienen sollte, «ihre Beziehungen zu den übrigen Ländern der Welt sowie ihre Verantwortlichkeiten und ihren Platz in der Weltpolitik näher bestimmen [zu] wollen» (Europäischer Rat 1973: 2). Kurze Verweise auf ein «gemeinsames Erbe» bleiben dabei vollkommen unbestimmt und werden hauptsächlich im Kontext «gemeinsamer Interessen» in der Suche nach einer neuen Stellung der Europäischen Gemeinschaft in der krisenhaften Weltwirtschaft thematisiert (ebd.) Der hier formulierte Wunsch einer weiteren Vertiefung der Integration wurde in den nachfolgenden Jahren der Integrationskrise der 1970er Jahre nicht erfüllt. Erst 1979 kam es mit der ersten Direktwahl zum Europäischen Parlament zu einem Schritt der vertieften Integration. Auf der Eröffnungssitzung hielt die Alterspräsidentin Louise Weiss eine Rede, in der sie das Fehlen einer europäischen Identität beklagte: «Die Institutionen haben europäische Zuckerrüben, Butter, Kälber und sogar Schweine zustande gebracht, aber keine europäischen Menschen» (Weiss 1979: 115). Der Vorsprung der ökonomischen vor der politischen Integration war immens, aber zugleich waren auch mit der Direktwahl noch keine ausreichenden institutionellen Strukturen für eine europäische Identität geschaffen. Die Antwort auf die Fragen, ob ein europäischer Demos oder eine europäische Identität möglich seien hängt daher nicht von normativen Einschätzungen ab, sondern von gesellschaftlicher Praxis. Wobei umgekehrt auch die divergierenden Einschätzungen als spezifischer Teil gesellschaftlicher Praxis um die Ausgestaltung kollektiver Identität begriffen werden müssen. Europäische Identität ist daher nichts vollkommen von nationaler Identität zu Unterscheidendes, sondern ist eine Frage von Materialität, Strukturen und deren intellektueller Bearbeitung. Um die Bedeutung und Entwicklung europäischer Identität zu fassen, muss man die Grundlagen nationaler Identität analysieren und wie sie sich im Zuge der Integration verändert haben und weiterhin verändern. Nationale Identität ist als ein zentrales Element moderner Staatlichkeit zu begreifen (vgl.

Keil 2019, 2015b). Die Frage Bendedict Andersons, wie Nation als spezifische Form gesellschaftlicher Allgemeinheit überhaupt denkbar wurde (Anderson 1996), lenkt den Blick auf die Entstehung moderner Staatlichkeit / politischer Herrschaft und auf ein modernes Zeitregime, dass politische Herrschaft in einer konstruierten Vergangenheit legitimatorisch fundiert. Die allgemeinen Merkmale der Nation – definiertes Territorium, Mythen und historische Erinnerungen, eine gemeinsame Kultur, Rechte und Pflichten für alle Mitglieder der Nation sowie eine gemeinsame Ökonomie (vgl. Langewiesche 2000, 18) – müssen auf ihre materiellen Voraussetzungen hin analysiert werden.

4.1 Territorium und Tradition: Grundlagen der Produktion eines gesellschaftlich Allgemeinen in der Nation[62]

Da ich Nation / nationale Identität als eng verbunden mit moderner Staatlichkeit begreife, werde ich im Folgenden in aller Kürze drei zentrale Elemente der Nationsbildung (Territorium, Nationale Geschichte, Verhältnis der Einzelnen zur Nation) staatstheoretisch verorten.[63] Ausgangspunkt der folgenden Überlegungen ist die Bestimmung des Staates bei Poulantzas, die ich formanalytisch lese. Das bedeutet, zunächst von der konstitutiven relativen Trennung von Politik und Ökonomie auszugehen, die sich aus den spezifischen Reproduktionsprozessen kapitalistischer Vergesellschaftung ergibt. Deren konfliktive gesellschaftlichen Verhältnisse von Ausbeutung und Mehrwertaneignung verselbständigen sich einerseits in der Wertform, andererseits etabliert sich damit ebenfalls die außerökonomische Zwangsgewalt, die als von der Gesellschaft (und der Ökonomie) getrennte erscheint. Da die konfliktiven Reproduktionsverhältnisse, würden sie rein als ökonomische verstanden, die Synthesis nicht gewährleisten könnten, stellt sich jene in gleichzeitig realer und illusorischer Form im Staat her. Der Staat ist daher «nicht nur ein von den sozialen Klassen getrennter Gewaltapparat, sondern in ihm drückt sich zugleich – wenn auch in fetischisierter, verdinglichter und verobjektivierter Weise – die politische Ge-

62 Der folgende Abschnitt ist eine Überarbeitung aus Keil 2019.

63 Eine ausführliche theoretische Bestimmung findet sich in Keil 2015b.

meinschaftlichkeit der kapitalistischen Gesellschaft aus: er ist die zugleich illusorische und reale Form, die das Gemeinwesen unter den herrschenden Vergesellschaftungsprinzipen annehmen muß». (Hirsch 1994: 167)

Gemeinschaftlichkeit oder Allgemeinheit ist in diesem Sinne immer prekär und resultiert konkret aus den gesellschaftlichen Kämpfen, die sich wiederum vermittelt im Staat materiell verdichten (vgl. Poulantzas 2002). Aufgrund der Vielzahl gesellschaftlicher Interessen und Konflikte institutionalisiert sich der Staat nicht als monolithischer Block, sondern vielmehr als Ensemble von Apparaten, deren Einheit wiederum von der Bildung eines instabilen Kompromissgleichgewichts abhängt, und damit davon, inwiefern es Klassen(fraktionen) gelingt, einen hegemonialen Block an der Macht zustande zu bringen. Gleichwohl bedeutet Verdichtung und Materialisierung hierbei, dass sich der Staat auch in relativer Autonomie zu den gesellschaftlichen Kämpfen etabliert, deren Resultate sich nicht unmittelbar niederschlagen. Und, das ist hier ein entscheidender Punkt, dies bedeutet eine materielle Form für die geführten Kämpfe, einen Rahmen, in dem grundsätzliche gesellschaftliche Strukturierungen eingelassen sind. Hierzu zählt insbesondere die spezifische gesellschaftliche Raum-Zeit-Konstellation, die ein maßgebliches Fundament für die Konstruktion der Nation darstellt.

Die Verhältnisse, die Menschen in der arbeitsteiligen Warenproduktion eingehen müssen, sind auch als «Set räumlicher Beziehungen» (Smith 2007: 68) zu begreifen. Abstrakt produzieren diese räumlichen Beziehungen einen «seriellen, fraktionierten, diskontinuierlichen, parzellierten, zellenförmigen und irreversiblen» (Poulantzas 2002: 135) gesellschaftlichen Raum, der potentiell über die gesamte Welt ausgedehnt werden kann, und der gleichzeitig Grenzen und Einschlüsse beinhaltet. Daher drückt sich in der Materialisierung der Raummatrix der Widerspruch zwischen der realen und abstrakten Universalität des Wertverhältnisses und der gleichzeitigen Fragmentierung und Konstituierung dessen im Partikularen des Eigentums an den Produktionsmitteln und ihrer Zusammenfassung im Gesamtkapital aus. Zentral ist hierbei die Entstehung moderner Grenzen, die klar Innen und Außen festlegen, wodurch erst die räumliche Konkretisierung als Territorium möglich wird.[64] Die Materialität

64 Vgl. zum Folgenden: Keil 2013.

des Raumes als Territorium darf nun nicht ökonomistisch missverstanden werden, sondern muss als Set von Beziehungen begriffen werden, das insgesamt kapitalistische Gesellschaft konstituiert. Dazu gehören die Ausbeutungsverhältnisse, Rechtsverhältnisse, die die Einzelnen auch als einzelne Subjekte hervorbringen, Herrschafts- und Gewaltverhältnisse, die sowohl die Rechtsverhältnisse als auch die Ausbeutungsverhältnisse garantieren. Das Territorium stellt sich so dar als bestimmtes Innen, das Zielscheibe der im Staat materialisierten Gewalt als Herrschaft ist, auf dem zudem die Einzelnen zu Rechtssubjekten (und damit Staatsbürger*innen) individualisiert und gleichzeitig deterritorialisiert (von alten Bindungen an den Boden befreit) und eingerastert und homogenisiert werden (vgl. ebd., 136). Die Formierung der fundamental gespaltenen Gesellschaft ist daher eine territoriale: die in der gesellschaftlichen Arbeitsteilung und deren Synthesis über den Wert liegende Universalität, in der Form der abstrakten Gleichheit der Einzelnen wie auch dem universalen Ins-Verhältnis-Setzen aller Menschen, verkehrt sich in die Partikularität der konkret ungleichen Individuen und räumlichen Einheiten. Die gewaltförmig-abstrakte Gleichheit setzt sich als politische Herrschaft über ein abgegrenztes Territorium.

Verknüpft mit dieser Räumlichkeit ist eine spezifische Zeitlichkeit, die ebenfalls eine immanente Dialektik des Abstrakten und Konkreten auszeichnet, und die so strukturiert ist, dass konkrete Handlungen und Ereignisse durch sie geformt werden. Zeit wird zum Maßstab des Bewegens im Raum. Zugleich ermöglicht diese Form der Zeit moderne Historizität und liegt damit der Geschichtsschreibung und Erfindung nationaler Geschichte zugrunde. Im Staat materialisieren sich sowohl der Raum als Territorium als auch damit verknüpft die Zeit als nationale Geschichte. «Der kapitalistische Staat setzt die Grenzen, indem er das konstituiert, was innen ist – Volk und Nation –, und das Vorher und Nachher des Inhalts dieser Einfriedung homogenisiert. Die nationale Einheit, die moderne Nation, wird so zur Historizität eines Territoriums und zur Territorialisierung einer Geschichte, zur nationalen Tradition eines Territoriums, die sich im Nationalstaat materialisiert.» (Poulantzas 2002: 147) Damit ergibt sich eine Grundstruktur, die aus einem begrenzten Territorium, einer damit verknüpften nationalen Geschichte, einer nach außen gerichteten Abgrenzung und nach innen gerichteten Homogenisierung besteht, in der sich politische Herrschaft in Form des Staates als mit einer naturalisierten Nation verbunden setzt. Darin konstituieren sich somit auch Ein- und insbesondere Ausschlüsse, die sowohl äußere wie auch innere Nicht-Zugehörige produzieren.

4.2 Nationale und Europäische Identität – Transformationen von Territorium und Tradition

In der Krise der 1970er Jahre setzten auch Veränderungen gesellschaftlicher Räumlichkeit ein, die als Prozesse der De- und Reterritorialisierung gefasst werden können. In der Überakkumulationskrise löste sich der Raum-Zeit-Nexus des Fordismus auf, da die Widersprüche der Kapitalakkumulation in diesen Verhältnissen nicht mehr prozessieren konnten. Strategien der Verzeitlichung von Akkumulation sowie damit einhergehenden räumlichen Rekonfigurationen führten zu einer Suche nach einem neuen spatio-temporal-fix (Harvey 2005). Dabei entstand allerdings keine neue stabile Konfiguration, sondern das permanente Problem der Überakkumulation brachte eine «Serie temporärer raum-zeitlicher Fixierungen» hervor, «die nicht einmal auf mittlere Sicht die Probleme der Überakkumulation in den Griff bekamen» (Harvey 2005, 109), so dass es zu einer «Abfolge scheiternder spatial fixes» (Belina 2011, 245ff.) kam. Kurz gesagt ist die EU sowohl Ausdruck von als auch aktiver Versuch der Entwicklung einer neuen raumzeitlichen Anordnung zur Bearbeitung der Dauerkrisen. Allerdings muss auch, wie die Geschichte der Europäischen Integration gezeigt hat, diese Suche als umkämpfter Prozess verstanden werden.

Mit dem Vertrag von Maastricht entstand eine neue Anordnung des europäischen Raums. Einmal durch zudem die «Schaffung eines Raums ohne Binnengrenzen» und die «Errichtung einer Wirtschafts- und Währnungsunion» (Art.B. VEU). Damit verbunden war die vertragliche Vereinbarung zur «Beseitigung der Hindernisse für den freien Waren-, Personen-, Dienstleistungs- und Kapitalverkehr» (Art.3c VEU). Und schließlich war ein entscheidendes Element die Einführung der Unionsbürgerschaft (Art.8 VEU). «Der Raum der EU wurde dadurch zu einem Raum staatlichen Ordnungshandelns, das fortan alle gesellschaftlichen Bereiche adressiert und an das Ordnungshandeln auf nationalstaatlicher Ebene anschließt.» (Jureit/Tietze 2016: 361) Die Bewertung des europäischen Raums bleibt dabei aber umstritten, denn mit den Integrationsschritten wurde zwar eine europäische Bezugsebene ausgebildet, aber die nationalen dadurch nicht aufgelöst. Ebenso wie europäische Staatlichkeit die nationale verändert und neu verwebt. Dies führt einerseits zur Annahme, dass in den Europäisierungsprozessen ganz unterschiedliche räumliche Strategien unter dem Stichwort Europäisierung versammelt werden, die räumlich unterschiedlich sind, weshalb die EU nur ein Geflecht von entterritorialisierten Räumen wäre (vgl. Deger 2007: 146). Oder zur Annahme einer «postsouveränen Territorialität» (Jureit/Tietze 2016), die sich dadurch auszeichne, dass die europäischen Bezugspunkte dazu führen, die klassischen Souveränitätsansprüche zu verändern und zu einer «geteilten, sich überlappenden» (Jureit/Tietze 2015: 8) Souveränität zu entwickeln. Die materialistische Perspektive erkennt in diesen widersprüchlichen Prozessen das Entstehen multipler räumlicher Bezugspunkte und eines multiskalaren europäischen Staatsapparateensembles, das durch kooperativ-kompetitives Zusammenspiel und die Durchdringung verschiedener räumlicher Skalen gekennzeichnet ist (Wissel/Wolff 2017: 239). Diese Anordnung könnte mit dem Begriff der Diffusionierung des Raums erfasst werden, der die Ausbildung einer europäischen Territorialität als polyvalenter, chaotischer Fusionierung weiterhin wirkmächtig bleibender nationaler Territorien wie auch die darin eingebettete Multiplizierung räumlicher Bezugspunkte sozialer Verhältnisse markieren soll (vgl. Keil 2015b: 175ff.). Zwei Elemente sind für die Entwicklung einer europäischen Territorialität als Voraussetzung einer europäischen Identität besonders wichtig: die Erschaffung einer gemeinsamen Außengrenze und die Unionsbürgerschaft. Beides trägt zur Territorialisierung der EU bei und erschafft neue Kampffelder um (politischen) Ein- und Ausschluss – hier muss europäische Identität analog zur nationalen Identität als Identität durch Negation, durch Ausschluss verstanden werden.

Mit der Errichtung gemeinsamer europäischer Außengrenzen durch die Europäisierung von Migrationspolitiken im Vertrag von Amsterdam 1997 wurde die EU territorial (vgl. Buckel 2013: 49ff.). Die europäische Außengrenze erschafft ein europäisches Territorium durch die Konstitution eines nicht-europäischen Außen. Dieses Außen wird zugleich Ziel europäischer Grenzkontrollpolitiken, die darauf hinauslaufen, Migrationsbewegungen zu managen, wofür europaweite Datenbanken und biometrische Technologien eingesetzt werden (vgl. Buckel/Wissel 2010). Diese Form statistischer Erfassung der (Nicht-)Bevölkerung ist ein zentrales Element der Konstruktion eines zusammengehörigen Inneren, indem durch die Außengrenzen ein einheitliches feindliches Außen produziert wird, das im Bild des «illegalen Geflüchteten» gebündelt wird. Dieser wird zum «global Alien» (Cetti 2014). Diese europäische Territorialität verweist auf mehrerlei. Erstens dass sich eine wichtige Institution, die Grenze, des Staates verändert und europäisiert hat, dass sich dadurch, zweitens, auch die nationalstaatliche Institutionalität verändert, drittens, diese aber nicht einfach abgelöst, sondern vielmehr neu konfiguriert wird und sich damit viertens auch die räumliche Ausrichtung politischer Herrschaftsausübung europäisiert hat.

Daraus[65] folgt aber noch nicht die Homogenisierung nach innen. Einen wichtigen Schritt hin zu einer inneren Homogenisierung bildet die Unionsbürgerschaft, mit der «Entscheidungen zur Migrations- und Mitgliedschaftspolitik selbst auf die transnationale Ebene» verlagert werden (Schäfferle 2023: 271). Die Unionsbürgerschaft ist daher ein zentraler Bestandteil des Sprungs der EU «von einer bloß ökonomischen Wirtschaftsgemeinschaft zur politischen Union» und kann als «der erste Durchbruch des Staatsprojekts Europa auf dem politischen Terrain» betrachtet werden (Buckel 2011, 646) Damit wurde also ein eigenes europäisches Innen geschaffen, das direkt mit der Grenzziehung nach außen verbunden ist. «Mit dem Konstrukt der Unionsbürger_innen ist über Nacht die Bevölkerungsgruppe der Drittstaatenangehörigen, die das Außen markieren, entstanden.» (Wissel 2015: 136) Eingeführt wurde die Unionsbürgerschaft zur Bearbeitung des Demokratiedefizits der EU und zur «Stärkung des Gemeinschaftsgefühls» (Hobe 1993: 248). Sie stellt insofern eine Bürgerschaft eigener Art dar, da sie an die Staatsbürgerschaft der Einzelnen gekoppelt ist: «Unionsbürger ist, wer die Staatsangehörigkeit eines Mitgliedstaats besitzt» (Art.8 VEU). Da die Angehörigkeit zu einem Mitgliedsstaat Voraussetzung dafür ist, die Unionsbürgerschaft zu ha-

65 Dieser Abschnitt beruht auf Keil 2015b; 2019 und wurde leicht ergänzt, umgestellt und überarbeitet.

ben, also die kleinere Einheit Voraussetzung der größeren ist, war sie zunächst «eher als symbolische Politik» (Buckel 2011: 646) zu verstehen. Denn die Positivierung der Unionsbürgerrechte war zunächst nur eine Wiederholung der bestehenden Rechte der Bewegungsfreiheit unter den Bedingungen des gemeinsamen Marktes (vgl. Besson/Utzinger 2008, 185). Und das Recht der Bestimmung, wer denn staatsangehörig ist, blieb bei den einzelnen Mitgliedsstaaten liegen. «Citizenship of the Union is strictly derived from member state citizenship. This is an interesting reversal of the usual pattern in federal states, where citizenship of constituent units (if there is such a formal status) is derived from citizenship in the federation.» (Bauböck 2004, 174)

Und doch war eine Grundlage gelegt, die durch gesellschaftliche Kämpfe erweitert und verändert wurde, insbesondere durch Rechtskämpfe und die Rechtsprechung des Europäischen Gerichtshofs, der die Bedeutung der Unionsbürgerschaft über die Jahre hinweg erheblich erweiterte (vgl. Buckel 2011, 647ff., 2013, 90ff, insbesondere 99ff., Besson/Utzinger 2008). Derart wurde ein neues Allgemeines geschaffen, durch das die nationale Allgemeinheit nicht ersetzt, aber verändert und durchkreuzt wurde. Das europäische Staatsapparateensemble hat hier eine symbolisch-ideologische und auch praktische, rechtlich materielle Form der Verbindung der Einzelnen zur europäischen Allgemeinheit geschaffen. «Die Unionsbürgerschaft wird dabei zur Repräsentantin des Allgemeinen. [...] Sie bindet schließlich alle europäischen staatsbürgerlichen Subjekte ohne Unterschied in ein europäisches Projekt ein und erzeugt eine Wir-alle-Gruppe [...], die sich signifikant von den Drittstaatsangehörigen abgrenzt. Sie konstituiert so das Innen und zwangsläufig auch das Außen eines europäischen Staatsprojekts.» (Buckel 2013, 103, Herv.i.O.) Damit ist die Unionsbürgerschaft eine wichtige Grundlage für eine europäische Identität, mit der zugleich zivilgesellschaftliche Auseinandersetzungen europäisiert werden. Es ist die Grundlage für eine europäische Zivilgesellschaft, die es bisher im Vergleich zum Nationalstaat nur rudimentär gibt, die aber dennoch durch viele Initiativen von der Kommission geschaffen werden soll. Dies «zeigt eine Entwicklung, in der sich die europäischen Apparate ihren eigenen erweiterten Staat erst zu organisieren versuchen. Die Unionsbürgerschaft ist also nicht das geronnene Ergebnis zivilgesellschaftlicher Prozesse, sondern umgekehrt, sie ist möglicherweise ein Ausgangspunkt, von dem aus eine europäische Zivilgesellschaft überhaupt erst entstehen könnte.» (Wissel 2015: 136f.)

Insofern entsteht zwar eine neue Form einer sich als Allgemeinheit setzenden Partikularität, aber diese verdrängt nicht die nationale, sondern durchquert sie und wird wiederum von ihr durchkreuzt. Die territoriale Diffusionierung hat hier ihre Ergänzung. Das Verhältnis der Einzelnen zur Allgemeinheit verschiebt sich dadurch bedeutsam, was wiederum auch die Wahrnehmung von Gesellschaft beeinflusst. Daher haben sich mit den institutionellen, territorialen und rechtsförmigen Europäisierungsprozessen materielle Grundlagen der nationalen Identität verändert, so dass sie sich in gewissem Maße europäisiert hat.

4.3 Vergangenheit und europäische Identität[66]

Die Entstehung einer europäischen Territorialität durch Außengrenzen und Unionsbürgerschaft transformiert auch die Grundlagen nationaler Identität und schafft das Potenzial für eine europäische Identität. Damit sind auch Elemente erschaffen worden, einen erweiterten Staat auf europäischer Ebene zu schaffen, also eine institutionell ausgeformte europäische Zivilgesellschaft. Dies wird gefördert einerseits durch schon länger eingeführte Symbole wie die Europaflagge, die Europahymne, den Europatag (9. Mai) oder auch den Euro[67] und andererseits durch eine in den 1990er Jahren einsetzende neue Ausrichtung der Vergangenheits- und Erinnerungspolitik, die in den 2000er Jahren nochmals an europäischer Kontur gewinnt. Damit entsteht auch eine symbolische europäische Ordnung, die man mit Bourdieu als Teil der symbolischen Gewalt[68] des europäi-

66 Das Folgende ist eine Überarbeitung aus Keil 2015b: 207ff.

67 Siehe zum Beispiel hier: https://european-union.europa.eu/principles-countries-history/symbols_de, letzter Zugriff 23.10.2023. Bezüglich des Euros als Ausdruck der europäischen Wettbewerbskonstitution geht Stapelfeldt davon aus, dass in der Wettbewerbskonstitution «EU-Europa eine vollendete *Identität* erreicht: im *antirationalen* Wettbewerb, im irrationalen bellum omnium contra omnes» (Stapelfeldt 2010: 310).

68 Bourdieu hat den Begriff der symbolischen Gewalt in seiner Theorie des Staates herausgearbeitet, um auf Elemente der Herrschaftsausübung

schen Staatsapparateensembles verstehen kann. Ein zentrales Element dessen ist die Konstruktion einer Vergangenheit, einer gemeinsamen Geschichte, die alle Einzelnen eines Territoriums auch symbolisch-ideologisch über die Staatsapparate miteinander verbindet. Die Verknüpfung von Territorium und Geschichte materialisiert sich in Staatsapparaten, durch die eine kollektive Geschichte sowohl produziert als auch eingelagert wird. Insofern stellen die Neuausrichtungen in der Vergangenheitspolitik maßgebliche Teile einer symbolischen Ordnung dar, die materiell die politische Ausrichtung wie auch den inneren Zusammenhang der europäischen Staatsapparate prägen.

Auch wenn die Entwicklung europäischer Narrative in verschiedene Phasen eingeteilt werden kann, die jeweils ein eigenes Verhältnis zur europäischen Geschichte beinhalten, so veränderte sich etwas mit dem Vertrag von Maastricht grundlegend. Hierbei spielten neben der neuen Qualität der Europäischen Integration mehrere Faktoren eine Rolle. Erstens allgemein eine mit der Krisendynamik vermittelte Veränderung der Historizität europäischer Narrative. Grob gesagt war die Historizität nach 1945 auf die Zukunft ausgerichtet, in der neoliberalen Umstrukturierung durch die Überakkumulationskrise entwickelte sich eine auf die Gegenwart ausgerichtete Historizität, die aber selbst die Ausweglosigkeit aus der Krise transportierte und ein gewichtiger Teil der Delegitimation der Integration war. Dies veränderte sich insbesondere zweitens mit dem Anschluss der DDR an die Bundesrepublik, deren neue Größe und Rolle in Europa und der Welt zu massiven vergangenheitspolitischen Selbstverständnisdebatten führte (vgl. Keil 2015b). Aufgrund der Machtposition Deutschlands in der EU hatte dies Auswirkungen auf die europäischen Erzählungen. Damit kam nach den Phasen der Zukunfts- und Gegenwartsorientierung die Vergangenheit neu ins Spiel, deren Re-Interpretation vor allem neue Legitimationsversuche der Errichtung globaler Machtstellungen im Weltmarkt fundierten. Drittens kam mit der Osterweiterung der EU die Vergangenheit des Stalinismus und seiner Opfer in die Debatte, die auch in die europäische Erzählung integriert werden musste. Die europäische Erzählung wurde also neu konfiguriert und dies nicht zuletzt in Hinblick auf das Demokratiedefizit und die Legitimationsprobleme der EU. Einen Meilenstein sollte die Verab-

aufmerksam zu machen, die der damaligen materialistischen Theorie häufig entgangen sind (Bourdieu 2014).

schiedung des Vertrags über eine Verfassung für Europa bilden, der 2004 von den Regierungschefs unterzeichnet wurde. Im europäischen Reformkonvent, der zur Entwicklung der Verfassung eingesetzt wurde, sahen manche sogar die symbolische Kraft, in der Tradition des Konvents von Philadelphia (1776), dem französischen Verfassungskonvent von 1789 oder der Frankfurter Paulskirchenversammlung einen demokratischen Aufbruch zu verkörpern (Wodak/Puntscher Riekmann 2003: 293ff.). Auch wenn der Vertrag scheiterte, da er in Referenden in Frankreich und den Niederlanden abgelehnt wurde, woraufhin sich die Staats- und Regierungschefs der EU eine «einjährige Denkpause» verordneten (Weidenfeld 2006: 15), so wurde dennoch an der europäischen Vergangenheit als Bezugspunkt und Abgrenzungsfolie für die europäische Identität gearbeitet.

Es entstand eine europäische Gedenk- und Vergangenheitspolitik, in der die EU als demokratische Antwort zunächst auf den Nationalsozialismus und Auschwitz und dann auf den «Totalitarismus» etabliert wurde. Grundlage dafür war das Ende des Ostblocks und damit auch das Ende der Nachkriegsordnung, so dass die Vergangenheit des Nationalsozialismus in Geschichte verwandelt wurde. Dadurch wurde es möglich, zunächst in Deutschland, dann in Europa den Nationalsozialismus und die Shoah als Ereignisse einer von der Gegenwart enkoppelten Vergangenheit zu thematisieren und dabei deren materielle Voraussetzungen wie auch die konkreten Entwicklungen des NS und der Shoah zu dethematisieren und sie als vage Folie des Schreckens als Gegenbild zu den demokratischen Werten und Normen der Gegenwart zu zeichnen. Die Dekontextualisierung von Auschwitz und die Historisierung des Nationalsozialismus sind zentrale Voraussetzungen für eine universalisierte Betrachtung und Bearbeitung dieser Geschichte, die wiederum Grundlage einer gemeinsamen europäischen Geschichtsschreibung oder Erzählung ist, denn so kann die Identität aus einer gemeinsamen Leidensgeschichte erzeugt werden (vgl. Jeismann 2005; Levy/Sznaider 2001, 86ff.). Aber auch umgekehrt kann man sagen, dass Europa die Voraussetzung für eine solche Versöhnung Deutschlands mit der eigenen Vergangenheit war, denn die Aufhebung der deutschen Teilung wäre ohne das Bekenntnis zu Europa und ohne Einbettung in ein vereintes Europa möglicherweise auf größeren Widerstand der deutschen Nachbarstaaten gestoßen (vgl. Hawel 2007, 176ff.).

So wie in der historischen Entstehung der Nation die Entwicklung von historischen Mythen wie auch die Durchführung von Zeremonien zur Erfahrbarmachung von nationaler Geschichte wichtig waren, so zeigt sich auch gegenwärtig die Bedeutung der Entwicklung von Gedenkzeremonien für ein europäisches Geschichtsverständnis. Das europäische «Mythendefizit» führte zur Suche nach einem europäischen Gründungsmythos, der, Anfang des neuen Jahrtausends noch mehr diskutiert und umstritten, in Auschwitz als negativem Gründungsmythos gefunden wurde (vgl. Sabrow 2003, Leggewie 2011, 15ff.). Der wichtigste Ausdruck dessen ist der 2005 «nach dem Muster der Top-Down-Institutionalisierung» (Schmid 2008, 200) als europäischer Gedenktag an die Opfer des Nationalsozialismus installierte 27. Januar[69]. Der Installation auf europäischer Ebene ging zehn Jahre vorher die Einführung als nationaler «Tag des Gedenkens an die Opfer des Nationalsozialismus» voraus (vgl. ebd., 185). Nach der anfänglich vereinzelt geäußerten Kritik, dass sich Deutschland durch die Erinnerung an diesen Tag an die Seite der Opfer und Siegermächte stelle, etablierte sich der Gedenktag als Staatsakt mit einer festen Zeremonie (ebd., 186f.). Insbesondere die Betonung der Opfer und die Ausblendung der Täter*innen, die schon zu den Hauptmotiven der deutschen Vergangenheitsdebatten zählte, wiederholen sich auf europäischer Ebene. Von zentraler Bedeutung für die Etablierung auf europäischer Ebene war vor allem das Stockholmer Internationale Forum über den Holocaust, das im Januar 2000 tagte und am 28. Januar eine Erklärung veröffentlichte (vgl. Levy/Sznaider 2001, 210ff., Jureit 2010, 92f.). Die Erklärung des Stockholmer Forums ist geprägt durch einen Opferfokus, während die Täter*innen nur am Rande vorkommen. «Mit solchen Anonymisierungen [der Täter*innen, DK] fällt der Schritt zur Universalisierung des Holocaust bedeutend leichter, denn die Stockholmer Erklärung steht in ihrer politischen Ausrichtung ganz im Kontext gegenwärtiger Interventionspolitik.» (Jureit 2010, 93) In der Deklaration wird die Universalisierung von Auschwitz zusammengebracht mit einer Zukunftsorientierung auf zu bewältigende Konflikte. Im ersten Artikel wird erklärt, dass «der Holocaust für alle Zeit von universeller Bedeutung

69 Am 27. Januar 1945 befreite die Rote Armee das Vernichtungslager Auschwitz. Gleichzeitig mit der EU erklärte auch die UNO den 27. Januar zum globalen Gedenktag an die Opfer des Holocaust.

sein» (Erklärung 2000) wird, was in Gegensatz zur Zivilisation gestellt wird. Für Levy/Sznaider ist der erste Artikel charakteristisches Merkmal einer «entorteten kosmopolitschen Erinnerung» (2001, 212). Diese wird verknüpft mit einem moralischen Gut-Böse-Schema in Artikel 2, durch welches das gegenwärtige Europa sich selbst in den Kampf gegen das Böse setzen kann und damit auch zumindest einen Legitimationsrahmen schafft, um notfalls auch mit militärischen Mitteln in Konflikte einzugreifen. Auch in Entschließungen des Europäischen Parlaments findet sich die gleiche Struktur dieser Form der Erinnerung. Beispielsweise in einer Entschließung zum 60. Jahrestag des Endes des Zweiten Weltkriegs wird der Krieg als «gemeinsame europäische Tragödie» (zitiert nach: Jureit 2010, 91) begriffen und zu einer vagen Folie für Gegenwart und Zukunft. «Das Europäische Parlament universalisiert unter Ausblendung der für Völkermord und Massenvernichtung verantwortlichen Täter ein opferidentifizierendes Erinnerungsgebot, ohne genauer zu spezifizieren, worauf sich eine erinnernde Vergegenwärtigung des Holocaust denn im einzelnen beziehen sollte, wenn sie Ausdruck gesamteuropäischen Geschichtsbewusstseins zu sein beansprucht.» (ebd., 92)

Insofern kann gesagt werden, dass die partielle Deterritorialisierung der Vergangenheit in der Universalisierung von Auschwitz nicht nur die deutsche Vergangenheitspolitik, sondern ebenso die europäische kennzeichnet[70]. Die damit einhergehende europäisierte Opferperspektive hilft dabei, die konkreten Verhältnisse, in denen konkrete Täter*innen den Massenmord planten und durchführten, dem Vergessen zu übergeben. Die Konstruktion Europas als das Gute, das aus der Geschichte gelernt hat, das Böse jetzt und heute zu bekämpfen, ist strukturell in der Entkopplung von Auschwitz aus der Vergangenheit angelegt.

---

70 Hierin drückt sich zudem auch der Wandel Europas aus, von den ersten Vereinigungsmomenten bis zur heutigen EU. Henry Rousso kommentiert die Deklaration des Stockholmer Forums folgendermaßen: «Neben den offensichtlich guten Absichten dieses Textes wird deutlich, dass es sich um eine bemerkenswerte Verschiebung der Fundamente Europas handelt. Denn die ursprüngliche Intention der Gründungsmitglieder war eine andere: die vollständige Beseitigung der wirtschaftlichen und politischen Ursachen der beiden Weltkriege.» (2004, Abschn. 11).

Ergänzt wird dies durch die Musealisierung europäischer Geschichte im Haus der europäischen Geschichte in Brüssel. Die museale Einlagerung und Interpretation ist ein wesentliches Element der Erfindung der Vergangenheit (vgl. Anderson 1996). Das 2017 eröffnete Haus der europäischen Geschichte hat im Zentrum das «verdunkelte Europa» (Broschüre 2013: 32ff.), das aus sowohl Faschismus als auch Kommunismus bestand. So wird die europäische Demokratie abgegrenzt gegen den «Totalitarismus» einer als dunkel behaupteten Zeit. So werden Widersprüche, die zwischen nationalen und europäischen Erinnerungs- und Vergangenheitspolitiken bestehen, in der Vagheit der Abgrenzung gegen eine irgendwie im Dunkeln liegende Vergangenheit versucht aufzuheben. Aus dieser Abgrenzung soll Legitimation und Handlungsfähigkeit der EU entstehen, um in einer neu geordneten, von multiplen Krisen geschüttelten Welt neue Machtpolitiken aufzubauen. Diese symbolischen Praxen sind als Teil der Materialisierung einer neuen Anordnung von Territorium und Geschichte in der EU und damit einer entstehenden europäischen Identität im europäischen Staatsapparateensemble zu verstehen. Sie gehören zur materiellen Ausgestaltung der Herrschaft in der politischen Ökonomie kapitalistischer Vergesellschaftung.

4.4 Die Negativität europäischer Identität

Nationale Identität ist grundlegend durch Abgrenzung charakterisiert – Abgrenzung nach außen wie nach Innen. Die Nation ist die Form, in der sich Herrschaft in einer spezifischen Art und Weise als naturalisierter Verband, als homogenisierte Gemeinschaft, konstituiert, wobei eine konstruierte nationale Geschichte vermittels staatlicher Apparate mit einem Territorium verbunden wird. In dieser Homogenisierung werden die Einzelnen in ein Verhältnis zueinander gesetzt und in eine als natürlich erscheinende Ordnung gerastert. Diese naturalisierte Gemeinschaft ist notwendig begrenzt und daher wird das Außen (das auch als ein inneres Außen erscheinen kann) mitkonstituiert. Dabei wird im Prozess der Homogenisierung sowohl ein sexistisches Geschlechterverhältnis konstruiert (vgl. Mosse 1985) als auch Rassismus und Antisemitismus als zentrale Elemente der Ausschließung mit der Nation verbunden. Die Konfiguration von Sexismus, Rassismus, Antisemitismus und Nation / nationaler Identität fußt auf grundlegenden Strukturen kapitalistischer Arbeitsteilung und Wertproduktion und ist zugleich konkret immer abhängig von gesellschaftlichen Kämpfen. Die Entwicklung einer europäischen Identität wird häufig als eine von der nationalen zu unterscheidende Identität gedacht. Die Argumente für diese Differenzbestimmung sind die Annahme, dass der äußere Feind europäischer Identität die eigene nationalistische Vergangenheit sei (Kohli 2002) und dass die europäische Identität in der Identifikation mit dem Recht bestehe und dadurch die Naturalisierung der Nation durch Entwicklung einer universalistischen post-nationalen Zugehörigkeit überwinden könne (Habermas 2004; 2011). Diese Hoffnung hat sich nicht erfüllt und konnte sich nicht erfüllen, denn sie übersieht die materielle Struktur europäischer Identität.

Erstens hat sich gerade in der europäischen Vergangenheitspolitik eine Form durchgesetzt, die nicht mit dem Nationalismus bricht, sondern dessen Ausgrenzungen wiederholt. Die spezifische Form der Erinnerungspolitik trägt in den Versuchen, Auschwitz zu einem negativen Gründungsmythos zu erheben und die Geschichte der Shoah als vage Schreckensgeschichte ohne Täter*innen zu erzählen und so als vergangenes «Anderes» zu behaupten, latent antisemitische Motive in sich. Vor allem sekundärer Antisemitismus – also Schuldabwehrantisemitismus – ist darin «ein europäisches Phänomen» (Eckmann 2005: 107) geworden. Dessen Grundlagen sind Teil der institutionellen Struktur der EU geworden.

Zweitens hat die materielle Struktur der europäischen Territorialität ein eigenes Feld des komplexen Ein- und Ausschlusses entwickelt. In der Ausgestaltung der EU und der Unionsbürgerschaft macht sich zudem ein allgemeiner Widerspruch, der in den Menschenrechten liegt, geltend. Dieser Widerspruch liegt in der basalen Struktur kapitalistischer Vergesellschaftung und in der widersprüchlichen Konstitution des einzelnen Subjekts im polit-ökonomischen Herrschaftsgefüge. Das Subjekt verdoppelt sich in Bourgeois und Citoyen und wird dabei als formell gleich auf der Ebene des Warentauschs konstituiert, auf der sie als Warenbesitzer_innen «isolierte Atome und ‹Weltbürger› zugleich» (Hirsch 2005, 67) sind. Diese abstrakte Gleichheit ist Grundlage der Menschenrechte, die zugleich im konkreten Kapitalprozess und der darin liegenden realen Ungleichheit negiert wird (vgl. Schmitt-Egner 1976, 361f.). Die Universalität des Subjekts – alle sind gleich als Warenbesitzer*innen – erscheint jedoch gleichzeitig nur in einer partikularen Form. Im Staat werden die einzelnen Subjekte als Staatsbürger*innen Teil eines territorialen Herrschaftszusammenhangs, wobei die Zugehörigkeit dazu als nationale Identität quasi-natürlich erscheint und die konkrete Klassenungleichheit – die ungleiche Teilhabe am gesellschaftlichen Reichtum – wiederum verdeckt wird. «Menschenrechte sind – soweit überhaupt – faktisch immer nur als Staatsbürgerrechte wirksam. Und diese Staatsbürgerschaft beruht grundsätzlich auf vielfältigen Diskriminierungen und Ausgrenzungen: der Trennung von ‹Öffentlich› und ‹Privat› und der damit verbundenen Begründung eines ungleichen Geschlechterverhältnisses, dem Ausschluss von ‹Fremden› innerhalb und außerhalb der nationalen Grenzen und auf der Ungleichheit sozialer Möglichkeiten und Rechte.» (Hirsch 2005, 72f.) Verbunden ist dies mit der globalen gesellschaftlichen Arbeitsteilung und ihrer politischen Gewaltförmigkeit. Der moderne Rassismus ist untrennbar mit dem Kolonialismus verbunden, mit der Erschließung der Welt durch Gewalt. Die kolonisierte Arbeitskraft wurde mittels staatlicher Gewalt in ein System gepresst, in dem sie sich unter Wert verkaufen musste und ihr gleichzeitig der Status als Rechtsperson abgesprochen wurde. Dieses Gewaltverhältnis wird im Rassismus rationalisiert, indem es «zur gesellschaftlichen Naturbestimmung [...]» gerinnt; «Der Rassismus entspringt genau aus der Differenz von historisch-moralischer Reproduktion und physischer Reproduktion, denn die ‹Wertbestimmung› als Mensch wird hier in Natur aufgelöst. Er wird auf Tiernatur reduziert. Der Kolonisierte erscheint deswegen als ‹tierisch›, weil hier seine gesellschaftliche Bestimmung mit der ersten Naturbestimmung zusammenfällt.» (Schmitt-Egner 1976: 377)

Diese Entmenschlichung ist eingelagert in die materielle Struktur der nationalen Identität, des Staates und damit kapitalistischer Herrschaft. Mit den Reterritorialisierungsprozessen der Europäischen Integration wird diese grundlegende Materialität zwar verändert, aber auch reproduziert. Mit der Rekonfiguration des Innen durch die Schaffung europäischer Außengrenzen wird das Außen auf neue Weise homogenisiert und gesellschaftliche Teilhaberechte im Inneren werden differenziert. Sonja Buckel spricht dabei von vier «Zonen stratifizierter Rechte» (Buckel 2013: 60ff.), die jeweils unterschiedliche Rechtspositionen für die jeweils Betroffenen beinhalten. In diesen vier Zonen (Unionsbürgerschaft, legale Migration, Flüchtlingsschutz, illegalisierte Migration) stellt sich europäische Territorialität und der Zugang zu ihr äußerst unterschiedlich dar: von der Unionsbürgerschaft, die freie Reise und Teilhabe bedeutet, bis hin zur EU als Grenze in der Zone illegalisierter Migration, in der die Menschen «auf der Grenze» leben müssen (ebd.: 69). So bleiben illegalisierte Migrant*innen auch auf dem Gebiet der EU rechtlich ausgeschlossen und daher in gewisser Weise extraterritorial. Liz Fekete begreift die Entrechtung illegalisierter Migrant*innen als Form eines Feindstrafrechts, durch das Migrant*innen zu Feinden gemacht werden. Sie fasst dabei die rechtliche Situation als zweistufiges Rechtssystem, das eine feindliche Umwelt für Illegalisierte schafft (Fekete 2018: 79f.).

Damit rückt die Figur des «gefährlichen illegalen Migranten» ins Zentrum des Rassismus und europäische Identität ergibt sich aus der Schaffung dieses Anderen. Diese rassistische Figur des «global Alien» ist untrennbar mit der Unionsbürgerschaft und damit strukturell mit der Schaffung einer europäischen Territorialität verbunden (vgl. Cetti 2014). Diese strukturelle Materialität liegt den gesellschaftlichen Auseinandersetzungen um das europäische Grenz- und Migrationsregime zugrunde, durch welche sich die rassistische Struktur reproduziert (vgl. Georgi 2023; 2019). Zugleich ist das Grenz- und Migrationsregime ein Teil der veränderten europäischen Weltmarktbeziehungen und der Entkolonisierungsprozesse, die wiederum auf die Entwicklung rassistischer Denkfiguren einen wichtigen Einfluss haben (vgl. Balibar/Wallerstein 1992). Die multiplen Krisen wirken sich auch auf die Grenzpolitiken aus, indem immer mehr Migration als Sicherheitsproblem behandelt wird, was wiederum rassistische Bewegungen stärkt und dabei repressive Apparate wie den Grenzschutz weiter ausgebaut und mit immer mehr Befugnissen ausstattet. In der globalen Krise des Kapitals, des Weltklimas, der Umweltzerstörungen, Kriege und der dadurch ausgelösten Flucht- und Wanderungsbewegungen, wird so eine «Festung Europa» errichtet, die die «imperiale Lebensweise» (Brand/Wissen) absichern soll. Europäische Identität erweist sich damit nicht als Gegenmodell zur nationalen Identität, sondern reproduziert deren Negativität auf europäischer Ebene. Jene Materialität bildet das Feld gesellschaftlicher Kämpfe gegen Rassismus, gegen das Grenzregime und für Bewegungsfreiheit. Die kritische Migrationsforschung hat darauf hingewiesen, dass trotz der herrschaftlich-rassistischen Struktur der Grenze Migrant*innen nicht einfach deren Objekte sind, sondern als Akteur*innen mit «eigensinniger Praxis» (Benz/Schwenken 2005) agieren und auch Grenzregime verändern und, wie am Sommer der Migration gesehen, auch kurzzeitig durchbrechen können[71]. Dabei sind auch die Kämpfe gegen die europäischen Kolonialstaaten zu bedenken, da auch sie Auswirkungen auf die Verhältnisse zwischen der EU und den ehemaligen Kolonien haben. In der Debatte um europäische Identität taucht diese Geschichte der EU ebenfalls so gut wie gar nicht auf und erst langsam wird das koloniale Erbe, das in der EU aufgehoben ist, aufgearbeitet.

4.5 Kolonialismus: Gegenwart der verdrängten europäischen Vergangenheit

Die Abgrenzung gegenüber einem Anderen ist zentraler Bestandteil der europäischen Integration. Das Verhältnis Europas zu anderen Weltregionen ist dabei nicht nur von der internationalen Konstellation geprägt, die sich nach dem Zweiten Weltkrieg herausgebildet hat, denn die lange koloniale Geschichte des Kapitalismus strukturiert die globalen Beziehungen und die Gesellschaften Europas maßgeblich. So ist die Entstehung des Kapitalismus untrennbar mit Sklaverei und anderen Formen gewalttätiger Beziehungen verbunden, die eine Grundlage des Weltmarkts und der europäischen Entwicklung bildeten (vgl. Rodney 1975: 70ff.). Marx schrieb: «Die Entdeckung der Gold- und Silberländer in Amerika, die Ausrottung, Versklavung und Vergrabung der eingebornen Bevölkerung in die Bergwerke, die beginnende Eroberung und Ausplünderung von Ostindien, die Verwandlung von Afrika in ein Geheg zur Handelsjagd auf Schwarzhäute bezeichnen die Morgenröte der kapitalistischen Produktionsära. Diese idyllischen Prozesse sind Hauptmomente der ursprünglichen Akkumulation.» (Marx 1890: 779) Diese Gewaltbeziehungen prägten die frühen Eroberungen und Ausbeutungssystemen sowie die Aufteilung der Welt im Kolonial-

71 Eine Analyse von Kämpfen in der Krise der EU um das Grenzregime bietet z.B. Georgi 2019.

system. Dies hat Effekte bis heute. «Noch heute sind fast 40 Prozent der geltenden Grenzen weltweit solche, die durch die britische und französische Imperialpolitik gezogen wurden.» (Boatcă 2019: 109)

Das Erscheinungsbild der Welt und des globalen Kapitalismus ist geprägt von Herrschaft, Ausbeutung und unmittelbarer Gewalt, die immer ein Mittel war, Märkte zu installieren und Rohstoffe zu sichern. Die Grenzen, die dabei gezogen wurden und bis heute wirksam sind, betreffen nicht nur die Grenzen der ehemaligen Kolonien, sondern auch die Grenzen Europas gegenüber dem Rest der Welt, die, wie skizziert, zur europäischen Identität beitragen. Rassismus als Abgrenzung gegen außen ist ein wesentlicher Teil dieser Gewaltgeschichte. Die Geschichte des europäischen Rassismus und der europäischen Grenzen ist daher ein Element der Integration und so eingelassen in die Materialität des europäischen Grenzregimes. Auch Vergessen und Verdrängen sind Teil historischer Kämpfe, die sich in Staatsapparaten materialisieren und reproduzieren. So ist die Verdrängung des Kolonialismus von Beginn an in die europäische Integration eingeschrieben. In der Formel der Integration als Friedensprojekt[72] nach dem Zweiten Weltkrieg verbergen sich verschiedene Dimensionen des Verdrängens. Zum einen wird die Perspektive des antifaschistischen Befreiungskampfes abgelöst durch eine «antikommunistische Friedensrhetorik», die das Beschweigen des Faschismus zum «*tacit consent* der europäischen Vereinigung» (Brunkhorst 2014: 28, Herv.i.O.) machte. Zugleich verdeckte die Rede vom europäischen Friedensprojekt die koloniale Gewalt, die von einigen europäischen Staaten noch immer ausgeübt wurde. Von den Gründungsmitgliedern der EGKS waren Belgien, Frankreich und die Niederlande aktive Kolonialmächte und auch Italien war noch «eine Art kolonialer Macht», da die «ehemalige Kolonie Somaliland [...] sich bis 1960 als UN-Treuhandgebiet unter italienischer Verwaltung» (Patel 2018: 314) befand. Deutschland war ehemalige Kolonialmacht und nur Luxemburg hatte keine Kolonien. Schon ein Jahr zuvor wurde die Europäische Menschenrechtskonvention (EMRK) verabschiedet,

72 Diese Erzählung war lange Zeit bis weit in linke Parteien und Bewegungen wirkmächtig. So sprach das Parteiprojekt von Yanis Varoufakis DIEM25 von der EKGS als Friedensprojekt ohne die gleichzeitige koloniale Struktur vom Großteil der EGKS-Gründungsstaaten zu berücksichtigen (Dellheim 2017: 35).

die ambivalente Effekte zeitigte. Zum einen konnte sie «als erster großer Erfolg des Menschenrechtsschutzes auf regionaler Ebene gewertet werden» (Klose 2009: 52). Zum anderen ist die EMRK auch Ergebnis heftiger Konflikte über den Schutz der Menschenrechte, wobei diese Konflikte zusätzlich durch den beginnenden Ost-West-Konflikt grundiert wurden. Die Verbindung von Antikommunismus und Kolonialismus drückt sich daher auch in spezifischer Weise in der EMRK aus. So verhinderten Großbritannien und Frankreich die explizite Nennung der Kolonialbevölkerung in einem Artikel der EMRK und die Kolonialmächte behielten «die Entscheidungsbefugnis darüber, ob sie diese Rechte auch den Kolonien gewährten. Universales Recht erhielt so ein enges territoriales, rassistisch grundiertes Korsett» (Patel 2018: 316; vgl. Klose 2009: 52ff.).

Hier zeigt sich im Konkreten die Problematik der Abstraktion universalen Rechts, die Adorno in einer Kritik der Menschenrechte so ausdrückte: «Die abstrakte Utopie wäre allzu leicht mit den abgefeimtesten Tendenzen der Gesellschaft vereinbar» (Adorno 2004: Aph.66). Dennoch wurden die Menschenrechte als eine Art Einfallstor des Kommunismus gefürchtet[73] und ihr universaler Charakter machte sie auch zu einem Bezugspunkt antikolonialer Befreiungsbewegungen[74]. Denn umgekehrt wurde argumentiert, dass der Ausschluss der Kolonien aus der Menschenrechtskonvention es den afrikanischen Delegierten der beratenden Versammlung des Europarats (der die EMRK verabschiedete) unmöglich machen würde, «der kommunistischen Propaganda zuhause etwas entgegenzuhalten» (Patel 2018: 316). Die europäischen Kolonialmächte wollten einerseits die Menschenrechte rassistisch abgestuft haben, andererseits sahen sie deren Universalität als kommunistische Gefahr, die zudem in den Kolonien ihren Einfluss und ihren Zugriff auf Rohstoffe und Arbeitskraft bedrohte. Zusätzlich war Afrika im beginnenden Ost-West-Konflikt wichtig als Ort militärischer

73 Der britische Kolonialminister Creech-Jones bezeichnete1949 die Allgemeine Menschenrechtserklärung «als bestes Instrument der Sowjetpropaganda, um ‹Unsinn anzustellen›» (Klose 2009: 53).

74 So konnten weitaus später individuelle Rechte vor dem Europäischen Gerichtshof für Menschenrechte von Geflüchteten erstritten werden. Damit wurde die Möglichkeit von Kämpfen auf dem Terrain des Rechts geschaffen, die eng mit Menschenrechten verbunden sind (vgl. Pichl/ Vester 2014).

Stützpunkte der westlichen Staaten (vgl. Rodney 1975: 172f.). Während die Bedeutung der afrikanischen Soldaten für den Sieg über den europäischen Faschismus in Vergessenheit geriet, wurden die Kolonien ökonomisch bedeutsam für den Wiederaufbau Europas nach dem Zweiten Weltkrieg. «Nach dem Ende des letzten Weltkriegs sollte Afrika Europa beim Wiederaufbau unterstützen. Der europäische Kapitalismus sah zu Ende der 40er Jahre in Afrika Potential für die Rettung seiner eigenen, durch den Krieg zerrütteten Wirtschaft.» (ebd.: 171) Rodney zitiert aus den Vorbereitungen für den französischen Vierjahresplan für die Zeit von 1949–1952: «Marokko wird sich am Wiederaufbau Frankreichs durch die Lieferung von Mangan, Kobalt und Bleierz, Konserven und landwirtschaftlichen Erzeugnissen direkt beteiligen» (ebd.: 171f.). Frankreich gab sich 1946 eine neue Verfassung, mit der die Kolonien als «Überseegebiete» «erneut zu integrierenden Bestandteilen der Republik» gemacht wurden, wobei die Kolonisierten von «indigénes zu autochthones befördert wurden» (Reinhard 2018: 1161). Insgesamt führte die Erneuerung der Kolonialverhältnisse nach 1945 dazu, dass Afrika «geradezu eine zweite Kolonisation» erlebte, «als Massen von Experten ins Land strömten, um es zu seinem und der Metropolen Nutzen zu entwickeln» (ebd.).

Koloniale Gewaltverhältnisse hatten daher eine wichtige Rolle in der Rekonstitution des Kapitalismus angesichts der Zerstörungen des Zweiten Weltkriegs und des Ost-West-Konflikts. Die Ambivalenzen und Konflikte, die mit der Aufrechterhaltung der Kolonien einhergingen, prägten auch die Entwicklung der Europäischen Integration. Vor allem in Frankreich wurde eine Vorstellung eines Eurafrika entwickelt, worunter die Erschließung Afrikas für die europäischen Kolonialmächte verstanden wurde[75]. In der Erklärung von Robert Schuman von 1950, die als Meilenstein der Europäischen Integration gilt und der EGKS vorausging, wird die Schaffung einer europäischen Wirtschaftsgemeinschaft sowohl als Friedensprojekt verstanden als auch im gleichen Gedanken die Notwendigkeit der Erschließung Afrikas für dieses Projekt genannt:

«Die Schaffung dieser mächtigen Produktionsgemeinschaft, die allen Ländern offensteht, die daran teilnehmen wollen, mit dem Zweck, allen Ländern, die sie umfaßt, die notwendigen

75 Zum Eurafika-Konzept siehe ausführlich: Hansen/Jonsson 2014.

Grundstoffe für ihre industrielle Produktion zu gleichen Bedingungen zu liefern, wird die realen Fundamente zu ihrer wirtschaftlichen Vereinigung legen. Diese Produktion wird der gesamten Welt ohne Unterschied und Ausnahme zur Verfügung gestellt werden, um zur Hebung des Lebensstandards und zur Förderung der Werke des Friedens beizutragen. Europa wird dann mit vermehrten Mitteln die Verwirklichung einer seiner wesentlichsten Aufgaben verfolgen können: die Entwicklung des afrikanischen Erdteils. So wird einfach und rasch die Zusammenfassung der Interessen verwirklicht, die für die Schaffung einer Wirtschaftsgemeinschaft unerläßlich ist und das Ferment einer weiteren und tieferen Gemeinschaft der Länder einschließt, die lange Zeit durch blutige Fehden getrennt waren.» (Schuman 1950) Die «Zusammenfassung» europäischer Interessen wird am besten durch die gemeinsame Entwicklung Afrikas bewerkstelligt. Darin drücken sich die kolonialen Interessen Frankreichs aus und die Hoffnung darauf, «Europa als Mittel zur Rettung der Kolonien einsetzen zu können» (Patel 2018: 312). In den Verhandlungen über die Errichtung der EWG wurde die Frage der Kolonien zu einem Konfliktpunkt, da keine Einigkeit darüber bestand, wie das Verhältnis genau aussehen sollte. Hinzu traten antikoloniale Kämpfe, die auch zu Unabhängigkeitserklärungen führten (z.B. wurde Marokko 1956 von Spanien unabhängig, auch wenn Spanien erst später der EG beitrat, ist dies wichtig für die Geschichte der Integration). Während Einigkeit im rassistischen Ressentiment gegenüber Afrika bestand[76], war es also auf ökonomischen Terrain umstritten, welche Form die Anbindung an den zu schaffenden europäischen Markt erhalten sollte.

In gewisser Weise kam all dies kurz vor der Einigung auf die Römischen Verträge in der Suez-Krise zusammen, die eine wichtige Rolle für die Integration spielten. Während Frankreich 1956 militärisch gegen antikoloniale Aufstände in Algerien vorging, verstaatlichte der ägyptische Präsident Nasser den Suez-

76 Hansen und Jonsson weisen auf eine Aussage des damaligen deutschen Bundeskanzlers Adenauer hin, der es «unvorstellbar» fand, dass Afrika unabhängig sein könne; ähnlich wird auch der belgische Außenminister Spaak (der Vorsitzende der Gruppe, die den Spaak-Report über die Europäische ökonomische Integration und den Binnenmarkt verfasste, der den Römischen Verträgen vorausging) zitiert, der meinte, die Menschen in Afrika seien nicht fähig, sich selbst zu regieren (Hansen/Jonsson 2014: 161). Dieser Rassismus war Normalität in Europa.

kanal. Ägypten war einerseits mit den algerischen Aufständischen verbündet und andererseits spielte der Kanal eine wichtige ökonomische Rolle. Frankreich und Großbritannien griffen schließlich militärisch an, allerdings blieb die Rückendeckung durch die USA aus, da diese einen Konflikt mit der Sowjetunion befürchteten, die sich auf der Seite Ägyptens positionierte. In dieser Situation, in der koloniale militärische Gewalt von der neuen globalen Konstellation des Ost-West-Konflikts beeinflusst wurde, kamen die europäischen Mächte zu dem Schluss, dass Europa eine eigene Positionierung in der Welt brauche. Insofern trug der Verlauf der Suezkrise zur Unterzeichnung der Römischen Verträge bei. «It was the political lessons Paris drew from the portcullis Washington dropped on the Suez Expedition in 1956 that cleared the way to the Franco-German understanding on the Common Market.» (Anderson 2012: 54f.). Der Präsident von EURATOM sagte zur Bedeutung dieser Krise, man solle eine Statue für den ägyptischen Präsident Nasser errichten: «To the federator of Europe» (zitiert nach: Hansen/Jonsson 2014: 238).

In den Römischen Verträgen wurden dann schließlich die Kolonien unter der Überschrift «Assoziierung der überseeischen Länder und Hoheitsgebiete» (VGEWG Art. 131ff.) aufgenommen. Die Kolonien wurden dadurch ein Teil des europäischen Binnenmarkts, da der «bevorzugte Zugang zum europäischen Markt» auf sie ausgeweitet wurde, so dass «neunzig Prozent des Territoriums des Gemeinsam Marktes tatsächlich jenseits der Grenze Europas» lagen (Slobodian 2019: 262). Ökonomisch war diese Assoziierung gerade für die deutschen Neoliberalen der 1950er Jahre jedoch eher ein falscher Weg, da mit dem bevorzugten Zugang von Waren aus den assoziierten Kolonien auch die Abgrenzung und Sicherung der Absätze dieser Waren gegenüber anderen außereuropäischen Gebieten durch hohe Zölle mit einherging. Über diese Zölle gab es größere Auseinandersetzungen, insbesondere über den Schutz der Bananenimporte aus dem von Italien kontrollierten Somalia[77] (vgl. ebd.: 274ff.). Legitimiert wurde die Fortführung der kolonialen Gewaltverhältnisse durch die Assoziierung abermals mit rassistischen Verlautbarungen. Der damalige niederländische

77 Das heißt natürlich nicht, dass diejenigen, die die Assoziierung aus diesen Gründen ablehnten, antikoloniale Denkweisen an den Tag gelegt hätten.

Außenminister Joseph Luns erhoffte sich von der europäischen Integration durch die Römischen Verträge ökonomische Prosperität für die Gründungsmitglieder der EWG und daraus folgend die Möglichkeit, ihre «große und globale zivilisierende Mission» fortzusetzen (zitiert nach: Hansen/Jonsson 2014: 238). Dieses Überlegenheitstopos spielt bis heute in der Auseinandersetzung mit dem Kolonialismus eine tragende Rolle.

Auch politisch hatte die Assoziierung daher Folgen, die heute oftmals vergessen und verdrängt sind. Am Beispiel Algeriens zeigt sich dies besonders deutlich. Algerien umfasste 1956 80 Prozent des französischen Staatsgebiets und war als assoziiertes Land Mitglied der EWG. Nach der französischen Verfassung waren die Algerier*innen ebenfalls französische Staatsbürger*innen. Aber der Schluss, dass Algerien daher europäisch ist, galt nicht. Brunkhorst nennt dies einen «destruktiven Syllogismus»: «(1) Algerien ist französisch. (2) Frankreich ist europäisch. Also ist (3) Algerien nicht europäisch» (Brunkhorst 2014: 15). In der Zeit der Römischen Verträge führte Frankreich bereits Krieg gegen die algerischen Befreiungsbestrebungen und damit gegen seine Staatsbürger*innen, die als nicht europäisch galten, aber «nach einem Grundsatzurteil des Europäischen Gerichtshofs von 1963 spätestens seit 1957, eigentlich schon seit 1951 europäische Bürgerrechte hatte[n]» (ebd.). Die oben erwähnte rassistische Auslegung der Europäischen Menschenrechtskonvention erhielt ihre Fortsetzung in der Negation der Bürgerrechte für die Kolonisierten in der EWG. Das Verdrängen dieser Elemente der Europäischen Integration zeigt sich zum einen darin, dass weder in offiziellen Dokumenten der EU (vgl. ebd.) noch in dem Online-Angebot des Hauses der Europäischen Geschichte, einem zentralen Ort der Konstruktion einer offiziellen europäischen Geschichte, dieser Abschnitt des europäischen Kolonialismus vorkommt. In dem online hörbaren Audiobeitrag zu den Römischen Verträgen werden nur die Gründungsländer benannt[78], nicht aber die sogenannten assoziierten Staaten in Afrika und Übersee.

Ein anderes Beispiel, das die gegenwärtigen Auswirkungen des kolonialen Europas zeigt, ist Marokko. Wie oben schon ein-

78 https://w.soundcloud.com/player/?url=https%3A//api.soundcloud.com/tracks/837629182&color=%23ff5500&auto_play=true&hide_related=false&show_comments=false&show_user=false&show_reposts=false&show_teaser=true&visual=true

mal erwähnt, wurde Marokko 1956 von Frankreich und Spanien unabhängig bzw. verzichtete Spanien auf «seine Zone», behielt allerdings «die alten Enklaven Ceuta und Melilla» (Reinhard 2018: 1172). Ceuta und Melilla sind seit dem spanischen Beitritt zur EG 1986 bis heute daher ein Gebiet der EU auf dem afrikanischen Kontinent: dies ist «Europas Grenze auf dem afrikanischen Kontinent, die hinter den Stacheldrähten von Ceuta und Mellila jede Nacht im hellen Licht der Feindaufklärung erstrahlt» (Brunkhorst 2019: 26). Am 20. Juli 1987 stellte Marokko ein Beitrittsgesuch an die Europäische Gemeinschaft (Europa-Archiv 1987: Z. 160). Dieses wurde am 1. Oktober 1987 zurückgewiesen. Dem Gesuch könne «‹aus juristischen Gründen› nicht entsprochen werden [...] da Marokko nicht zum ‹europäischen Raum› gehöre» (ebd.: Z. 207). Zur Begründung wurden die Europäischen Verträge herangezogen, in denen es hieß: «Jeder europäische Staat kann beantragen, Mitglied der Gemeinschaft zu werden.» (VGEWG Art. 237)[79] Wie schon im Fall von Algerien, das ein Teil des französischen Staates und der EG war, aber dessen Bewohner*innen nicht als europäisch galten, wird hier europäisch so definiert, wie es dem kolonialen Geist entspricht. Die spanischen Enklaven sind europäisch, das Gebiet hinter dem Grenzzaun kann es demnach nicht sein – denn die Bestimmung, wer europäisch ist, bleibt abhängig von den kolonialen Herrschaftsverhältnissen. Besonders deutlich treten die Herrschaftsverhältnisse immer wieder an den Grenzanlagen von Ceuta und Melilla hervor. Immer wieder wurden Migrant*innen mit Gewalt davon abgehalten, die Grenze zur EU zu überqueren. Dabei wurde immer wieder auch Militär eingesetzt, um die Grenze gegen Zivilist*innen zu «verteidigen» (vgl. Buckel/Wissel 2010: 40). Anfang der 2000er Jahre wurden 60 Millionen Euro zur Verstärkung der Grenzanalagen ausgegeben – der «postkoloniale Anachronismus» der spanischen Exklaven wird durch das «europäische Grenzregime überformt und nahm die Gestalt von zwei europäischen Migrationsknotenpunkten auf dem afrikanischen Kontinent an» (Buckel 2013: 189). Die Grenze Europas verläuft durch Afrika (ebd.) und die koloniale Gewalt ist in dieser Grenze aufbewahrt.

79 Mittlerweile ist dieser Satz etwas erweitert worden: «Jeder europäische Staat, der die in Artikel 2 genannten Werte achtet und sich für ihre Förderung einsetzt, kann beantragen, Mitglied der Union zu werden.» (EUV Art. 49)

Das Konzept von Eurafrika verschwand dennoch bald aus der europäischen Politik und mit der Phase der Dekolonisierung wandelte sich auch das Verhältnis zu den assoziierten Ländern. 1963 wurde die Assoziierungspolitik der EG mit dem Abkommen von Yaoundé erneuert. In der Aushandlung des Abkommens vertraten sich 18 afrikanische Staaten erstmals selbst und nicht mehr als formal abhängige Kolonien (vgl. Patel 2018: 319). Insofern beginnt hier die Phase der Dekolonisierung die Verhältnisse zu verändern, auch wenn das Abkommen «das strukturelle Übergewicht der europäischen Industrienationen» fortschrieb und das Abkommen insbesondere von marxistischen Beobachter*innen als neokolonial verstanden wurde (ebd.: 320; Holland 1980: 159).

In der Erneuerung des Abkommens 1969 schlossen sich dennoch mehr Länder an, die davon einen größeren Einfluss durch Repräsentation in der EG erhielten (vgl. McCann 2020: 16). Doch ökonomisch blieb auch hier das Ungleichgewicht bestehen, denn der Europäische Entwicklungsfonds, der die Mittel ökonomischer Projekte in den ehemaligen Kolonien bereitstellte, war so strukturiert, dass Infrastrukturprojekte finanziert werden sollten, während der Industriesektor ausgeschlossen blieb (vgl. ebd.). Im Anschluss an Walter Rodney könnte man daher sagen, dass das Kapital Europas, das auch aus dem Auspressen der Kolonien entstand, nun zurückfließt, um erneut eine eigenständige Entwicklung zu verhindern, mehr Kapital zu produzieren und das Herrschaftsverhältnis weiterzustabilisieren (vgl. Rodney 1975).

Erst mit dem Abkommen von Lomé 1975 setzten weitere Veränderungen ein, die zu Diskussionen unter Marxist*innen führten, ob dies die Fortführung des neokolonialen Projekts sei oder etwas anderes (vgl. Holland 1980: 162ff.). Hier machte sich erstens die Ölkrise bemerkbar, die es notwendig machte, die europäischen Energiebedarfe zu sichern und dafür ein anderes Verhältnis zu ölproduzierenden afrikanischen Ländern einzurichten (vgl. McCann 2020: 16). In dieser Phase gelang es den postkolonialen Staaten zudem, «ihre inneren Gegensätze stärker zu überbrücken und gemeinsam aufzutreten» (Patel 2018: 323). Zweitens kam mit der EG-Erweiterung mit Großbritannien eine weitere ehemalige Kolonialmacht in den gemeinsamen Markt und drittens gingen die Dekolonisierungsprozesse weiter und die USA wurden mit dem Vietnamkrieg global geschwächt, so dass sich eine neue globale Konstellation ergeben hat (vgl. ebd.). Schließlich wurde das Lomé-Abkommen durch das «Partnerschaftsabkommen» zwischen der EU und Staaten in Afrika, im Karibischen Raum und im Pazifischen Ozean, das 2000 in Cotonou unterzeichnet wurde (vgl. Nickel 2012), abgelöst. Die Veränderung der Stellung der ehemaligen Kolonien ändert jedoch nichts daran, dass die koloniale Vergangenheit die Strukturen und ökonomischen Herrschaftsverhältnisse bis heute prägen. Zudem wird häufig vergessen oder verdrängt, dass es noch immer Überseegebiete der EU gibt: «Im Pazifik, im Indischen Ozean und der Karibik gibt es eine Serie französischer Übersee-Départements, in der Karibik niederländische autonome Gebiete. In Lateinamerika teilt Europa mit dem französischen Übersee-Département Guayana eine Landgrenze mit Brasilien.» (Brunkhorst 2019: 26) Auf offiziellen Karten der EU tauchen diese Gebiete nicht auf. Diese Verdeckung ist als lang anhaltende Verdrängung der kolonialen Gewalt zu verstehen, die von Anbeginn die europäische Integration – nicht zuletzt über das Narrativ der Integration als Friedensprojekt – geprägt hat: «An die Stelle der Erinnerung an die koloniale Vergangenheit, die in den globalen Ungleichheitsverhältnissen, im Autoritarismus des Südens, in der Massenflucht und dem großen Sterben schwarzer Körper im Mittelmeer fortwirkt, trat eine schlecht idealistische Friedens-, Verständigungs- und Weltbeglückungsrhetorik, die Europas Vereinigung von 1957 bis heute begleitet und mit der Rückkehr des Verdrängten vollends unerträglich geworden ist.» (Brunkhorst 2019: 24)

4.6 Krise und die Gegenwart des Verdrängten

Insbesondere im europäischen Grenzregime[80] zeigt sich die Gegenwart des Verdrängten, da sich darin sowohl die Abgrenzung der EU nach außen zeigt, die ein rassistisches gesellschaftliches Herrschaftsverhältnis ist, als auch die Erweiterung der Einflussbereiche der EU durch Verlagerung der Grenze in außereuropäische Staaten deutlich wird. Und schließlich ist die europäische Grenzziehung ebenfalls Ausdruck einer neuen globalen Arbeitsteilung, die durch globale Wertschöpfungs- und Ausbeutungsketten gekennzeichnet ist, die durch Grenzziehungen abgesichert wird und zugleich damit zur Konstitution und Aufrechterhaltung neokolonialer Formen der Arbeitsteilung beiträgt. Denn die Errichtung des wettbewerbsorientierten, neoliberalen Binnenmarktes und der Wirtschafts- und Währungsunion ist eingebettet in ein globales System der Mobilität von Kapital, das Mobilität von Arbeitskraft nur unter Bedingungen rassistischer Exklusion zulässt. Dies prägt auch die europäische Identität und manchmal tritt alles in einem Ereignis auf. 2022 hielt der Außenbeauftragte der EU, Josep Borell, eine Rede, in der er die EU mit einem Garten verglich, während das Außen ein Dschungel sei und Europa sich vor einer Invasion aus dem Dschungel schützen müsse: «Yes, Europe is a garden. We have built a garden. Everything works. It is the best combination of political freedom, economic prosperity and social cohesion that the humankind has been able to build – the three things together. [...] The rest of the world [...] is not exactly a garden. Most of the rest of the world is a jungle, and the jungle could invade the garden. The gardeners should take care of it, but they will not protect the garden by building walls. [...] The gardeners have to go to the jungle. Europeans have to be much more engaged with the rest of the world. Otherwise, the rest of the world will invade us, by different ways and means.» (Borell 2022).

In dieser Rede kommen das europäische Überlegenheitstopos einer Zivilisation (Garden) über das unzivilisierte Außen (Jungle) zusammen mit der Zeichnung einer Invasionsbedrohung, die das ganze Außen zu einer Bedrohung erklärt. Diese rassistische Rede ist auch Ausdruck einer globalen Krisensituati-

80 Zum europäischen Grenzregime vgl. Georgi 2019; Buckel/Georgi/Kannankulam/Wissel 2017.

on in der es durch Kriege und Klimakatastrophen, so viele Menschen wie noch nie auf der Flucht gibt. Diese globale Krisensituation ist auch Ergebnis der Kolonialpolitik, der Ausbeutung der Welt. Im Inneren Europas eskalieren diese Widersprüche daher gerade auf dem Gebiet der Migrations- und Grenzpolitik, wozu nicht zuletzt die extrem rechten Regierungen von Italien oder Ungarn beitragen. Die Aushandlungen für ein neues «gemeinsames europäisches Asylsystem» (GEAS) offenbarten tiefe Konflikte innerhalb der EU. Die Bearbeitung dieser Konflikte führte zu Vorschlägen, die eine Autoritarisierung des Grenzregimes bedeuten. Asylverfahren sollen an die Außengrenzen ausgelagert werden, was den rechtlichen Schutz der Flüchtenden einschränkt, es sollen «Flüchtlingslager unter europäischer Flagge entstehen, in denen Geflüchtete festgesetzt, in Grenzverfahren aussortiert und direkt wieder abgeschoben werden. Die geplanten Lager werden Orte der Inhumanität, Gewalt und Rechtlosigkeit sein – ein faires Asylverfahren kann dort nicht stattfinden.» (ProAsyl 2023) Diese faktische Abschaffung des Asylrechts bekämpft die Rückkehr der Verdrängten mit Gewalt und das Verdrängte erscheint dazu in rassistischen Reden so wie auch der verdrängte Faschismus und Nationalsozialismus in Form neofaschistischer Bewegungen und Parteien in ganz Europa zurückkehren, sowohl auf der Straße als auch im Parlament. Mit diesen Entwicklungen einher geht auch eine neue Virulenz des Antisemitismus, die sich nicht zuletzt in verschwörungsideologischen Manifestationen und neurechten Halluzinationen über einen «großen Austausch» oder «Great Reset» zeigen. In den Institutionen der EU haben sich auch die verdrängten Strukturen materialisiert und die Materialität der gesellschaftlichen Gewaltgeschichte ist auch in den Errungenschaften der Integration aufgehoben. Die vier Freiheiten des Marktes, die tatsächlich zu einer Europäisierung beigetragen haben und ein kosmopolitisches Potential aufscheinen lassen, sind gleichzeitig derart gewaltförmig und herrschaftlich strukturiert, dass es einer Überwindung dieser gewaltförmigen Strukturen bedarf, um das kosmopolitisch-emanzipatorische Potential zu befreien. Doch in der gegenwärtigen Situation vermengen sich stattdessen Europäische Identität, koloniale Vergangenheit, Grenzregime und globale Krisen in einer autoritären Dynamik, die es autoritären Akteur*innen ermöglicht, weiter an gesellschaftlichem Einfluss zu gewinnen.

5 Die Krise der EU als Kampffeld für die (neue) Rechte

Die Geschichte der Europäischen Integration ist eine Geschichte von Krisen und Kämpfen, die sich in spezifischen historischen Herrschaftskonstellationen ereignet haben und durch die sich langsam die heutige Form der EU herausgebildet hat. In der besonderen institutionellen Struktur der EU sind diese Kämpfe daher ebenso aufgehoben wie die sie begleitenden ideologischen Legitimationen der Integration. Insbesondere wirken dabei die Verdrängung des europäischen Faschismus wie auch des Kolonialismus, die zur antikommunistischen Grundierung des Motivs des europäischen Friedensprojekts beitrug. Die europäische Vereinigung erscheint seither als die Form der Überwindung eines zerstörerischen Nationalismus und als Gegenmodell zum faschistischen Europa. Zum Europatag 2023 hielt beispielsweise der deutsche Bundeskanzler Olaf Scholz eine Rede im Europäischen Parlament, in der er erklärt, der 9. Mai gebe «die einzig richtige zukunftsweisende Antwort auf den von Deutschland entfesselten Weltkrieg [...], auf zerstörerischen Nationalismus und imperialistischen Größenwahn» (Scholz 2023).

Europäische Identität konnte daher, wie oben kurz dargestellt, zu einem Modell werden, das als Überwindung einer vorpolitisch-kulturell vorgestellten Nation zugunsten einer kollektiven Identität gedacht wird, die sich in «eine Orientierung an der Verfassung verwandelt», wodurch die «universalistischen Verfassungsgrundsätze gewissermaßen Vorrang vor den partikularen Einbettungskontexten der jeweils eigenen nationalen Geschichte des Staates» gewännen (Habermas 2004: 78). Diese Hoffnung auf «Fortschritte in der verfassungsrechtlichen Zivilisierung der staatlichen und gesellschaftlichen Gewaltverhältnisse» (Habermas 2011: 44) stößt immer wieder an die Grenzen der realen Konstitution kapitalistischer Gewaltverhältnisse, die eben auch in der Rechtsform aufgehoben sind. Obwohl es in der normativen Literatur zur europäischen Identität stets präsent ist, dass die ökonomische Einheit im Binnenmarkt als Grundlage nicht ausreicht, um dieses politische Projekt entstehen zu lassen, wurde die Bedeutung der Ökonomie und ihre

Vermittlung im Staatsprojekt Europa weitgehend ausgeblendet. Dass die Gewaltverhältnisse der kapitalistischen Reproduktionsweise auch in die Elemente des Fortschritts eingeschrieben sind und dialektisch durch Widersprüche prozessieren, wird in dem Motiv der europäischen Überwindung des Nationalismus nicht mitgedacht. Dass die materielle Struktur des Staatsprojekts Europa selbst jene Elemente reproduziert, die konstitutiv für den Nationalismus sind, geht ebenfalls häufig unter. Das führt dazu, dass rechte bis faschistische Akteur*innen, seien es Einzelpersonen, außerparlamentarische Gruppierungen oder Parteien[81], oftmals in doppelter Weise unzureichend analysiert werden: erstens als vor allem nationalistisch und antieuropäisch (oder im Falle sogenannter Rechtspopulist*innen euroskeptisch) und zweitens wird häufig der Bezug der materiellen Struktur der EU und ihren gegenwärtigen autoritären Tendenzen zu den rechten/faschistischen Akteur*innen übersehen oder nicht bearbeitet.

Mittlerweile gibt es auch einige Ansätze, die etwas differenzierter auf dieses Problem schauen und beispielsweise anstelle von «anti-europäisch» oder «euroskeptisch» von einem «Alter-Europeanism» (Wassenberg 2016: 33f.) sprechen, um die europäische Dimension der heterogenen Rechten deutlich zu machen. Die EU repräsentiert dabei ein Europa, das von Rechten gehasst wird, dem sie aber eigene Europavorstellungen entgegensetzen. In diesen eigenen Europavorstellungen finden sich jeweils Interpretationen der Krisenentwicklung der EU, wie sich darin auch die jeweils gegenwärtigen Handlungsmöglichkeiten der heterogenen Rechten in ideologischer Form wiederfinden. So hat die europäische Integration insbesondere nach Maastricht mit der Entwicklung des Staatsprojekts Europa politische Bedingungen geschaffen, die auch die Erscheinung der heterogenen Rechten prägt. Die multiple Krise der

81 Der Einfachheit halber verwende ich im Folgenden für die Akteur*innen rechts eines demokratischen Konservatismus die Bezeichnung heterogene Rechte. Damit gemeint sind alle, die antidemokratische Positionen vertreten. Damit soll berücksichtigt werden, dass «die Rechte» auch in sich widersprüchlich ist und kein a priori geeintes Projekt darstellt. Vielmehr müssen die politischen Ideologie-Elemente berücksichtigt werden, die Basis für eine rechte Einheit sein können, wie auch die Politiken der Vernetzung verschiedener Gruppen und Parteien auf europäischer Ebene / europäisierten Politikfeldern analysiert werden muss.

EU führt zu verschärften Kämpfen nicht nur auf konkreten Politikfeldern, sondern auch um die fundamentale Struktur und Ausgestaltung der EU selbst. In der umfassenden Rekonfiguration von Staat und Gesellschaft bekommt der Kampf um Ideen und Deutungen eine große Bedeutung in der Entwicklung von Handlungsplänen und ganz grundsätzlich in der Entwicklung des Bewusstseins der eigenen Interessen durch die verschiedenen Akteur*innen (vgl. Biebricher 2021: 235). D.h., dass die Legitimationskrise der EU (vgl. Schmid 2020) derart virulent ist, dass die gesellschaftliche Auseinandersetzung um die Zukunft der EU selbst geführt wird. Seit 2015 ist das Zerbrechen der EU zu einer realen Möglichkeit geworden. In den Kämpfen um die grundlegende Gestaltung der EU ist eine komplexe Gemengelage aus vertiefter Integration und Autoritarisierung entstanden, in der Integration und Autoritarisierung miteinander verknüpft sind und zugleich widersprüchlich gegeneinander prozessieren. Wichtig ist, dass gesellschaftliche Kämpfe in der multiplen Krise immer auch Kämpfe um die Deutung des komplexen Krisenzusammenhangs und jener widersprüchlichen Prozesse sind. Bestimmte Deutungen können dabei selbst zu Verlängerungen und Vertiefungen der Krise beitragen, wenn sie in diesen Kämpfen die Oberhand gewinnen und eine destruktive oder autoritäre Tendenz befeuern. In diesem Sinne ist die Deutung der Krisen als Zerfall und Kulturkampf, die von neokonservativen Akteur*innen schon mehrere Jahrzehnte verbreitet wird ein wesentliches Element der multiplen Krise der letzten Jahrzehnte (vgl. Dubiel 1985: 21 ff.; Strobl 2021).

Diese Deutung kann mit einem Konzept von Europa verbunden werden, das der EU entgegengestellt wird. Strategisch können Akteur*innen der heterogenen Rechten mit diesem Zerfalls- und Kulturkampftheorem verschiedene Krisen auf verschiedenen Politikfeldern mit einer einzigen Interpretationsfolie deuten und je nach politischer Lage schnell von einer Krise zur nächsten springen. Europa als Feld und Vernetzungsebene erhielt im letzten Jahrzehnt noch einmal eine neue Bedeutung für die heterogene Rechte, auch wenn vieles, was sich ideologisch und strategisch in den Europavorstellungen und Kriseninterpretationen findet, eine lange Tradition aufweist, die bis in die Zwischenkriegszeit der 1920er Jahre zurückreicht. Ich gehe davon aus, dass sich seit zehn Jahren ungefähr ein europäisches Projekt der heterogenen Rechten herausbildet, das eine eigene Struktur hat und eine ganz eigene autoritäre Form von Politik hervorbringt. In der Forschung sowohl zur Europäischen Integration als auch zur heterogenen Rechten in Europa ist das transnationale Moment rechter Parteien und Bewegungen bislang unterbelichtet. Auch wenn es inzwischen gute und substantiierte Beiträge zu verschiedenen Aspekten dieses Problemkontextes gibt[82], so ist hier noch einiges an Forschung zu leisten. Dementsprechend sind die folgenden skizzenhaften Überlegungen auch eher als Teil eines Forschungsprogramms zu verstehen. Zunächst werden kurz die historischen Traditionslinien rechter Europavorstellungen dargestellt, in einem zweiten Schritt wesentliche Elemente der Europavorstellung herausgearbeitet und schließlich wird eine kurze Bestandsaufnahme des gegenwärtigen Stands des Europaprojekts der heterogenen Rechten in der multiplen Krise vorgenommen.

5.1 Europa und die europäische Rechte: zur langen Tradition des Europa-Bezugs europäischer rechter Akteur*innen

Die Epoche des Faschismus in Europa wird in der Regel mit Nationalismus, Rassismus, Antisemitismus und dem imperialistischen Anspruch des Nationalsozialismus und des italienischen Faschismus in Verbindung gebracht. In Relation zu anderen Aspekten des faschistischen Europas sind die Europa-Bezüge des Faschismus und Nationalsozialismus zwar historisch mittlerweile gut erfasst, aber, wie Gosewinkel analysiert, häufig in einem Dualismus gefangen, der das liberale Europaverständnis der Nachkriegszeit als normativen Bezugspunkt setzt und antiliberale/faschistische Europakonzepte als Anti-Europa-Vorstellung fasst (Gosewinkel 2012)[83]. Diese Entgegensetzung hat sicherlich damit zu tun, dass die Führungsriege des deutschen Nationalsozialismus und insbesondere Adolf Hitler wenig mit Europa anfangen konnten. Er schrieb 1928 über Coudenhove-

82 Siehe zum Beispiel Wölk 2020; Nissen 2022.

83 Zu den Europakonzepten des NS und des italienischen Faschismus siehe Kluke 1955; Fioravanzo 2010; Grunert 2012. Zu den konfligierenden Europavorstellungen deutscher Kapitalfraktionen im Zweiten Weltkrieg siehe: Li 2007. Zu den Europakonzepten der sogenannten konservativen Revolution der Zwischenkriegszeit siehe Knyazeva 2018.

Kalergis Paneuropa-Gesellschaft: «Den Überraschungen aber, die die Welt dann vielleicht noch erleben mag, würde am allerwenigsten ein pazifistisch-demokratischer-paneuropäischer Durcheinanderstaat ernstlichen Widerstand entgegensetzen können.» (Hitler 1961: 131) Für Hitler war Europa immer nur ein Tarnname für die angestrebte deutsche Vorherrschaft und Coudenhove-Kalergis Paneuropa-Idee kein Bezugspunkt. Umgekehrt konnte auch Coudenhove-Kalergi mit dem Nationalsozialismus nicht viel anfangen, dafür aber umso mehr mit dem italienischen Faschismus, mit dem er in den 1930er Jahren in einen regeren Austausch trat (vgl.Thöndl 2018). So publizierte er auch Artikel in der faschistischen Zeitschrift «Antieuropa», in der er 1930 schrieb: «Denn die sogenannten Antieuropäer sind keine Anti-Europäer – sondern der fascistische [sic.] Flügel der Paneuropa-Bewegung.» (zitiert nach: Thöndl 2018: 345). Dieser Flirt mit dem Faschismus basierte auf dem geteilten Antibolschewismus, aber auch wenn dieser blieb, lief der Kontakt im Laufe der 1930er Jahre aus.

Während in Italien relativ kontinuierlich Intellektuelle an faschistischen Europavorstellungen arbeiteten, die als «nuovo Europa» – «neues Europa» – gefasst wurden und vor allem ein Imperium unter italienischer Führung meinte (vgl. Fioravanzo 2010), wurde die Rede von einer «neuen Europäischen Ordnung» im Nationalsozialismus vor allem als Synonym für die deutsche Vormacht gebraucht. Die Bedeutung von Europa war dabei jeweils abhängig von der konkreten historischen Situation bzw. dem Verlauf des Kriegs. Victor Klemperer notierte in seinen Beobachtungen zur Lingua Tertii Imperii, zur Sprache des Dritten Reiches, dass vor dem Krieg Europa in der Propaganda keine besondere Bedeutung zukam, aber mit «dem Beginn des Rußlandfeldzugs [...] erlangte es eine neue und immer verzweifeltere Geltung» (Klemperer 2020: 183). Denn mit dem Russland-Feldzug wurde eine europäische Einheit des Antibolschewismus propagiert. So meldeten sich 200.000 Freiwillige aus ganz Europa, die in europäischen SS-Verbänden zusammengefasst wurden (vgl. Salewski 1987: 99). Für die NS-Führung blieb der Europabezug dennoch uneindeutig. So wurde beispielsweise Ende 1942 der Presse die Verwendung des Ausdrucks «Festung Europa» untersagt, die in den ersten Kriegsjahren die Stärke der Achse gegen die Alliierten ausdrücken sollte (vgl. Schmitz-Berning 2007: 232f.). Ab dann galt diese Formel als zu defensiv. Diese kurzen Beispiele zeigen die Praxisdimension nationalsozialistischer Europakonzeptionen, die darin dem Wandel der italienischen Europakonzeptionen ähnelten. Denn auch diese waren abhängig vom Kriegsverlauf und wandelten sich von der Wiederherstellung eines italienischen Imperiums mit den sich abzeichnenden Niederlagen im Krieg zur Vorstellung eines Europas der Nationen (vgl. Fioravanzo 2010).

Ebenfalls mit dem Kriegsverlauf gekoppelt waren die Vorstellungen über eine europäische wirtschaftliche Nachkriegsordnung, die auch je nach Gruppe/Fraktion unterschiedlich ausfielen. So wurden sowohl in den verschiedenen Behörden des NS-Staates als auch in den Konzernen jeweils eigene Vorstellungen entwickelt, die sich aus der NS-Ideologie einerseits und ökonomischen Interessen andererseits speisten (vgl. Li 2007). Diese Bedeutung der Praxis wie auch die – angedeutete – Vielzahl an unterschiedlichen Akteuren ist bei der Untersuchung nationalsozialistischer Europakonzepte zu beachten und dies gilt auch noch für die Betrachtung heutiger rechter bis faschistischer Gruppierungen und ihrem Verhältnis zu Europa: «Dabei sind allerdings allgemeinverbindliche Aussagen durch die Tatsache erschwert, daß sich in der Bewegung des Nationalsozialismus allzu viele, teils sich widersprechende Gruppen zusammenfanden.» (Kluke 1955: 241) Zentral für alle Vorstellungen war die Stellung Europas gegen England / Amerika / den Westen auf der einen Seite und den Bolschewismus auf der anderen Seite. Diese Feindmarkierungen wurden auch in der Nachkriegszeit bis heute immer wieder aktualisiert und mittels aktualisierter Europavorstellungen in politischen Konfliktfeldern in Stellung gebracht. Der Bezug auf Europa diente in der Nachkriegszeit sowohl dazu, europaweite Netzwerke faschistischer Gruppen herzustellen als auch zentrale Elemente faschistischer Ideologie zu erhalten und zu aktualisieren. Europa war und ist ein Motiv, das in seinen verschiedenen Ausprägungen als Grundlage für die Kooperation und den «Ökomenismus» (Griffin 2008: 175) verschiedenster rechter bis faschistischer Gruppen diente. «Eurofascism not only represents a major Element of continuity between the countless dialects of pre-war and post-war fascisms, but provides common ground between party political organisers and paramilitary activists, between skinhead racists and ‹educated› ideologues, between thugs and (pseudo-)intellectuals, between neo-Nazis and neo-fascists, between fascists and conservatives on the cusp between liberalism and the radical right.» (ebd.: 175f.)

Nach 1945 wurde die eurofaschistische Tradition recht schnell fortgesetzt und es entstanden viele Zeitschriften und Netzwerke (vgl. dSteinart 2015). Wichtig für die deutsche extreme Rechte wurde die Zeitschrift «Nation Europa», die von dem ehemaligen SS-Angehörigen Arthur Erhardt gegründet wurde. Die Formel «Nation Europa» wurde auch vom englischen Faschisten Oswald Mosley gebraucht (Mosley 1962), der auch an einigen europäischen Vernetzungsversuchen teilnahm und dessen Schriften heute auch in der Neuen Rechten noch ab und zu rezipiert werden (z.B. Kaiser 2011).

Wichtiger als Mosley jedoch war Jean Thiriart, ein Belgier, der im Zweiten Weltkrieg mit den Nazis kollaborierte und der nach dem Krieg die Bewegung «jeune europe» (Junges Europa) aufbaute, die in vielen europäischen Ländern, kurzzeitig zumindest, Gruppen hatte. Thiriart strebte an, ein europäisches «viertes Reich» (Thiriart 1966) zu errichten. In Frankreich entstand die Nouvelle Droite, deren Europavorstellungen bis heute ein zentraler Bezugspunkt für viele Akteur*innen der (Neuen) Rechten sind. Die Vereinigung GRECE (Groupement de Recherche et d'Études pour la Civilisation Européenne), die 1968 in Frankreich gegründet wurde, steht dabei einerseits für ein einflussreiches extrem rechtes Netzwerk und gleichzeitig aber auch dafür, dass die Nouvelle Droite (wie auch die Neue Rechte) keine homogene Gruppe darstellt, sondern sich aus verschiedenen historischen Traditionen speist und auch unterschiedliche Richtungen unter diesem Label vereinigt werden. So lassen sich Verbindungen zur französischen SS-Division «Charlemagne» nachweisen, die beispielsweise die Bewegung Europe-Action beeinflussten, der auch Gründungsmitglieder des GRECE angehörten (vgl. François 2017: 217). Dazu zählt zum Beispiel Dominique Venner, der zudem der Terrorgruppe Organisation de l'armée secrète (OAS) angehörte, die mit Anschlägen versuchte, die algerische Dekolonisierungsbewegung aufzuhalten und Algerien als französische Kolonie zu erhalten.

Die dritte Traditionslinie führt zurück zu den Vertretern[84] der sogenannten konservativen Revolution, einer diffusen Gruppe völkischer, nationalrevolutionärer und/oder nationalbolsche-

84 In diesem Falle waren es tatsächlich alle Männer.

wistischer Autoren, die zu den Wegbereitern des NS gezählt werden können, allerdings teilweise als Konkurrenz der NSDAP wahrgenommen wurden und daher nach 1933 einigen Repressionen ausgesetzt waren. So kann von rechten Akteur*innen direkt an völkische Ideologien angeknüpft werden bei gleichzeitiger Distanzierung vom NS. Ähnlich funktioniert auch die Traditionslinie zur Waffen-SS, die bis in jüngere Zeit als «erste europäische Armee» verstanden wird, die im «europäischen Einigungskrieg» gegen die Sowjetunion für ein geeintes Europa gekämpft habe (Virchow 2017: 153). Da die SS Europakonzepte vertreten hat, die sich von dem strategischen Europabezug Hitlers unterschieden, wurde auch von Vertretern der Nouvelle Droite die Selbststilisierung ehemaliger Angehöriger der SS zu einer «oppositionellen Organisation» (de Benoist, zitiert nach: François 2017: 220) vertreten. Europa wird dabei zu einer die verschiedenen rechten Strömungen vereinigenden Imagination, die zudem auf die gängige Unterscheidung eines liberalen Europas und eines illiberalen Anti-Europas zurückgreifen kann. Die Abgrenzung des liberal-kapitalistischen Europas gegen seine faschistische Vergangenheit wird dabei aufgegriffen, um völkische Europakonzeptionen als außerhalb der faschistischen Traditionen zu behaupten und damit (neo)faschistische Positionen zu legitimieren.

Aber Europa erwies sich auch in einem anderen Milieu als Möglichkeit, in der Nachkriegszeit an reaktionäre und antidemokratische Traditionen anzuschließen. Mit dem Topos des Abendlandes erfreute sich eine christliche Vorstellung großer Beliebtheit, mit der auf die gemeinsame christliche Vergangenheit rekurriert werden konnte bei gleichzeitiger Betonung historisch-kultureller Gemeinsamkeiten (vgl. Plichta 2001: 319f.). Dadurch konnten konkrete politische Fragen in den Hintergrund treten und zugleich die Einbindung Deutschlands in das Nachkriegseuropa begründet werden, indem herausgestellt wurde, «daß aufgrund der gemeinsamen europäischen Vergangenheit ein erneuertes Europa ohne Deutschland undenkbar sei» (ebd.: 320). Eine zentrale Schnittstelle war auch hier der Antikommunismus, der in Verbindung mit dem Abendland-Topos untergründig ein Konglomerat aus reaktionären Gesellschaftsvorstellungen weitertragen konnte. In konservativ-christlichen Kreisen konnte damit die Ablehnung der modernen Gesellschaft sowie die Forderung nach einer hierarchischen politischen Ordnung gegen die «Massendemokratie» chiffriert propagiert werden. Mit der Abendland-Formel verbunden war zudem die Entgegensetzung einer organischen Gebundenheit des Individuums gegen moderne Individualität und die Ablehnung der Säkularisierung der Gesellschaft (vgl. ebd.: 329).

Antikommunismus und Europa waren auch die Elemente, durch die sich alte Nazis mit der Bundesrepublik und der Westbindung arrangierten. Peter Schöttler zeichnet dies beispielsweise anhand des Lebens des SS-Brigadeführers Gustav Krukenberg nach (Schöttler 2012). Krukenberg vertrat in der Bundesrepublik auf der einen Seite ein Europakonzept, das von einer deutsch-französischen Verständigung als Kern der europäischen Integration geprägt war und gleichzeitig unterhielt er regen Kontakt mit einem Netzwerk ehemaliger SS-Angehöriger, insbesondere der französischen SS-Division, mit der er schon während des Krieges zu tun hatte (ebd.: 379ff.). Die antikommunistische Politik der Westbindung erleichterte alten Nazis die Integration in die politische Gesellschaft der Bundesrepublik. «Westintegration, NATO-Mitgliedschaft und Wiederaufrüstung, also die Eckpfeiler der Regierungspolitik, richteten sich ja gegen denselben alten Feind, und ‹Europa› bot erneut das verbindende Stichwort. Wann immer Krukenberg, landauf, landab, den großen Bogen schlug – vom Mayrisch-Komitee zur Montanunion und schließlich zur Europäischen Wirtschaftsgemeinschaft seiner Gegenwart: Er vergaß nie, die kommunistische Gefahr und die Verteidigungsbereitschaft des Westens zu beschwören.» (ebd.: 381)

Das deutsch-französische Verhältnis war auch bei der Nouvelle Droite eine Ebene, um die eigene europäische Ausrichtung zu begründen. Für sie war – bis zum Ende der 1990er Jahre – Karl der Große ein zentraler Bezugspunkt (vgl. Zinell 2007: 400; Larat 2000). Dabei interpretierten sie eine historische Figur, auf die sich auch im Rahmen der Europäischen Integration nach 1950 bezogen wurde (der Karlspreis wird in Aachen, der Krönungsstadt von Karl dem Großen, verliehen) in einem spezifischen Sinn. Das karolingische Reich bildete für sie «die Idealform einer europäischen Wiedervereinigung», da das Reich «nicht einfach eine große Nation gewesen» sei, «sondern eine «übernationale und sakrale Institution», das Reich als das Universelle, das einen Gegensatz zur Universalität bilde (Zinell 2007: 401).

All diese Elemente wurden auch in der deutschen Neuen Rechten weiterentwickelt, in den 1970ern vor allem von Henning Eichberg, der den Ethnopluralismus in Deutschland bekannt machte und eine «spezifisch-europäische» Struktur behauptete (Eichberg 1975). Er wollte ein europäisches Gegenbewusstsein in einer «‹Grammatik› der Indoeuropäer» finden, womit er das Europäische deutlich von einem universellen Menschheitsbegriff abgrenzte (Eichberg 1975: 4). Dieser Rückgriff auf das Indoeuropäische (oder Indogermanische) ist sowohl in der französischen Nouvelle Droite und der Identitären Bewegung als auch in der deutschen (neuen) Rechten anzutreffen (vgl. Zinell 2007; J.-Y. Camus 2017) und war ebenfalls wichtiger Bestandteil in der Konstruktion des arischen Mythos (vgl. Poliakov 1993: 209ff.). Verbunden ist dies mit der Annahme einer «direkten, ununterbrochenen Abstammungslinie von den Indogermanen […], die als historisches Volk, als Träger eines Systems der gesellschaftlichen Organisation und als Übermittler kultureller Werte und Mythen gelten» (J.-Y. Camus 2017: 234). Diese Verknüpfungen von Kultur und «volklicher» Identität sind bei allen neurechten und völkischen Gruppen der Gegenwart zu finden und wenn Neurechte von europäischen Werten und Kultur sprechen, ist immer dieser Zusammenhang gemeint. Gegenwärtig finden sich diese Traditionslinien bei Vertreter*innen der Identitären Bewegung bzw. deren Resten und Nachfolgeorganisationen, dem Antaios Verlag und auch dem Jungeuropa-Verlag, der sich auf Neuauflagen und Übersetzungen der französischen Nouvelle Droite und anderer rechter bis faschistischer Europadenker*innen spezialisiert hat. Auch in den europäischen rechten Parteien finden sich Elemente dieses völkischen Europadenkens, in der AfD wie im Rassemblement Nation oder anderen Parteien insbesondere der Fraktion Identität und Demokratie im Europäischen Parlament.

Diese Zusammenstellung der Kontinuitäten soll nun nicht suggerieren, dass die extreme Rechte bisher tatsächlich einen großen Einfluss auf Entscheidungen und Entwicklungen der europäischen Integration hatte. Inzwischen wächst zwar der Einfluss der heterogenen Rechten auf die Entwicklung der EU durch Regierungsbeteiligungen rechter bis postfaschistischer Parteien in einigen Mitgliedsländern, aber die Integration selbst ist keine Umsetzung von Plänen der extremen Rechten. Es gibt allerdings – um eine letzte rechte Strategie im Umgang mit der EU zu bennenen – rechtskonservative Historiker wie John Laughland, der behauptet, dass die europäische Integration auf der Umsetzung von Plänen der Nationalsozialisten beruhe oder Verschwörungsideologen wie Oliver Janich (2014), der dasselbe behauptet. Laugland konnte mit diesen Thesen beispielsweise bei Konferenzen des Querfront-Magazins Compact auftreten, was den Impetus seiner Interpretation deutlich macht. Bei beiden ist die EU nicht nur die Umsetzung von Plänen der Nazis, sondern auch gleichzeitig die Umsetzung kommunistischer Pläne bzw. wird die Europäische Integration als «marxistisches Utopia» (Laughland 2009) bezeichnet. Bei diesen Ansätzen liegt die letztlich wiederum die völkische Annahme zugrunde, dass die EU die homogenen Völker Europas zerstöre und ein antinationales Weltreich anstrebe. Auch diese Linien findet man in rechten Debatten und sie werden durchaus auch in linksnationalistischen Kreisen anschlussfähig und finden in Debatten um Demokratiedefizite der EU und den Nationalstaat ebenfalls manchmal Anklang (z.b. bei Mitchell/Fazi 2018).

5.2 Europaimaginationen der heterogenen Rechten

Ein Element der multiplen Krise ist die Krise der Legitimität der EU und damit eine Krise bisher hegemonialer Europaimaginationen. Der gesellschaftliche Konsens über das Integrationsmodell bröckelt zunehmend und mit den Widerspruchsverschärfungen (zwischen den und innerhalb der Mitgliedsstaaten, deutliche Zunahme autoritärer Tendenzen, Abbau von Grundrechten oder sozialen Rechten usw.) gerät das gesamte Gesellschaftsmodell, das mit der Europäischen Integration verbunden ist in eine existentielle Krise. Damit werden grundlegende Gesellschaftsvorstellungen zum Gegenstand gesellschaftlicher Kämpfe. Die Frage, was eigentlich Europa ist und sein sollte, wird in der Krise der EU neu verhandelt, d.h. es öffnen sich Räume, die von rechten Akteur*innen genutzt werden, indem über eigene Vorstellungen von Europa die Akzeptanz autoritärer, sexistischer, rassistischer und antisemitischer Denk- und Praxisformen vergrößert wird. Daher spielen gegenwärtig Europaimaginationen in der heterogenen Rechten eine wichtige Rolle in ihrer gesellschaftlichen Verankerung, aber auch für die eigene Vernetzung über nationalstaatliche Grenzen hinweg. Die EU selbst bietet dabei mit dem Europäischen Parlament eine Plattform der Vernetzung und Zusammenarbeit, die auch von rechts genutzt wird, um die eigenen Ressourcen und Einflussmöglichkeiten zu erhöhen (vgl. McDonnel/Werner 2019). Zugleich haben sich durch die Europäische Integration Politikfelder und damit die Arenen der Aushandlung politischer Entscheidungen europäisiert. Effekt dieser Europäisierung ist, dass politische Akteur*innen europäische Lösungen insbesondere für Krisen finden müssen. In der Interpretation der Krise der EU und der Mobilisierung greifen Akteur*innen verschiedener rechter Strömungen/Parteien trotz aller Unterschiedlichkeiten auf einige ideologische Grundmerkmale zurück, die so etwas wie die ideologische Basis eines möglichen rechten Europaprojekts bilden. Allerdings, und das ist wichtig, bilden Rechte keine kohärente Theorie der EU aus, sie entwerfen kein kohärentes Europa, keine rationale Zukunftsvision, sondern ihre Texte und Aussagen basieren immer auf irrationalen Grundannahmen, die in letzter Konsequenz immer auf Gewalt hinauslaufen. Daraus folgt eine spezifische Struktur rechter Ideologie, die auch die Europaimaginationen prägt. Es gibt daher nicht ein Konzept von Europa, sondern eine Vielzahl an Vorstellungen, die je nach Situation angepasst werden können. Dies ermöglicht es, in der multiplen Krise eine Art Politikfeldjumping zu betreiben, indem jede neue Krise mit dem gleichen Denkschema verhandelt werden kann und zugleich die Frage nach der Bearbeitung oder Lösung der Krise durch die Mobilisierung von (Wut)Affekten substituiert wird (Keil 2022).

Trotz vieler Widersprüchlichkeiten und Uneindeutigkeiten, zu denen noch unterschiedliche ökonomischen Interessen verschiedener rechter Akteur*innen hinzutreten, lässt sich eine Grundstruktur der rechten Europavorstellungen herausarbeiten, die sich im Prinzip seit der Zwischenkriegszeit des 20. Jahrhunderts nur wenig geändert hat. Im Folgenden werde ich daher versuchen, in aller Kürze dieses inkohärente, in sich widersprüchliche Konglomerat zu ordnen. Die Grundstruktur der Europaimagination rechter Akteur*innen besteht im Prinzip aus fünf Elementen, die in verschiedenen Kombinationen zusammen die Antwort auf die Frage «was ist Europa?» ergeben. Dabei möchte ich vor allem einen Blick hinter die gängigen Formulierungen werfen. Jene bestehen vor allem in den Formeln

«Europa der Vaterländer/Nationen», «Nation Europa», «Europäisches Reich», oder«Eurasien»[85]. Welche dieser Formeln verwendet wird, hängt von der Stellung im politischen Konflikt ab wie auch von der konkreten Situation, in der es geäußert wird. Vom «Europa der Vaterländer» sprechen vor allem die sogenannten Rechtspopulist*innen, allerdings kommen in diesen Parteizusammenhängen durchaus auch Reichsvorstellungen oder solche von «Eurasien» vor. Hauptsächlich werden diese Konzepte aber im Umfeld der rechten Parteien, in unterschiedlichen Zeitschriften oder in Think Tanks und deren Veranstaltungen verhandelt, so dass die Grenzen der einzelnen Formeln auch nicht zwingend einem Spektrum der heterogenen Rechten zugeschrieben werden können. In den letzten Jahrzehnten ist dabei ein europaweites und auch global wirkendes Netzwerk entstanden.

Was ist nun Europa für die heterogene Rechte? Erstens wird Europa als Gegensatz zur EU verstanden, zweitens wird Europa gegen «den Westen» abgegrenzt, drittens ist Europa ein Mythos und ein Sein, das dem Dasein vorgängig sei, viertens wird Europa als Kampf verstanden und fünftens weist Europa eine eigene, spezifische Vergangenheit auf, deren Traditionen durch die Moderne bedroht seien. In diesen fünf Elementen steckt auch sechstens eine Kriseninterpretation und damit ein strategisches Element.

5.2.1 Die Ablehnung der EU

Die EU ist in der Europaimagination ein zentrales Feindbild, denn die EU ist in den Augen rechter Akteur*innen eine falsche Repräsentation von Europa. Mit der EU findet die «sonst so abstrakte Globalisierung [...] einen konkreten Schuldigen» (Decker 2017: 47). Diese Ablehnung der Globalisierung be-

85 Dazu kommt das heute nicht mehr vorkommende Konzept «Eurafrika», das vor allem in der französischen nouvelle droite eine Rolle gespielt hat, die damit an den oben skizzierten Kolonialismus Frankreichs anknüpften. Angehörige der nouvelle droite wie Dominique Venner waren zudem Mitglied der Terrororganisation organisation l'armee secrete», die mit Anschlägen versuchte, die algerische Unabhängigkeit zu verhindern. Dazu gibt es noch das «Intermarium»-Konzept, das vor allem von polnischen und ukrainischen Rechten vertreten wird, das eine Art Zwischenreich zwischen Russland und «dem Westen» meint.

ruht nicht auf ökonomietheoretisch fundierten, sondern auf ressentimentgeladenen und inkohärenten Annahmen über gesellschaftliche Entwicklungen. Das Ressentimentgeladene zeigt sich auch darin, dass die Feindbildzeichnung der EU auch nicht immer Realitätsbezug haben muss. Die Verwischung epistemischer Grundlagen gesellschaftlicher Verständigung ist ein wesentlicher Aspekt allen Handelns rechter Akteur*innen (vgl. Keil 2023).

Die Ablehnung der EU weist fünf Dimensionen auf, die einzeln oder auch zusammen auftreten können. Die erste Dimension besteht in der Ablehnung der EU als «totalitaristisch/sozialistisch», die zweite in der Ablehnung der EU als «kosmopolitisch», die dritte in der Ablehnung europäischer Migrationspolitik, Multikulturalismus und Migration im Allgemeinen, die vierte in der Ablehnung der Gleichstellungs- und Geschlechterpolitik der EU und die fünfte Dimension in der Ablehnung der Vergangenheits- und Geschichtspolitik der EU[86] (vgl. Keil 2020). In der Ablehnung konkreter Politiken – Migration, Gender, Vergangenheit – geht es allerdings nicht darum, tatsächlich Kritiken daran zu formulieren, sondern diese konkreten Politiken dienen in der Regel auch nur als Folie für die eigenen Phantasmen über eine vermeintlich totalitäre EU. Von autoritären Neoliberalen wie dem ehemaligen AfD-MdEP Hans-Olaf Henkel, der die EU als «EUdSSR» (zitiert nach Häusler/Röser 2015: 44) bezeichnete, über die derzeitige AfD-Bundessprecherin Alice Weidel, die EU-Entwicklungen mit «sozialistischen, planwirtschaftlichen Ansätzen» vergleicht (Weidel 2018), bis hin zur immer wiederkehrenden Formulierung, die EU würde ein «Superstaat», der totalitäre Züge habe. Die Imagination der EU als sozialistisches oder gar kommunistisches Projekt dient zur Verknüpfung der anderen Ablehnungsdimensionen. Exemplarisch heißt es in einer Deklaration für die Zukunft Europas, die 2021 nach einem Treffen 16 Parteien des (extrem) rechten europäischen Spektrums unterzeichnet hatten: «The EU is becoming more and more a tool of radical forces that would like to carry out a cultural, religious transformation and ultimately a nationless construction of Europe, aiming to create of a European Superstate, destruct or cancel of European tradition, transform of basic social institutions and moral principles.» (Deklaration

86 Die fünfte Dimension werde ich hier ausklammern und weiter unten in Punkt 5.2.5. behandeln.

2021) Die EU als Werkzeug angeblicher radikaler Kräfte (gemeint sind Leute wie Kommissionspräsidentin Ursula von der Leyen (CDU)), die einen nationslosen Superstaat errichten wollen, um europäische Traditionen und basale soziale Institutionen zu zerstören, umfasst in einem Satz fast alle Dimensionen. Mit den basalen Institutionen ist die traditionelle Familie gemeint, die Ehe zwischen Mann und Frau, die zusammen mit den europäischen Traditionen zerstört werde mittels Errichtung eines sozialistischen Superstaats. Den rassistischen und antisemitischen Unterton dieser Imaginationen hört man noch deutlicher bei einer Aussage des Vorsitzenden der extrem rechten spanischen Vox, der 2022 sagte: «Somos nosotros los que defendemos Europa y defender Europa es decir que no permitiremos que se alce la bandera de la hoz y el martillo, ni la de la media luna, ni la bandera oscura y apátrida de las élites globalistas»[87] (zitiert nach: La Gaceta 29.1.2022). Die EU wird jenseits der Realität als eine Instanz begriffen, die zugleich eine sozialistische Diktatur errichten möchte, die Herrschaft der kosmopolitischen kapitalistischen Elite stützt und Migration befördert, um europäische Traditionen und Völker aufzulösen. Damit wird das Feindbild der EU zu einer Erneuerung des alten faschistischen antisemitischen Wahnbildes einer Verschwörung von Kommunismus und Kapitalismus gegen die authentischen Völker.

5.2.2 Europa gegen «den Westen»

Die Imagination der EU als kosmopolitische Agentur einer globalistischen Elite ist aktueller Ausdruck eines alten anti-westlichen Ressentiments. Das Fundament dieses anti-westlichen Ressentiments findet sich schon bei Möller van den Bruck, der 1923 einen Artikel über die die Frage, was denn europäisch sei, schrieb. Darin heißt es, der Westen «war immer zu schwach, um Europa zu sein» (1923: 2). Gerichtet war diese Aussage gegen Frankreich und insbesondere die Französische Revolution. Dementsprechend heißt es weiter: «Immer nur mit seinen Ideen konnte der Westen werben, in Europa, und in der Welt. Es waren die Ideen der Aufklärung, der französischen Revolution

87 «Wir sind es, die Europa verteidigen, und Europa zu verteidigen bedeutet zu sagen, dass wir nicht zulassen werden, dass die Flagge von Hammer und Sichel gehisst wird, noch die Flagge des Halbmonds, noch die dunkle und staatenlose Flagge der globalistischen Eliten».

und, in der Summe, einer Weltdemokratie, die der Welthierarchie entgegengesetzt wurde.» (ebd.) Der «Geist von Europa» wurde nach Möller van den Bruck im Kampf gegen Napoleon Anfang des 19. Jahrhunderts von den Deutschen «wieder hergestellt» (ebd.). Neben der Französischen Revolution wird vor allem die USA mit dem Westen identifiziert. Aber auch Großbritannien wird dem Westen zugerechnet. Der AfD-Politiker Maximilian Krah bezeichnet die Entwicklung der USA und Großbritanniens jeweils als «Ent-Europäisierung» durch Auflösung der europäischen Wurzeln in multikulturell-westlichen Gesellschaften (Krah 2023: 65f.). Die Idee der Staatsnation, die nicht auf blutsmäßiger Abstammung, sondern einem Willensverhältnis basiert, und die mit Individualismus und pluralistischen Gesellschaften assoziiert wird, ist immer wieder Ziel rechter Angriffe. Etwa Alexander Gauland, der von der Nation als «Schicksalsgemeinschaft» spricht, (2019: 10) [...] den Rechtsstaat mit der preußischen Monarchie unter Friedrich II. identifiziert und dadurch explizit von der Französischen Revolution abgrenzt (ebd.: 11) und zudem der EU vorwirft, den «Völkern das Gemeinschaftsempfinden» auszutreiben, «um sie schließlich in einem von bindungslosen Individuen besiedelten Wirtschaftsgroßraum aufzulösen, von dem linke und neoliberale Vereinheitlicher in absurder Einhelligkeit träumen» (ebd.: 19). Valerio Benedetti, Teil der faschistischen Casa-Pound-Bewegung, schreibt in der neurechten Zeitschrift Tumult, dass «einem entwurzelten, geschichts- und ideenlose Menschenbild [...] nur noch ein entwurzeltes, geschichts- und geistloses ‹Europa› entsprechen» könne (Benedetti 2021: 12). Der westliche Individualismus, durchgesetzt durch die EU, sorge für die «Entwurzelung» der europäischen Völker und damit für deren Auflösung. Diese Abgrenzung Europas gegen «den Westen» beinhaltet daher auch den rechten Antikapitalismus, der allerdings kein Antikapitalismus ist, sondern ein Antiliberalismus, der letztendlich auf völkische Vorstellungen von Gesellschaft hinausläuft.

5.2.3 Europa als Mythos/Sein

Bei diesen Abgrenzungen geht es nicht darum, eine tatsächliche Alternative zur Europäischen Integration zu entwickeln, sondern darum, europäische Politikfelder semantisch neu zu ordnen, die Epistemologie der Aufklärung zu zerstören und das

Ringen um Wahrheit und politische Lösungen durch die «mobilisierende Kraft der Mythen» (Lenk 1994: 283) zu ersetzen. Schon in der Aussage, die EU sei ein sozialistisches oder gar kommunistisches Projekt zeigt sich ein fehlender Realitätsbezug und so wird Europa, das gefangen sei zwischen Sozialismus und Liberalismus zu einem eigenen Mythos, den es durch die Tat zu retten gelte. Europa sei, wie es der Identitäre Mario Müller ausdrückt, ein «Geheimnis», das «über Jahrtausende bei uns geblieben sei» (Müller 2017: 80). Dies unterstellt etwas, das sich über Jahrtausende nicht verändert hat, gleichzeitig ein Geheimnis und daher nur von den Wissenden zu heben ist. Auf eine Jahrtausende währende europäische gleichgebliebene Substanz zu rekurrieren, die von allen gesellschaftlichen Veränderungen unberührt geblieben sei, ist das zentrale Element einer mythisierenden Europabestimmung. Henning Eichberg, wichtigster Autor der deutschen neuen Rechten der 1970er Jahre behauptete so eine Struktur in Europa zu finden, die nicht allgemein-menschlich, sondern ethnisch-spezifisch europäisch ist (Eichberg 1975: 4).

Europa als vorgesellschaftliche, überhistorische Struktur findet sich auch in Aussagen über das Sein Europas. Exemplarisch steht für diese Linie eine Formulierung Björn Höckes (AfD), der auf einem Treffen des damals noch existenten Flügels der AfD eine Grundsatzrede über Europa hielt. Europa habe sich der Frage zu stellen, ob es sein wolle oder nicht, daher formulierte er: «Europa ist Hamlet» (Höcke 2018). Das spielt einmal auf die Frage Hamlets («Sein oder Nichtsein?») an, bezieht sich auch auf einen Text von Paul Valery und wurde in diesem Sinne auch schon vom französischen Vordenker der Nouvelle Droite Alain de Benoist gebraucht (2023 [2008]: 321). Darin kommt auch das Verhältnis von Mythos, Wille und Tat zum Ausdruck: Nun stehe die aktive Entscheidung an, die europäische Hamletfrage praktisch zu beantworten: wolle man weiter einen «Dämmerschlaf, der schon fast einem Todesschlaf gleicht» (Höcke 2018), schlafen oder die «Unentschlossenheit» aufgeben (de Benoist), um «die Hamlet-Frage mit einem klaren, unmissverständlichen, unüberhörbaren Ja zum Sein [zu] beantworten. Wir wollen jetzt sein, wir wollen morgen sein, und wir wollen so lange als Europäer sein, wie die Erde sich um die Sonne dreht» (Höcke 2018). Höcke bezieht diesen Gedanken unmittelbar auf Heidegger: «Dass ich nicht von Dasein gesprochen habe, sondern ‹Sein›, das mag den philosophisch Bewanderten jetzt aufgefallen sein, damit möchte ich natürlich zeigen, dass wir uns nicht in der Trivialität unserer eigenen, begrenzten physischen und irdischen Existenz verzehren und verlieren.» (ebd.) Schon Heidegger brachte «die Frage nach dem Sein in den Zusammenhang mit dem Schicksal Europas» (Heidegger 1935: 44). Und auch bei Heidegger ist Europa zwischen zwei Polen eingeklemmt und droht unterzugehen. «Dieses Europa, in heilloser Verblendung immer auf dem Sprunge, sich selbst zu erdolchen, liegt heute in der großen Zange zwischen Rußland auf der einen und Amerika auf der anderen Seite. Rußland und Amerika sind beide, metaphysisch gesehen, dasselbe; dieselbe trostlose Raserei der entfesselten Technik und der bodenlosen Organisation des Normalmenschen.» (Heidegger 1935: 40f.) Bei der Behauptung eines mythischen Europas geht es also um – letztlich antisemitische – Annahmen einer vorgesellschaftlichen Verwurzelung, die durch die moderne Gesellschaft zerstört werde. Um den Mythos / das Sein nun zu retten, müsse das «Bodenlose» bekämpft werden. In der rechten Behauptung eines Gegensatzes von Europa zur EU steckt immer etwas von dieser völkisch-mythischen Grundannahme.

5.2.4 Europa als Kampf

Europa als Mythos heißt allerdings nicht allein die gedankliche Konstruktion einer vermeintlichen vorgesellschaftlichen, überhistorischen Struktur, die von den Entwicklungen moderner Gesellschaft unter Druck gerät, sondern beinhaltet eine Aufforderung zur Tat. Denn der Mythos Europa könne nur im Kampf verwirklicht werden. Umgekehrt lassen Kampf und Tat den Mythos überhaupt erst lebendig werden. Damit Europa seine ursprüngliche Identität wahren kann, brauche es also den Kampf: «Dieser Kampf der Europäer für Selbstbestimmung und die Wahrung der eigenen Identität wird einen neuen europäischen Mythos schaffen. Ein Mythos, der für die europäische Völkergemeinschaft in Zeiten mangelnder zentraler Bindungskraft durch eine funktionierende Universalkirche erforderlich sein wird. Eine neue Einheit und ein neues Identifikationsnarrativ zu stiften. Eine bloße Vergewisserung vergangener großer Zeiten ist nicht ausreichend, um die heute nötigen Energien zu entfesseln.» (Höcke 2018) Diese Widersprüchlichkeit ist dabei gewollt, denn die «programmatische Ambivalenz» (Ptak 2018), bzw. programmatische Inkohärenz (Toscano 2023) rechter Akteur*innen gehört zum Wesenskern rechter Imaginationen, die auf die Mobilisierung von Affekten und die Legitimierung von kollektiv ausgeübter, unmittelbarer Gewalt zielen. Deutlich formulierte es der Antaios-Autor Parviz Amoghli in der Zeitschrift Tumult 2017: «Doch woher soll in Zeiten grenzenloser Beliebigkeit jener europaüberspannende Mythos kommen, der nach innen integriert und nach außen bereit sowie fähig ist, der invadierenden Gottheit zumindest auf Augenhöhe zu begegnen? Das wird sich zeigen. Mythen, zumal solche, auf denen Imperien gründen, lassen sich nicht konstruieren; sie wachsen. Bevor sie das aber tun können, steht die gewaltsame Auseinandersetzung. Der Kampf geht dem Mythos voraus. Der eine verleiht dem anderen erst seine metaphysische Tiefe und Kraft, aus der ein Reich Legitimität und Legitimation schöpft.» (Amoghli 2017: 32)

Es geht gegen Migrant*innen und als nichteuropäisch definierte Menschen und dabei häufig gegen Muslime. Die Vorstellungen eines «großen Austauschs» (Renaud Camus) der europäisch-autochthonen Bevölkerungen durch die EU sind rassistische Aktualisierungen immer wieder beschworener Untergangsszenarien und ein Bindeglied zwischen verschiedenen Exklusionspraktiken wie auch verschiedener rechter Strömungen. «Als Agitationsschwerpunkt der sogenannten Neuen Rechten dient er [der ‹große Austausch›; D.K.] mittlerweile als Bindeglied zwischen dem breit gefächerten und heterogenen Lager des weißen Ethnonationalismus. Populistische Politiker wie Viktor Orbán, Norbert Hofer, Donald Trump oder Alexander Gauland haben in ihren Äußerungen den Mythos aufgegriffen oder Anspielungen auf ihn gemacht.» (Winkler/Goetz 2019)

In dieser Reformulierung des alten rechten Konzepts des «Volkstods» (vgl. Botsch/Kopke 2019) verknüpfen sich antifeministische mit rassistischen Topoi. Der Kampf gegen Migration wird dabei auch zur Reartikulation einer kriegerischen Männlichkeit genutzt. Und schließlich liegt dieser Vorstellung eine grundlegend antisemitische Figur zugrunde, dass (heimliche) Eliten diesen großen Austausch planen und durchführen würden, um einen kosmopolitischen Weltstaat zu errichten. Ähnliches hatte schon Adolf Hitler in den 1920er Jahren formuliert. Die rechte Europaimagination läuft also auf den Widerspruch hinaus, einen neuen Mythos konstruieren zu wollen, um etwas Ursprüngliches zu retten, was aber dem Untergang geweiht ist. Medium des Mythos Europa ist der Kampf, der überhaupt erst den Mythos schafft, den er retten soll. Es ist das, worauf rechte Akteur*innen immer hinauswollen: die Ausübung unmittelbarer Gewalt gegen politische Gegner*innen zur Durchsetzung sexistischer, rassistischer und antisemitischer Homogenitätsfantasien.

5.2.5 *Europa und die Vergangenheit*

Ein wichtiges Element, das ebenfalls mehrere rechte Ideologeme miteinander verwebt, ist die Vorstellung der europäischen Vergangenheit. Auch wenn es je nach Strömung der heterogenen Rechten unterschiedliche Auffassungen der Vergangenheit und Traditionen gibt, so lassen sich dennoch zwei Dimensionen herausarbeiten, die strömungsübergreifend zu beobachten sind. Eine Dimension ist die Ablehnung der hegemonialen Geschichtsschreibung und der Vergangenheitspolitik der EU. Die zweite Dimension besteht in der Entwicklung einer eigenen, mythischen Geschichtsvorstellung, die eine völkische europäische Identität begründen soll. Die Geschichtsschreibung der EU wird dabei als Bruch mit den völkischen Traditionen gewertet, den es rückgängig zu machen gelte.

Die hegemoniale Geschichtsschreibung der EU spielt, wie oben kurz skizziert, eine zentrale Rolle in der Entwicklung einer europäischen Identität, die unter anderem aus Abgrenzung gegenüber dem Nationalsozialismus gewonnen wird (vgl. Keil 2015). Darin enthalten ist die Erzählung der Europäischen Integration als Friedensprojekt und als Lehre aus dem Totalitarismus des 20. Jahrhunderts. Der Kampf von rechts gegen diese Geschichtsschreibung will die Bedeutung des Nationalsozialismus und von Auschwitz herunterspielen und letztendlich dadurch antifaschistische Positionen delegitimieren. Auschwitz wird als letzter «Mythos» (Sieferle 2017: 63) bezeichnet, der von den Herrschenden errichtet worden sei, um die Völker zu unterdrücken. So ist im Grundsatzprogramm der AfD von 2016 in Bezug auf Deutschland die Rede von einer «Verengung der deutschen Erinnerungskultur auf die Zeit des Nationalsozialismus», die «zugunsten einer erweiterten Geschichtsbetrachtung aufzubrechen» sei, «die auch die positiven, identitätsstiftenden Aspekte deutscher Geschichte mit umfasst» (AfD 2016: 48). Auf Europa bezogen ist beispielsweise bei Björn Höcke von einer Geschichte Europas von «dreitausend Jahren» (Höcke 2015) die Rede, die angeblich vergessen werden würden. Der Bruch mit dieser Geschichte wird auf das «Epochenjahr 1945» (Höcke 2018) gelegt und damit mit der Niederlage des europäischen Faschismus identifiziert. «Der Alte Kontinent, der lange die Welthegemonie besaß, hat sich seit 1945 aus der Geschichte verabschiedet. Das wissen alle, selbst wenn es keiner gerne zugibt. Anstatt eine Umkehr vorzubereiten, haben die Verträge von Maastricht und Lissabon die Bedeutungslosigkeit Europas nur bestätigt und verstärkt.» (Benedetti 2021: 12)

Der Rekurs auf eine dreitausendjährige Geschichte soll also vor allem die Bedeutung des 20. Jahrhunderts und die europäische Integrationsgeschichte negieren sowie eine vorchristliche Geschichte hervorheben und damit völkische Traditionslinien konstruieren. Die dreitausend Jahre verweisen dabei implizit auf indoeuropäische Wanderungen, die als Gründungsmoment Europas verstanden werden. Darüber hinaus finden sich immer wieder Bezüge zu historischen Ereignissen oder Personen, die in ideologischer Weise interpretiert und für die Konstruktion eines völkischen Europas nutzbar gemacht werden (vgl. Keil 2020).

Politisch nutzbar wird die Vorstellung eines Bruchs mit der eigenen Geschichte in Angriffen auf die EU als Konstruktion einer Elite, die die Völker und Nationen zerstören wolle. In einer Deklaration zur Zukunft Europas, die 16 rechte Parteien der EU 2021 in Warschau unterzeichnet haben, heißt es: «The EU is becoming more and more a tool of radical forces that would like to carry out a cultural, religious transformation and ultimately a nationless construction of Europe, aiming to create of a European Superstate, destruct or cancel of European tradition, transform of basic social institutions and moral principles.» (Deklaration 2021) Und Frank Furedi, Leiter des Brüsseler Standortes des ungarischen Think Tanks Mathias-Corvinus-Collegium warf bei einer Rede auf einer Veranstaltung der Stiftung der Identität-und-Demokratie-Fraktion des Europäischen Parlaments der europäischen Elite vor, Europa und die europäischen Kulturen von ihren historischen Ursprüngen abzutrennen, um ein neues Jahr Null zu schaffen (Furedi 2023). Als elementaren Teil dieser Geschichte und Traditionen sieht die heterogene

Rechte Geschlechter- und Familienverhältnisse, die durch europäische Gleichstellungspolitiken zerstört würden und von deren Ursprüngen die Europäer*innen nun abgetrennt würden. Das zweite Element besteht in der Abwehr einer kritischen Aufarbeitung des europäischen Kolonialismus, durch die – wie durch die hegemoniale Geschichtsschreibung zum Nationalsozialismus und Faschismus – die Europäer*innen derart mit Schuld beladen würden, dass sie weder nationale noch globale Weltpolitik machen könnten. Der Kampf um die Deutung der Vergangenheit Europas erweist sich so als ein zentrales Kampffeld rechter Parteien und außerparlamentarischer Akteur*innen, um letztendlich demokratische Entwicklungen, antifaschistische, feministische und antikoloniale Politiken zu delegitimieren und anzugreifen.

5.2.6 Rechte Kriseninterpretation und deren strategische Implikationen

In der kurzen Skizze rechter Europaimaginationen werden strategische Elemente rechter Propaganda sichtbar, die für die Bekämpfung weiterer Rechtsentwicklungen von großer Bedeutung sind. Deutlich wird, dass die rechte Kriseninterpretation sich im Prinzip auf ein Schema reduziert: Die Krise Europas besteht demnach darin, dass das Europa der Gegenwart vom ursprünglichen/mythischen Europa getrennt werde. Diese Trennung finde statt durch Migration (Auflösung der Homogenität), durch Liberalismus und Kosmopolitismus sowie durch Gleichstellungspolitik. Jene Trennung wird in der rechten Ideologie projiziert auf die EU. Dabei kann die Annahme einer Trennung auf jedes Politikfeld angewandt werden, so dass jede neue entstehende Krise, jede Teilkrise der multiplen Krise, mit dem gleichen Schema und mit der gleichen Diagnose bearbeitet werden kann: Es brauche den Kampf gegen alle Erscheinungen dieser angenommenen Trennung. Individuelle Leidenserfahrungen können so als Ergebnis des Auseinanderbrechens der mythischen Einheit Europas gedeutet werden. Dadurch wird affektverstärkend an diese Leidenserfahrungen angedockt, die aber weder rational bearbeitet noch politisch gelöst werden sollen. Sie dienen rechten Akteur*innen als Mobilisierungselemente zur Errichtung eines europäischen Rechtsblocks, eines autoritären und repressiven Europas, das auf Gewalt, Rassismus, Antisemitismus und Antifeminismus gründet. Alle Verwerfungen und Blockaden der multiplen Krise der EU können so auf einen Volk-Nichtvolk-Dualismus projiziert werden. Dies hat auch eine epistemische Krise zur Folge, da derart die Krisendiagnose von der Analyse der Realität abgekoppelt und somit der Raum für semantische Verschiebungen und Verwirrungen geöffnet wird. So wird die diskursive Struktur der Kämpfe von rechts verändert und derart geprägt, dass Positionen, die einer kritischen Aufklärung verpflichtet sind, verhöhnt und verdrängt werden können. Bestes Beispiel dafür sind die massiven Einflüsse von rechten Klimawandelleugnungen und die permanenten Angriffe auf Akteur*innen, die den Klimawandel wirksam bekämpfen wollen. In der Imagination «Europa verteidigen» werden diese irrationalen Strategien verdichtet, Vorstellungen heroischer/ritterlicher Männlichkeit, untergeordneter Weiblichkeit und apokalyptische Ideen eines «großen Austauschs» werden darin verknüpft, um darauf zu drängen, dass die Zeit des Handelns gekommen sei, um die völkisch-mythische europäische Einheit wiederherzustellen. Der zentrale Dualismus, der von rechten Akteur*innen beschworen wird, ist nur vordergründig einer zwischen Volk und Elite, tatsächlich jedoch vielmehr einer zwischen europäischem Volk / europäischen Völkern und moderner Gesellschaft. Unter moderner Gesellschaft werden dabei vor allem Formen der Aushandlung verstanden, die auf einen demokratischen Konsens zielen und dabei Pluralismus und Heterogenität beinhalten. Gesellschaft ist Vermittlung und die heterogene Rechte greift diese Vermittlungen an; sie setzt gegen Gesellschaft das «Volk» als organische Einheit, die homogen und durch Tradition und vorgesellschaftliche «natürliche» Bindung charakterisiert ist. Rechte Europavorstellungen zielen im Kern daher auf eine autoritäre Politik der Homogenität und der Unmittelbarkeit (vgl. Frankenberg 2020). Die heterogene Rechte zielt darauf, die demokratische Gesellschaft zu zerstören, dies ist Kern rechter Krisenbearbeitung. Abstrakt gesprochen besteht die rechte Krisenlösung in der Entfesselung der gesellschaftlichen Natur des Kapitals mittels unmittelbarer Gewaltausübung.

5.3 Europäisches rechtes Projekt?[88]

Kritische Europaforschung befasst sich mit der Entwicklung der Europäischen Integration aus einer herrschaftskritischen Perspektive. Sie leitet die historischen Prozesse nicht unmittelbar aus der Ökonomie ab, sondern analysiert, wie sich politische Entwicklungen in einer eigenen Logik bewegen, dabei aber nicht gänzlich autonom von ökonomischen Entwicklungen sind. Diese Eigenlogik politischer Entwicklungen eröffnet gesellschaftliche Kampffelder und rahmt sie. Auf diesen gesellschaftlichen Kampffeldern, die zunehmend europäisiert sind, formieren sich gesellschaftliche Kräfte, die wiederum nicht naturwüchsig zusammenfinden, sondern sich um formulierte Gesellschaftsideale und Zukunftsvorstellungen gruppieren. So lassen sich unterschiedliche Kräfte in politischen Kämpfen identifizieren, die jeweils auf ihre Weise die prinzipielle Form kapitalistischer Herrschaft reproduzieren und auch verändern.

In den letzten Jahren haben sich nun auf dem Feld der Europäischen Integration durch die multiplen Krisen hindurch fluidere Akteurskonstellationen ergeben und zugleich entwickelt sich ein auf Europa bezogenes politisches Projekt der heterogenen europäischen Rechten. Insbesondere seit 2018 zeigen sich die Verschiebungen von Kräfteverhältnissen im Zuge der politischen Krise der EU auch deutlich auf europäischer Ebene. Denn zum ersten Mal seit der Einführung der Direktwahlen zum Europäischen Parlament 1979 konnte die informelle Koalition aus Sozialdemokratie (S&D) und den Konservativen (EVP) keine absolute Mehrheit mehr erringen. Zusätzlich war durch den Auszug der britischen Parteien aus dem Europäischen Parlament durch den Brexit eine Neuordnung der Fraktionen rechts der EVP absehbar. Zusätzlich sind gerade innerhalb des Konservatismus Konflikte zu beobachten, die nach der Wahl 2019 zum Austritt der ungarischen Regierungspartei Fidesz aus der EVP führten, womit sie einem Ausschluss zuvorkam. Der ungarische Regierungschef Orbán versucht seitdem, sich selbst an die Spitze einer europäischen Rechten zu setzen. Somit gab es Neuordnungen im Parlament und auch innerhalb der heterogenen Rechten Europas. In den Jahren seit 2018 entwickelte sich daher etwas, das ich rechtes europäisches Projekt nenne,

88 Eine genauere Auseinandersetzung findet sich in Keil 2024. Eine gute Übersicht bietet auch McDonnel/Werner 2019.

das eine Konstellation aus rechten Akteur*innen und Parteien meint, die geeint werden von geteilten Europa-Imaginationen und zugleich auch immer in einem widersprüchlichen Verhältnis zueinanderstehen. Politisch verfolgt das rechte europäische Projekt kein kohärentes Programm, sondern ist geprägt von Ambivalenz und Inkohärenz. Denn das Ziel ist nicht die Entwicklung einer tragfähigen Zukunftsvision von Gesellschaft, sondern einzig die Erlangung von Macht. Dennoch lassen sich einige gemeinsame Punkte herausarbeiten, die aber auch mit inneren Widersprüchen einhergehen. Die Agenda des rechten europäischen Projekts zielt allgemein auf die Stärkung repressiver Apparate und greift Apparate der Konsensaushandlung an. So will die AfD beispielsweise das Europäische Parlament abschaffen (AfD 2023: 11) und den Europäischen Gerichtshof ersetzen (ebd.: 8ff.), also die Orte im europäischen Institutionengefüge, an denen sich am ehesten subalterne Positionen artikulieren können. Flankiert wird dies von der Ablehnung von Migration und die Forderung nach einer «Festung Europa», der Ablehnung eines European Green Deal und die Verteidigung fossiler Industrien. Ebenso wird eine Europäisierung von Sozialpolitik abgelehnt, wohingegen der Binnenmarkt beibehalten werden soll. Dabei treten auch einige Widersprüche zu Tage: erstens zwischen neoliberalen Ausrichtungen und proklamierter Vertretung einer «Arbeiter*innenklasse», zweitens durch die Einbindung in unterschiedliche nationale Politikarenen, die jeweils unterschiedliche Positionen in verschiedenen Krisen haben und daher sich auch rechte Parteien und Akteur*innen unterschiedlich positionieren, drittens im Politikfeld der Migration[89], viertens in der geopolitischen Ausrichtung und insbesondere im Verhältnis zu Russland. Zudem drängen fünftens alle rechten Parteien zur Macht, wodurch sie sich gegenseitig ausschließen müssten. Allerdings zeigt sich das rechte europäische Projekt schon jetzt wirksam, da seine Vertreter*innen innerhalb der EU durch Regierungsbeteiligung (Italien, Ungarn) Beschlüsse massiv beeinflussen können und insbesondere im Bereich der

---

89 Im Bereich der Migration herrscht zwar innerhalb der heterogenen Rechten Einhelligkeit darüber, dass Migration gänzlich zu unterbinden sei. Gleichzeitig aber kommt es zu Konflikten über den Umgang mit der dennoch stattfindenden Migration. Italien beispielsweise war für eine europäische Verteilung Geflüchteter, was von Ungarn strikt abgelehnt wurde.

Migrationspolitik Verschärfungen auf EU-Ebene festzustellen sind, die durch diesen Einfluss geprägt sind. Hier verstärken autoritäre Entwicklungen der europäischen Apparate die Entwicklungen des europäischen rechten Projekts. Das rechte europäische Projekt zeigt sich als eines, das vor allem eine Agenda des Angriffs auf demokratische Errungenschaften und auf basale Menschenrechte verfolgt. Es ist ein Projekt der Zerstörung, das eine autoritäre Herrschaft errichten will. Ökonomisch gesehen versucht das rechte Projekt vor allem kurzfristige Interessen des Kapitals zu vertreten. Dabei zielt es nicht auf eine bestimmte Kapitalfraktion, sondern darauf, jeweils alles, was eine langfristige Stabilisierung ermöglichen soll, aber kurzfristig Kosten verursacht, zu verhindern. Insofern drückt das rechte europäische Projekt auch eine Krise der Repräsentation der langfristigen Interessen des Kapitals aus. Damit ist das rechte europäische Projekt Teil einer neuen gesellschaftlichen Konstellation autoritärer Entwicklungen, die eine neue Konstellation des Verhältnisses von Politik und Ökonomie bedeutet. Es ist eine Konstellation, die das Katastrophische des Gegenwartskapitalismus' verstärkt und die gesellschaftlichen Katastrophen perpetuiert. Die «Lösung» des rechten europäischen Projekts besteht darin, sich in die gesellschaftliche Natur des kurzfristig ausgerichteten Katastrophenkapitalismus zu verhüllen und diese zur vollen Entfaltung zu bringen.

6 Left Exit? Perspektiven für eine linke Kritik der EU

Die multiple Krise der EU hat insbesondere in der Zeit nach der Finanz- und Eurokrise 2008ff. immer wieder Konjunkturen linken Protests und linker Kritik der Integrationsentwicklungen oder auch der Integration insgesamt hervorgebracht. Dabei entstanden inspiriert von globalen Protesten und Aufständen neue Formen linker Mobilisierungen. Diese neuen Formen reichten von Platzbesetzungen, der Entwicklung lokaler und regionaler Solidaritätsnetzwerke bis hin zum Entstehen sich selbst als linkspopulistisch verstehender Parteien. Allerdings ist die Geschichte der multiplen Krisen in Europa auch eine Geschichte der multiplen Niederlagen linker Bewegungen. Nicht nur ist das linke Parteienspektrum in Europa fast schon pulverisiert, auch haben sich die gesellschaftlichen Kräfteverhältnisse insgesamt nach rechts verschoben. Die neoliberal-autoritäre Wettbewerbskonstitution ist zwar weiterhin in einer tiefgreifenden Krise, aber eine nachhaltige, emanzipatorische Transformation ist nicht in Sicht. Vielmehr zeigt sich der derzeitige Zustand der europäischen Linken auch als Ergebnis einer problematischen Auseinandersetzung mit den eigenen Niederlagen und den daraus resulltierenden Regressionen in die Gefilde des Nationalismus.

Die EU, das sollte bis hierhin deutlich geworden sein, ist kein transnationales Institutionengefüge, das nach Belieben kosmopolitisch und sozial geformt werden kann. Sie ist vielmehr Teil der Verdichtung gesellschaftlicher Kräfteverhältnisse in einem multiskalaren Ensemble von Apparaten und dabei eine widersprüchliche Materialisierung gesellschaftlicher Machtverhältnisse. Die EU ist also keine progressive Überwindung des Nationalismus, sondern eine Rekonfiguration von Herrschaft im Kontext globaler, krisenhafter Reproduktion des Kapitals. Während der Eurokrise hat sich eine Strömung innerhalb der Linken gefestigt, die gegenwärtig in Deutschland mit dem Namen Sarah Wagenknecht verbunden ist und einen starken, schützenden

Nationalstaat fordert, der gegen die Auswirkungen der Globalisierung wieder errichtet werden müsse. Die linksnationalistische Formierung ist, wie im Grunde auch der sogenannte Linkspopulismus, ein Widerspruch in sich selbst. Dessen Entstehung und Entwicklung ist nun ohne die Eurokrise nicht zu verstehen, auch wenn sich positive Bezüge auf den Nationalstaat und die Nation schon zu früheren Zeiten in linken Bewegungen und Parteien finden. Hier soll nur ein Blick zurück auf die Eurokrise und einige Debatten innerhalb der europäischen Linken geworfen werden. Zwei Ereignisse rahmten die Diskussionen um eine linke Positionierung zur EU und zur Eurokrise: das Scheitern von Syriza in Griechenland und das Votum für den Brexit.

Nach dem Scheitern Syrizas bildeten sich Netzwerke von Aktivist*innen, Wissenschaftler*innen und Mitgliedern linker Parteien, um eine Alternative zur neoliberalen EU zu entwickeln. Es gab mehrere internationale Treffen, 2015 in Paris, 2016 in Madrid und Kopenhagen und 2017 in Rom und Lissabon (vgl. Bortun 2022). Unter dem Titel «Plan b» versammelten sich jeweils in unterschiedlichen Zusammenhängen Mitglieder linker und grüner Parteien sowie außerparlamentarische Aktivist*innen und NGOs. Auf diesen Treffen wurden Manifeste oder Stellungnahmen verabschiedet, die jeweils zwar einen eigenen Schwerpunkt setzten, im Prinzip aber um die Frage kreisten, ob eine Veränderung in der EU möglich oder ein Austritt nötig sei (eine Zusammenfassung der Diskussionen auf dem Kopenhagener Treffen bietet Sablowski 2016). Einigkeit bestand darüber, dass die Austeritätspolitik der EU zu einem Ende gebracht werden müsse und es eine «demokratische Rebellion» (Plan B 2016[90]) brauche. Auf dem Treffen in Rom 2017 wurde die Agenda in einen Plan A und einen Plan B zusammengefasst (plan B 2017a). Plan A bestand aus 10 Forderungen für eine Reform der EU: 1. Eine Reform der EZB für Vollbeschäftigung und öffentliche Investitionen, 2. Die Abschaffung des Fiskalpaktes, 3. Die Reform der Eurozone, 4. Die Zurückweisung von Freihandelsabkommen wie TTiP, 5. den Kampf gegen Steueroasen und Steuerwettbewerb, 6. Die Stärkung des Kampfes gegen den Klimawandel durch eine ökologisch nachhaltige Wirtschaftspolitik, 7. Den Schutz sozialer Rechte, 8. Die Stärkung von Frauen-

90 Die Webseiten der jeweiligen Treffen sind nur noch über archive.org erreichbar und nicht mehr online. Daher verweise ich im Literaturverzeichnis auf die archive.org-Seite.

rechten und Gender-Equality, 9. Den Kampf gegen die Festung Europa («No more closed Borders!») und 10. Die Aufnahme der Möglichkeit eines geregelten Austritts aus der Eurozone in die Verträge (ebd.). Als Plan B wird der Austritt aus dem Euro ins Auge gefasst, sollte die Implementierung der Forderungen des Plan A nicht gelingen. «We propose, as an alternative to the Plan A, a Plan B for an ‹amicable divorce› of the euro or a euro-exit plan for a single country.» (ebd.)

Nach dem Treffen in Lissabon Ende 2017 wurden diese Forderungen erneuert und der Austritt aus dem Euro als letzte Konsequenz nochmals bekräftigt, sollten die Reformvorschläge nicht umgesetzt werden. «If this plan fails, due to the predictable hostility of the European institutions, the outcome will not be the capitulation to Brussels and Frankfurt. In such case, that country or countries should open the way for a breakup with the Eurozone and the EU Treaties and launch a new system of European cooperation based on the restoration of economic, fiscal and monetary sovereignty, the protection of democracy and social rights and social justice.» (plan B 2017b). Die Europawahlen 2019 wurden als Möglichkeit benannt, das Plan B-Projekt der EU gegenüberzustellen. Bei genauer Betrachtung erkennt man schon eine leichte Verschiebung des Plan-B-Diskurses weg von der demokratischen Frage bzw. einer demokratischen Rebellion hin zur Vorstellung der ökonomischen Souveränität, der demokratische Elemente nachgeordnet sind. Diese Verschiebungen sind auch Ausdruck davon, dass jeweils unterschiedliche Akteur*innen an den Treffen und den Statements beteiligt waren. Während das erste Plan-B-Treffen in Paris stark geprägt war von den Organisator*innen aus Jean Luc Melenchons Partei La France Insoumise, war das Madrider Treffen mehr auf zivilgesellschaftliche Gruppen ausgerichtet. Das Statement des Kopenhagener Treffens wurde auch von DIEM25-Mitgliedern unterzeichnet, die explizit gegen einen Austritt aus dem Euro argumentierten, während die Statements in Rom und Lissabon vor allem von Mitglieder des Europäischen Parlaments linker Parteien unterzeichnet wurden[91]. DIEM25 wurde von Yannis Varoufakis initiiert und stellte so etwas wie das Gegenmodell zu einem Linken Exit aus der EU (Lexit) dar und warb für die Schaffung einer transnationalen Bewegung. Die Rückkehr in den

91 Zu den ersten zwei Treffen sowie der anderen Ausrichtung von DIEM25 vgl. Horn 2016.

Nationalstaat wird ebenso als bedrohlich bezeichnet, wie die «Unterwerfung unter Brüssels demokratiefreie Zone» (DIEM25 o.J.: 3). Schon zur Gründung gab es viel Kritik an dem Versuch, von oben eine transnationale Bewegung aufzubauen (vgl. Zelik 2016) und für Lexit-Befürworter*innen war das Vorhaben einer Demokratisierung der EU «unrealistisch» (Schneider 2016; Asensi 2016). Mittlerweile nimmt DIEM25 auch als Partei (Mera25) an Wahlen teil, aber eine tatsächlich große Rolle in linken Debatten spielen sie tatsächlich nicht.

Parallel zu den Plan-B-Treffen gab es zwei Aufrufe, die vor allem aus Wissenschaftskreisen lanciert wurden und die explizit für eine linken Ausstieg aus der EU warben[92] (Lexit-Network 2017). Die Diagnose ist ähnlich: die EU ist ein neoliberales Projekt, das so eingerichtet ist, dass es zu Demokratieabbau, Zerstörung sozialer Rechte und Privatisierung öffentlichen Eigentums komme (ebd.). Der Euro sei ein Konstruktionsfehler und auf europäischer Ebene gäbe es keine Zivilgesellschaft, mit der man die Kräfteverhältnisse ändern könne, daher wäre der einzige Ausweg ein linker Exit. Explizit wird auch die Bedeutung der neoliberalen Form der EU für den Aufstieg rechter Kräfte benannt, deren Stärke aus ihrer Anti-Euro- und Anti-EU-Position herrühre. Das zentrale Argument für einen linken Exit aus dem Euro-System lautet dabei, dass die Mitgliedsländer keine eigene Geldpolitik machen können und dass nur auf der nationalen Ebene demokratische Gestaltungsspielräume zurückgewonnen werden könnten. «Der Austritt ist nur eine notwendige Bedingung, um Entscheidungen im Sinne der gesellschaftlichen Mehrheiten überhaupt erst zu ermöglichen. Der Austritt ist somit die Bedingung für jeden Kampf gegen die herrschende Politik.» (Asensi 2017)

Im Lexit-Aufruf werden schon in der Überschrift «Demokratie und Souveränität» der neoliberalen EU gegenübergestellt. Demokratietheoretisch knüpft dies an die Ansätze an, die Demokratie nur im nationalstaatlichen Rahmen für möglich halten. Somit wurde in den Kreisen der Lexit-Befürworter*innen auch der Brexit vor allem als Möglichkeit für eine Erweiterung linker Handlungsräume wahrgenommen. «Spätestens der Brexit sollte verdeutlicht haben, dass in absehbarer Zeit eher eine Vergröße-

92 Zusätzlich gab es auch noch einen ähnlichen Aufruf, der auch teilweise von den gleichen Personen unterzeichnet wurde unter dem Namen Eurexit (Eurexit 2017).

rung der (nationalen) demokratischen Gestaltungsspielräume auf dem Plan steht, als der Ausbau eines (supranationalen) Eurostaates, sofern man nicht eine völlige Destabilisierung des europäischen Friedensprojektes riskieren will.» (Nölke 2017: 165) Neben der Eurokrise war daher auch der Brexit Gegenstand einer links-nationalen Debatte, die auf nationalstaatliche Souveränität ausgerichtet war. Auch hier wurde herausgestellt, dass der Brexit eine neue Industriepolitik jenseits europäisch-neoliberaler Vorgaben und jenseits eines Finanzmarktkapitalismus – wie er in der Londoner City materialisiert ist – ermögliche (vgl. Guinan/Hanna 2017: 19). Daher sei es der größte Fehler der britischen Linken gewesen, den Brexit den Rechten zu überlassen (vgl. ebd.: 16). Vielmehr sei der Brexit die «once in a generation opportunity», Demokratie und eine rechenschaftspflichtige Regierung wiederherzustellen und eine Basis für einen neuen Internationalismus zu errichten (Jones 2016). Zwei Elemente speisten diese Annahme, die sich auch in der deutschsprachigen Debatte ähnlich wiederfinden. Zugespitzt formuliert sind diese beiden Elemente erstens die Interpretation der EU als reine Agentur von Eliten zur Durchsetzung einer neoliberalen Politikagenda gegen die Nationalstaaten und zweitens folgten sie auf Erfolge linker Mobilisierungen kurz zuvor, die sich allerdings schon bald wieder relativierten[93]. Letzteres bestärkte möglicherweise die Annahme, dass auf nationalstaatlicher Ebene die gesellschaftlichen Kräfte für eine Abkehr vom herrschenden Kurs der EU günstig stehen und dass deren Blockade durch die EU alleine für die Hinwendung größerer Bevölkerungsteile zu rechten bis neofaschistischen Parteien verantwortlich sei. Beide Elemente verknüpften sich dann in der Annahme, dass, im Falle des Brexit, die linken Remainers sich quasi in Komplizenschaft mit dem Neoliberalismus begeben hätten. Beides strukturiert auch bis heute das links-nationale Milieu.

In Deutschland zeigte sich überdies in Gründung und Scheitern der Aufstehen-Bewegung, die in ihrem Gründungsaufruf inhaltlich an die Lexit-Kampagnen anschloss, dass sich durch Fixierung auf die nationale Ebene nicht linke Bewegungen gestärkt werden, sondern sukzessive auch rechte Topoi übernom-

93 Dies waren einerseits die Massenproteste in Griechenland und Spanien und andererseits in Großbritannien eine Eintrittswelle vor allem junger Aktivist*innen in die Labour-Party unter Jeremy Corbyn, die Hoffnungen auf eine Wende der Partei zu linker Politik aufkommen ließ.

men werden[94]. Nationale Souveränität als Zentrum linker Politik führte dazu, dass beispielsweise ein «verantwortlicher Nationalismus» (Höpner/Scharpf/Streeck 2016) als notwendig erachtet oder auch dass in der Kritik der EU direkt auf revisionistische und reaktionäre Argumente rechter EU-Ablehnung zurückgegriffen wurde[95] (Mitchell/Fazi 2018).

Owen Worth arbeitete heraus, dass diese Kritiken der EU und die Vorstellung eines linken Brexits äußerst inkohärent waren (Worth 2017). Sie nahmen auch nicht zur Kenntnis, dass schnell klar war, dass der Brexit zu einer Verstärkung der Entwicklung eines «hyper-liberalen» Modells politischer Ökonomie führen kann, die sehr gut mit einem «take the country back»-Nationalismus vereinbar ist und gleichzeitig die Arbeiter*innenklasse weiter schwächt[96] (vgl. ebd.: 355). Die Verbindung von Klassenkampf und Nationalismus führt immer nur zur Stärkung des Nationalismus. Nicht ernst genommen wurde zudem die rassistische und anti-migrantische Dimension des «take back control»-Slogans. Die Dynamik des Brexits ergab sich aus der Verbindung eines Abschottungsnationalismus mit der Fortführung hyper-liberaler Politik, die im Prinzip die Politik der EU auf nationaler Ebene verschärft und soziale Rechte noch weiter abgebaut hat. Im weiteren Verlauf der Entwicklungen des links-nationalen Projekts haben sich zudem Teile mit der Corona-leugnenden Szene verbündet und ebenfalls Positionen gegen Migration bezogen[97]. Die Forderung, die EU-Kritik nicht den Rechten zu überlassen, hat eher dazu geführt,

94 Man findet in den Entwicklungen auch nach dem Scheitern von Aufstehen beispielsweise die Übernahme der rechten Ressentiments gegen «wokeness» und eine «woke Linke», die die Arbeiter*innen vergessen hätte und nurmehr moralisch Identitätspolitik betreibe und die Ökonomie vergesse (so z.B. bei Stegemann 2022).

95 Bill Mitchell und Thomas Fazi rekurrierten in ihrer Verteidigung des Brexit auf den offen rechten Historiker John Laughland, der zu dieser Zeit auch bei mindestens einer sogenannten Souveränitätskonferenz des extrem rechten Compact-Magazins auftrat. Hinzu kommt, dass die Thesen von Laughland längst auch von Historiker*innen widerlegt waren.

96 Es soll nicht unterschlagen werden, dass es auch bei den Befürworter*innen eines Lexit durchaus Stimmen gab, die auf Widersprüche hingewiesen haben und Probleme der eigenen Position reflektiert haben (z.B. Schneider 2017).

97 Augenscheinlich ist die Entwicklung bei Sarah Wagenknecht, deren politische Grundlagen schon länger zurückliegen. (Zu ihrer Bedeutung und Entwicklung vgl. Veiglhuber/Weber 2022).

die rechte EU-Kritik zu übernehmen. Zusammengefasst können drei zentrale Probleme der links-nationalen Lexit-Überlegungen ausgemacht werden.

Erstens enthält das Argument, dass ein Austritt aus dem Euro / der EU es Kämpfen auf der nationalen Ebene ermögliche, wieder zu einer sozialeren Politik zu kommen, eine Vorstellung der EU als reines, von den nationalen Gesellschaften abgekoppeltes Elitenprojekt, das von den Eliten nur durch die EU-Struktur aufrechterhalten werden kann, während auf nationaler Ebene ganz andere Kräfteverhältnisse herrschen würden. Diese Entkopplung übersieht den Zusammenhang von nationalen und supranationalen Apparaten und versteht beide nicht als materiellen Ausdruck gesellschaftlicher Kräfteverhältnisse. Anstatt die Macht- und Herrschaftsverhältnisse im supranationalen Raum als Teil der nationalen Macht- und Herrschaftsverhältnisse (und umgekehrt) zu sehen, wird eine dichotome Sicht auf die EU ermöglicht, die in letzter Konsequenz Macht und Herrschaft auf nationaler Ebene ausblendet.

An diese Entkopplung schließt zweitens das Argument an, das Erstarken rechter Parteien und Bewegungen in Europa sei darauf zurückzuführen, dass die Linke ihnen die EU-Kritik überlassen hätte, das Feld nationaler Souveränität vergessen und sich mit dem progressiven Neoliberalismus verbündet habe. Dieses Argument erweist sich ebenso als unterkomplex, da es auch der falschen Dichotomie von Nationalstaat vs. EU entspringt. Das Erstarken der Rechten hängt sicherlich, so viel stimmt an dem Argument, mit der neoliberalen Grundordnung der EU zusammen, aber es kommt nicht daher, dass die Linke den Menschen kein nationales Angebot macht. Man bekämpft die Rechten nicht, indem man ihre Topoi übernimmt (nationale Souveränität, Anti-Migration, Anti-Wokeness) und die globale Zusammensetzung der Arbeiter*innenklasse missachtet und stattdessen nur auf eine weiße, nationale Kernbelegschaft zielt. Vielmehr gälte es einen Weg zu entdecken, der eine soziale Weltgesellschaft jenseits des Nationalen ermöglichen würde.

Dem zugrunde liegt drittens möglicherweise ein Verständnis einer sozialen Gesellschaft, das vom fordistischen Kapitalismus der 1960er/1970er Jahre geprägt ist. Dementsprechend sind die Vorstellungen über Emanzipation beschränkt auf nationale Geldpolitik und bürgerliche Demokratie. Im Prinzip wird ein sozial verträglicherer Kapitalismus gefordert, der durch einen die Bürger*innen schützenden Staat begleitet wird. Vollkommen fehlen dabei eine grundsätzliche Kritik des Staates, eine grundlegende Kritik des Kapitalverhältnisses wie auch Nationalismuskritik und Rassismuskritik.

Das letztlich dichotome Verständnis von supranationaler und nationaler Ebene verkennt die globale Zusammensetzung der Arbeiter*innenklasse wie auch die räumlich komplexe Struktur von Herrschaft, die sich sowohl in der EU als auch den Mitgliedsstaaten materialisiert. Deren Apparate sind nicht räumlich eindimensional ausgelegt, sondern multiskalar orientiert und diese Herrschaftsanordnung kann man nicht einfach durch Rücknahme einer räumlichen Ebene verbessern. Begreift man diese multiskalare Anordnung und Materialität des europäischen Staatsapparate-Ensembles als Verdichtung von Kräfteverhältnissen, wird auch klar, dass diese Kräfteverhältnisse selbst von verschiedenen räumlichen Dimensionen der Herrschaft durchzogen sind. Aus diesen Herrschafts- und Kräfteverhältnissen kann man nicht einfach austreten. Das macht das Agieren für emanzipatorische Ansätze nicht leichter. Aber eine Kritik der EU muss diese verschiedenen Ebenen mit einbeziehen. Das Erstarken der Rechten führt nicht zuletzt zu einer Autoritarisierung europäischer und nationaler Staatsapparate, offen sichtbar an den europäischen Außengrenzen und in der Migrationspolitik – die eben nicht nur europäisch durchgesetzt, sondern durch viele – autoritäre – nationale Politiken verstärkt wird. Eine linke, emanzipatorische Kritik der EU muss die Kritik des Nationalismus und Rassismus aufnehmen, solidarische Praktiken jenseits des Nationalstaats sowie eine Vorstellung einer solidarischen Gesellschaft jenseits kapitalistischer Vergesellschaftung entwickeln. Ja, die EU weist vielfältige autoritäre Tendenzen auf und ja, die Wettbewerbsordnung der EU ist ein zentrales Element der gegenwärtigen Krisenordnung. Doch ein Rückzug in den Nationalstaat wird die autoritäre Entwicklung nicht aufhalten, vielmehr können sich dort – siehe Brexit – autoritäre Tendenzen nochmals beschleunigen. Eine materialistische, emanzipatorische Kritik der EU muss dies alles mit aufnehmen und immer mitbedenken: Die Nation ist kein Ausweg aus der Krise.

Eine wichtige Erkenntnis für gegenwärtige und kommende Kämpfe gegen eine weitere Autoritarisierung der EU oder gar eine neue Faschisierungswelle besteht darin, die Verläufe und Niederlagen linker Bewegungen in der multiplen Krise der EU kritisch zu reflektieren. Linke Bewegungen wurden dann stark, als sie konkrete Verhältnisse des Kapitals bearbeiteten und beispielsweise Zwangsräumungen verhinderten, sich in Stadtteilen zusammenschlossen und Selbsthilfenetzwerke aufbauten (wie autonome Krankenhäuser usw.). Eine linkspopulistische Analyse, die von diesen konkreten Kämpfen absieht und sie in ein «Wir-das-Volk-gegen-die-da-oben» presst, wird notwendigerweise scheitern und letztendlich in nationalistischen Phrasen versinken. Materialistische Kritik muss die Bedeutung der vergangenen Kämpfe berücksichtigen und deren Materialisierung im europäischen Staatsapparate-Ensemble analysieren. Materialistische EU-Kritik analysiert die EU als Resultat von gesellschaftlichen Praktiken unter Bedingungen einer kapitalistisch eingerichteten Reproduktionsweise und als Voraussetzung weiterer Kämpfe um eine Reproduktionsweise, die ihre Zwecke nicht in der Akkumulation von akkumulationsfähigem Kapital, sondern in der nachhaltigen und demokratischen Organisation individueller und gesellschaftlicher Bedürfnisse hat. Dazu zählt auch der Kampf gegen den Ausschluss von Menschen aus der Gesellschaft, d.h. der Kampf gegen das europäische Grenzregime, gegen rassistische und sexistische Ausschließungen sowie der Kampf gegen Umweltzerstörung und Klimawandel. Die Verhältnisse, die diesen autoritären und zerstörerischen Entwicklungen zugrunde liegen sind transnational, daher müssen Kritik und Kämpfe notwendig transnational geführt werden. Die neoliberale Konstitution der EU und die Faschisierungsprozesse in Europa sind große Herausforderungen für linke Kritik, die nicht aus einer nationalistischen Position heraus bewältigt werden können.

7 Nachwort: Materialistische Kritik und die Faschisierung Europas

Das Staatsprojekt Europa ist nicht erst seit 2008 in der Krise, aber seitdem häufen sich die gesellschaftlichen Verwerfungen. Jene Verwerfungen sind als Resultate gesellschaftlicher Kämpfe um die Bearbeitung der Krisen zu denken. Dass durch die Wettbewerbskonstitution der EU sich die politischen Institutionen gegen Veränderungen in ganz grundlegenden Fragen der ökonomischen Ausrichtung immunisiert haben, führte zu einer weiteren Autoritarisierung und Aufwertung repressiver Apparate. Insbesondere im Bereich der Sicherheitspolitik und der Migrationspolitik werden die Aushöhlung von Grundrechten und die immer weiter vorangetriebene gewaltförmige, exkludierende Bearbeitung globaler Krisen deutlich. Den weitreichenden Niederlagen linker Proteste im Zuge der Eurokrise folgte eine Fragmentierung und Schwächung der europäischen Linken. Gleichzeitig präsentierten sich autoritäre und post- bis neofaschistische Kräfte als vermeintliche Alternative. Allerdings knüpfen diese Kräfte an die Verstärkung repressiver Apparate an und pushen diese gleichzeitig. Rechte Parteien in Europa sind allerdings keine Repräsentation der Arbeiter*innenklasse, sondern sind als Vertreter*innen der kurzfristigen Interessen des Kapitals zu verstehen, die kurzfristige Profite sichern, aber keine langfristige Krisenlösung anstreben. Die Strategie, gesellschaftliche Kämpfe als Kulturkämpfe zu interpretieren, ist nicht neu, sondern schon immer Teil rechter Strategien. Rechte Akteur*innen haben keine kohärenten Vorstellungen, vielmehr ist die inhaltliche Inkohärenz eminent wichtiger Bestandteil der politischen Strategien, die in der Zerstörung epistemischer und semantischer Rationalität bestehen und dadurch demokratische Aushandlungen verunmöglichen sollen. Rechte kann man nicht durch Aufzeigen ihrer Widersprüche entzaubern, denn diese Widersprüche sind Wesenskern des rechten Projekts. Das europäische Projekt der heterogenen Rechten zielt auf die Autoritarisierung Europas, die Zerstörung jener Institutionen, in denen sich subalterne Interessen noch artikulieren können und insgesamt auf die Entfesselung gesellschaftlicher Gewalt gegen ihre Gegner*innen und markierten Feinde. Rassismus, Antisemitismus und Misogynie sind elementare Bestandteile des rechten Projekts.

Materialistische Kritik muss daher die gegenwärtige gesellschaftliche Situation als (beginnende) Faschisierung verstehen, die sich in wandelnden Repräsentationsverhältnissen (des Kapitals im Parteiensystem) sowie darin enthaltenen Erodierungen klassischer Parteien und der Zuwendung vormals demokratischer Akteur*innen zum Abbau von Grundrechten sowie repressiven Lösungen kommender Krisen. Dieses autoritäre Staatsprojekt zielt auf ein verändertes Verhältnis von Staat und Gesellschaft, letztendlich den unmittelbaren Zugriff des Staates / der EU auf die Bürger*innen ohne rechtsstaatliche Schutzbereiche und auf ein verändertes Verhältnis von Politik und Ökonomie, indem kurzfristige Interessen – bei rechten Parteien insbesondere der fossilen Industrien – gewaltförmig gegen die Interessen der Erhaltung der Lebensgrundlagen auf diesem Planeten durchgesetzt werden sollen. Diese Verschiebungen sind aber selbst räumlich-institutionell derart diversifiziert, dass es unmöglich ist, eine räumliche Ebene gegen eine andere als emanzipatorischen Standort in Anschlag zu bringen. Vielmehr muss die räumliche Verflechtung des europäischen Staatsapparate-Ensembles in die Analyse und Kritik mit einbezogen werden. Gegen die Faschisierung Europas anzugehen, bedeutet, dass man für verschiedene Bezugsebenen verschiedene Strategien entwickeln muss. Theoretische Kritik kann bei dieser Entwicklung helfen, aber sie kann die Erfahrungen der Auseinandersetzung im Handgemenge nicht ersetzen. Emanzipatorische Politik zielt darauf ab, dass die Menschen ihre Geschichte beginnen selbst zu machen und die vorgefundenen Bedingungen nicht mehr als natürlich gegeben hinnehmen. Eine menschliche Gesellschaft wäre «eine Welt, in der keiner mehr ausgestoßen wäre, die der real befreiten Menschheit» (Adorno 1998: 100).

Abkürzungsverzeichnis

ARF: Aufbau- und Resilienzfazilität
EC: Europäische Kommission
EEA: Einheitliche Europäische Akte
EFTA: Europäische Freihandelsassoziation
EGB: Europäischer Gewerkschaftsbund
EGKS: Europäische Gemeinschaft für Kohle und Stahl
EP: Europäisches Parlament
EPG: Europäische Politische Gemeinschaft
ERP: European Recovery Program
ERT: European Round Table of Industrialists
ES: Europäisches Semester
EU: Europäische Union
EuGH: Europäischer Gerichtshof
EURATOM: Europäische Atomgemeinschaft
EVF: Europäischer Verteidigungsfonds
EVG: Europäische Verteidigungsgemeinschaft
EWG/EG: Europäische Wirtschaftsgemeinschaft, Europäische Gemeinschaft
EWS: Europäisches Währungssystem
NATO: North Atlantic Treaty Organization
NGEU: Next Generation EU
OEEC: Organisation für Europäische Wirtschaftliche Zusammenarbeit
SAB: Ständiger Ausschuss für Beschäftigungsfragen
VGEWG: Vertrag zur Gründung der Europäischen Gemeinschaft
VEU: Vertrag über die Europäische Union
WSA: Wirtschafts- und Sozialausschuss
WWU: Wirtschafts- und Währungsunion

Literatur und Quellen

Aachener Vertrag 2019: Vertrag zwischen der Bundesrepublik Deutschland und der Französischen Republik über die deutsch-französische Zusammenarbeit und Integration. https://www.diplomatie.gouv.fr/IMG/pdf/vertrag_von_aachen_cle857ef9.pdf. Letzter Zugriff 26.09.2023.

Abels, Gabriele / Alemanno, Alberto / Crum, Ben / Demidov, Andrey / Hierlemann, Dominik / Renkamp, Anna / Trechsel, Alexander, 2022: Next level citizen participation in the EU. Institutionalising European Citizens' Assemblies, Gütersloh.

Abels, Gabriele / Wilde, Gabriele 2016: Legitimationsprobleme europäischer Staatlichkeit. Parlamentarismus und Zivilgesellschaft als Strategien für eine politische Öffentlichkeit. In: Bieling, Hans-Jürgen / Große Hüttmann, Martin (Hrsg.): Europäische Staatlichkeit. Zwischen Krise und Integration. Wiesbaden, 259–280.

Abels, Gabriele 2020: Legitimität, Legitimation und das Demokratiedefizit der Europäischen Union. In: Becker, Peter (Hrsg.): Handbuch Europäische Union. Wiesbaden, 175–194.

Abels, Joscha 2018: Ein Europa der Finanzministerien? Die Eurogruppe im Projekt der austeritätspolitischen Restrukturierung der Eurozone. In: Prokla. Heft 192, 48. Jg. 2018, Nr. 3, 399 – 415.

Adorno, Theodor W. 1998: Die Wunde Heine. In: ders.: Notizen zur Literatur. Gesammelte Schriften Bd. 11. Frankfurt am Main. 95–100.

Adorno, Theodor W. 2004: Minima Moralia. Berlin.

AfD 2016: Programm für Deutschland – Das Grundsatzprogramm der Alternative für Deutschland, Stuttgart, https://cdn.afd.tools/wp-content/uploads/sites/111/2018/01/Programm_AfD_Online-PDF_150616.pdf. Letzter Zugriff 3.2.2020.

AfD 2023: AfD-Europawahlprogramm 2024. https://www.afd.de/wp-content/uploads/2023/11/2023-11-16-_-AfD-Europawahlprogramm-2024-_-web.pdf. Letzter Zugriff 29.12.2023.

Àgh, Attila 2018: Decline of Democracy in the ece and the core-periphery divide: rule of law conflicts of Poland and Hungary with the EU. In: Journal of Comparative Politics, Volume 11, Number 2, 30–48.

Amable, Bruno / Palombarini, Stefano 2018: Von Mitterand zu Macron. Über den Kollaps des französischen Parteiensystems, Berlin.

Amoghli, Parviz 2017: Imperium Europaeum. Ein Gedankenspiel. Tumult, Frühjahr 2017, 31–34.

Anderson, Benedict 1996: Die Erfindung der Nation. Zur Karriere eines folgenreichen Konzepts. Frankfurt am Main / New York:

Anderson, Perry 2012: After the Event. In: New Left Review 73, 49–61.

Asensi, Christina 2017: EU Debatte I: Die EU hat uns nicht verdient. In: https://mosaik-blog.at/eu-euro-lexit-austritt/ Letzter Zugriff 16.10.2023.
Azzellini, Dario 2015: Keine Verdichtung unter dieser Nummer. In: Prokla. Heft 181, 45. Jg. 2015, Nr. 4, 637–648.
Bähr, Johannes 1995: Die «amerikanische Herausforderung». Anfänge der Technologiepolitik in der Bundesrepublik Deutschland, in: Archiv für Sozialgeschichte 35, 115–130.
Balibar, Etienne / Immanuel Wallerstein 1992: Rasse Klasse Nation. Ambivalente Identitäten. Hamburg/Berlin.
Bauböck, Rainer 2004: Citizenship and territorial borders in the EU Polity, in: Puntscher Riekmann, Sonja / Mokre, Monika / Latzer, Michael (Hrsg.): The State of Europe. Transformations of Statehood from a European Perspective. Frankfurt am Main / New York. 170–195.
Beck, Ulrich / Grande, Edgar 2007: Das kosmopolitische Europa. Frankfurt am Main.
Beck, Urich / Levy, Daniel 2013: Cosmopolitanized Nations: Re-imagining Collectivity in World Risk Society. In: Theory, Culture & Society 30(2), 3–31.
Becker, Markus 2017: Isch over. In: https://www.spiegel.de/wirtschaft/soziales/wolfgang-schaeuble-zum-letzten-mal-bei-sitzung-der-euro-gruppe-isch-over-a-1172148.html. Letzter Zugriff 8.9.2023.
Beckmann, Martin / Deppe, Frank / Heinrich, Mathis 2006: In schlechter Verfassung? Ursachen und Konsequenzen der EU-Verfassungskrise. In: PROKLA. Zeitschrift für kritische Sozialwissenschaft, Heft 144, 36. Jg., 2006, Nr. 3, 307–324.
Beckmann, Martin 2012: Marxistische Politische Ökonomie, in: Bieling, Hans-Jürgen / Lerch, Marika (Hrsg.): Theorien der europäischen Integration, 3. Auflage, Wiesbaden, 99–120.
Belina, Bernd 2011: Kapitalistische Raumproduktionen und ökonomische Krise. Zum Begriff des spatial fix bei David Harvey. In: Zeitschrift für Wirtschaftsgeographie, Jg. 55 Heft 4, 239–252.
Benedetti, Valerio 2021: Souveränismus. Tumult Herbst 2021, 8–13.
Benoist, Alain de 2008: Europa – philosophisch betrachtet. In: ders. 2023: Den Westen brechen : Notizen zur Epoche des Globalismus. Dresden, 317–322.
Benz, Martina / Schwenken, Helen 2005: Jenseits von Autonomie und Kontrolle: Migration als eigensinnige Praxis, in: Prokla, Zeitschrift für kritische Sozialwissenschaft, Heft 140, 363–377.
Besson, Samantha / Utzinger, André 2008: Toward European Citizenship, in: Journal of Social Philosophy, Vol. 39, No, 2. 185–208.
Biebricher, Thomas 2021: Politische Theorie des Neoliberalismus. Berlin.
Bieler, Andreas / Morton, Adam David 2003: Neo-Gramscianische Perspektiven. In: Schieder, Siegfried / Spindler, Manuela (Hrsg.): Theorien der Internationalen Beziehungen. Opladen, 337–362.

Bieling, Hans-Jürgen 2007: Die Konstitutionalisierung der Weltwirtschaft als Prozess hegemonialer Verstaatlichung – Staatstheoretische Reflexionen aus der Perspektive einer neo-gramscianischen Internationalen Politischen Ökonomie, in: Buckel, Sonja / Fischer-Lescano, Andreas (Hrsg.): Hegemonie gepanzert mit Zwang. Zivilgesellschaft und Politik im Staatsverständnis Antonio Gramscis, Baden-Baden, 143–160.

Bieling, Hans-Jürgen 2010: Die Globalisierungs- und Weltordnungspolitik der Europäischen Union, Wiesbaden.

Bieling, Hans-Jürgen 2011: «Integraler Staat» und Globalisierung. In: Opratko, Benjamin / Prausmüller, Oliver (Hrsg.): Gramsci global. Neogramscianische Perspektiven in der Internationalen Politischen Ökonomie. Hamburg, 87–105.

Bieling, Hans-Jürgen / Deppe, Frank / Tidow, Stefan 1998: Soziale Kräfte und hegemoniale Strukturen in der internationalen politischen Ökonomie. In: Cox, Robert W.: Weltordnung und Hegemonie – Grundlagen der «Internationalen Politischen Ökonomie». Studien der Forschungsgruppe Europäische Gemeinschaften (FEG) Nr. 11, Marburg, 7–27.

Bieling, Hans-Jürgen / Steinhilber, Jochen 2000: Hegemoniale Projekte im Prozeß der europäischen Integration. In: dies. (Hrsg.): Die Konfiguration Europas. Dimensionen einer kritischen Integrationstheorie. Münster, 102–130.

Bieling, Hans-Jürgen / Haas, Tobias / Lux, Julia 2013: Die Krise als Auslöser eines neuen europäischen Konfliktyklus? In: Bieling, Hans-Jürgen / Haas, Tobias / Lux, Julia (Hrsg.): Die internationale Politische Ökonomie nach der Weltfinanzkrise, Wiesbaden, 231–249.

Bieling, Hans-Jürgen 2019: Europäische Integration und wohlfahrtsstaatliche Entwicklung, in: Keil, Daniel / Wissel, Jens (Hrsg.): Staatsprojekt Europa. Eine staatstheoretische Perspektive auf die Europäische Union, Baden-Baden, 119–138.

Bilancetti, Vanessa 2019: The Fiscal Compact. A Paradoxical Fiscal Governance Machine. In: Nanopoulos, Eva / Vergis, Foti (Hrsg.): The Crisis behind the Eurocrisis. The Eurocrisis as a Multidimensional Systemic Crisis of the EU, Cambridge, 243–263.

Boatcă, Manuela 2019: Von (un)bedeutenden und vergessenen Europas. In: Zeitschrift für Kulturwissenschaften, Band 13, Heft 1, 107–110.

Bohle, Dorothee 2012: Neogramscianismus, in: Bieling, Hans-Jürgen / Lerch, Marika (Hrsg.): Theorien der europäischen Integration, 3. Auflage, Wiesbaden, 165–187.

Bojadžijev, Manuela / Karakayali, Serhat 2007: Autonomie der Migration. 10 Thesen zu einer Methode. In: Transit Migration Forschungsgruppe (Hrsg.): Turbulente Ränder: neue Perspektiven auf Migration an den Grenzen Europas, Bielefeld, 203–210.

Bollinger, Stefan 2001: geschichtlicher Block. In: Historisch-Kritisches Wörterbuch des Marxismus 5, Hamburg, 439–448.

Borrell, Josep 2022: European Diplomatic Academy: Opening remarks by High Representative Josep Borrell at the inauguration of the pilot programme. https://www.eeas.europa.eu/eeas/european-diplomatic-academy-opening-remarks-high-representative-josep-borrell-inauguration-pilot_en. Letzter Zugriff 3.11.2023.

Bortun, Vladimir 2022: Plan B for Europe: The Birth of «Disobedient Euroscepticism»? In: Journal of Common Market Studies, Volume 60, Number 5, 1416–1431.

Botsch, Gideon / Kopke, Christoph 2019: «Umvolkung» und «Volkstod»: zur Kontinuität einer extrem rechten Paranoia, Ulm.

Bourdieu, Pierre 2014: Über den Staat. Vorlesungen am Collége de France 1989–1992, Berlin.

Brand, Ulrich / Görg, Christoph / Wissen, Markus 2007: Verdichtungen zweiter Ordnung. Die Internationalisierung des Staates aus einer neo-poulantzianischen Perspektive, Prokla, Jg. 37, Heft 2, 217–234.

Brand, Ulrich 2007: Die Internationalisierung des Staates als Rekonstitution von Hegemonie. Zur staatstheoretischen Erweiterung Gramscis, in: Buckel, Sonja / Fischer-Lescano, Andreas (Hrsg.): Hegemonie gepanzert mit Zwang. Zivilgesellschaft und Politik im Staatsverständnis Antonio Gramscis, Baden-Baden, 161–180.

Brand, Ulrich 2009: Staatstheorie und Staatsanalyse im globalen Kapitalismus. Ein «neo-poulantzianischer» Ansatz der IPÖ, in: Hartmann, Eva / Kunze, Caren / ders. (Hrsg.): Globalisierung, Macht und Hegemonie, Münster, 212–241.

Brenner, Neil 2004: New State Spaces. Urban Governance and the Rescaling of Statehood, Oxford.

Broschüre 2013: Building a House of European History. A Project of the European Parliament, Broschüre 2013, in: http://www.europarl.europa.eu/visiting/ressource/static/files/building-a-house-of-european-history_e-v.pdf, rev. 31.3.14

Brunkhorst, Hauke 2014: Das doppelte Gesicht Europas, Berlin.

Buckel, Sonja 2011: Staatsprojekt Europa, in: PVS, 52.Jg., 4/2011, 636–662.

Buckel, Sonja 2013: «Welcome to Europe». Die Grenzen des europäischen Migrationsrechts: juridische Auseinandersetzungen um das «Staatsprojekt Europa». Bielefeld.

Buckel, Sonja 2015: Dirty Capitalism. In: Martin, Dirk / Martin, Susanne / Wissel, Jens 2015 (Hrsg.): Perspektiven und Konstellationen kritischer Theorie, Münster, Verlag Westfälisches Dampfboot, 29–48.

Buckel, Sonja 2018: Winter is coming. Der Wiederaufbau des europäischen Grenzregimes nach dem «Sommer der Migration». In: Prokla, Heft 192, 48. Jg. 2018, Nr. 3, 437–457.

Buckel, Sonja / Jens Wissel 2010: State Project Europe: The Transformation of the European Border Regime and the Production of Bare Life. In: International Political Sociology, Vol. 4, No. 1, 33–49.

Buckel, Sonja / Georgi, Fabian / Kannankulam, John / Wissel, Jens 2012: «...wenn das Alte nicht stirbt und das Neue nicht zur Welt kommen kann.» Kräfteverhältnisse in der europäischen Krise. In: Forschungsgruppe «Staatsprojekt Europa» (Hrsg.): Die EU in der Krise. Zwischen autoritärem Etatismus und europäischem Frühling. Münster, 12–49.

Buckel, Sonja / Georgi, Fabian / Kannankulam, John / Wissel, Jens 2017: The European Border Regime in Crisis. Theory, Methods and Analyses in Critical European Studies. RLS-Studien 8/2017, Berlin.

Bujard, Birgit / Wessels, Wolfgan 2021: Der Brexit-Prozess und die Austrittsdokrin: Die Führungsrolle des Europäischen Rats. In: Zeitschrift für Außen- und Sicherheitspolitik (2021) 14, 13–24.

Busch, Klaus 1978: Die Krise der Europäischen Gemeinschaft, Frankfurt am Main.

Busch, Klaus 2016: Das Versagen Europas. Die Euro- und die Flüchtlingskrise sowie die «Brexit»-Diskussion. Eine Flugschrift, Hamburg.

Calligaro, Oriane 2015: Legitimation Through Remembrance? The Changing Regimes of Historicity of European Integration. In: Journal of Contemporary European Studies, Volume 23, Issue 3, 330–343.

Camus, Jean-Yves 2017: Die Identitäre Bewegung oder die Konstruktion eines Mythos europäischer Ursprünge, in: Hentges, Gudrun / Nottbohm, Kristina / Platzer, Hans-Wolfgang (Hrsg.): Europäische Identität in der Krise. Europäische Identitätsforschung und Rechtspopulismusforschung im Dialog, Wiesbaden. 233–248.

Candeias, Mario 2016: Die verbindende Partei im Praxistest. In: Prokla. Heft 182, 46. Jg., 2016, Nr. 1, 153–166.

Cerny, Philip G. 2006: Restructuring the state in a globalizing world: capital accumulation, tangled hierarchies and the search for a new spatio-temporal fix. Review of International Political Economy 13, 4 October 2006, 679–695.

Cetti, Fran 2014: Europe and the «Global Alien». The Centrality of the Forced Migrant to a Pan-European Identity. In: Radeljić, Branislav (Hrsg.): Debating European Identity. Bright Ideas, Dim Prospects, Bern, 115–143.

Clemens, Gabriele / Reinfeldt, Alexander / Wille, Gerhard 2008: Geschichte der europäischen Integration, Stuttgart.

Connell, Robert W. 1999: Der gemachte Mann. Konstruktion und Krise von Männlichkeiten, Opladen.

Cox, Robert W. 1981: Social Forces, States and World Orders: Beyond International Relations Theory. Millennium: Journal of International Studies, Vol 10, No. 2, 126–155.

Cox, Robert W. 1983: Gramsci, Hegemony and International Relations: An Essay in Method. Millennium: Journal of international Studies. Vol 12, No. 2, 162–175

Cuevas, José Manuel Romero 2012: Fortbestand der Kritik: Krise und Protestbewegung in Spanien. In: Forschungsgruppe «Staatsprojekt

Europa» (Hrsg.): Die EU in der Krise. Zwischen autoritärem Etatismus und europäischem Frühling, Münster, 95–104.

De la Porte, Caroline / Jensen, Mads D. 2021: The next generation EU: An analysis of the dimensions of conflict behind the deal. In: Social Policy & Administration 55, 1–15.

Decker, Frank 2017: Populismus und Extremismus in Europa – eine Gefahr für die Demokratie? In: Bömmel, Winfried / König, Helmut / Sicking, Manfred (Hrsg.): Populismus und Extremismus in Europa. Gesellschaftswissenschaftliche und sozialpsychologische Perspektiven, Bielefeld, 43–61.

Deger, Petra 2007: Europäisierung – Dimensionen der Genese europäischer Räume. In: Deger, Petra / Hettlage, Robert (Hrsg.): Der Europäische Raum. Die Konstruktion europäischer Grenzen. Wiesbaden, 145–165.

Degryse, Christophe 2012: The New European Economic Governance. Working Paper 2012, 14. European trade union institute. https://www.etui.org/sites/default/files/12%20WP%202012%2014%20EN%20WebVersion.pdf. Letzter Zugriff 4.9.2023.

Deklaration 2021: Deklaration für die Zukunft Europas. www.fpoe.at/artikel/deklaration-fuer-die-zukunft-europas/. Letzter Zugriff 1.7.2023.

Dellheim, Judith 2017: Zur Kritik der Demokratie und der Linken in der Europäischen Union. In: Candeias, Mario / Demirović, Alex (Hrsg.): Europe – what's left? Die Europäische Union zwischen Zerfall, Autoritarismus und demokratischer Erneuerung, Münster, 28–48.

Deist, Heinrich 1950: Das Ruhrstatut. In: Gesetz 75 und Ruhrstatut. Eine Sammlung von Vorträgen von Dr. Victor Agartz und Dr. Heinrich Deist. Im Anhang: Amtlicher Anhang der Gesetzestexte, Köln, 1950. 54–72.

Demirović, Alex 2007: Nicos Poulantzas. Aktualität und Probleme materialistischer Staatstheorie, 2. überarbeitete Auflage, Münster.

Demirović, Alex / Sablowski, Thomas 2011: Finanzdominierte Akkumulation und die Krise in Europa. In: Prokla Heft 166, 42. Jg., 2011, Nr. 1, 77–10.

Deppe, Frank 1976: Westeuropäische Integration als Krisenprozeß, in: ders. (Hrsg.): Arbeiterbewegung und westeuropäische Integration, Köln, 9–70.

Deppe, Frank 1993: Von der «Europhorie» zur Erosion – Anmerkungen zur Post-Maastricht-Krise der EG. In: Deppe, Frank / Felder, Michael: Zur Post-Maastricht-Krise der Europäischen Gemeinschaft (EG). Arbeitspapier Nr. 10 der Forschungsgruppe Europäische Gemeinschaften (FEG), Marburg, 7–62.

Deppe, Frank 2000: Zum Wandel kritischer Integrationstheorien. In: Bieling, Hans-Jürgen / Steinhilber, Jochen (Hrsg.): Die Konfiguration Europas. Dimensionen einer kritischen Integrationstheorie, Münster, 331–349.

Deppe, Frank 2017: Die Krise der Europäischen Union – deutsche Hegemonie – europäische Linke. In: Candeias, Mario / Demirović (Hrsg.): Europe – what's left? Die Europäische Union zwischen Zerfall, Autoritarismus und demokratischer Erneuerung, Münster, 12–27.
DIEM25 o.J.: Europa demokratisieren! Europa wird demokratisiert oder es wird zerfallen. https://diem25.org/wp-content/uploads/2018/09/diem25_german_long.pdf. Letzter Zugriff 17.10.2023.
Dubiel, Helmut 1985: Was ist Neokonservatismus? Frankfurt am Main.
Eckmann, Monique 2005: Antisemitismus im Namen der Menschenrechte? In: Loewy, Hanno (Hrsg.): Gerüchte über die Juden. Antisemitismus, Philosemitismus und aktuelle Verschwörungstheorien, Essen, 101–122.
Ehlermann, Claus-Dieter 1986: Die Einheitliche Europäische Akte: Die Reform der Organe. In: Integration, Juli `86, Vol. 9, No. 3, 101–107.
Eichberg, Henning 1975: Nation Europa – Europa der Völker. Eine Kritik und Alternative zum bürgerlichen Europakonzept II. In: Burschenschaftliche Blätter 90. Jg., Nr. 1, S. 3–7.
Einheitliche Europäische Akte 1986: https://eur-lex.europa.eu/legal-content/DE/TXT/PDF/?uri=CELEX:11986U/TXT&from=DE
Elliesen, Moritz / Henkel, Nikolas / Kempe, Sophie 2018: Die autoritäre Wende in Ungarn. Forschungsgruppe «Staatsprojekt Europa» Working Papers No. 1, Dezember 2018.
Elliesen, Moritz / Henkel, Nikolas / Kempe, Sophie 2019: Ziemlich beste Feinde: Fidesz und die EU. Zur Entwicklung eines ambivalenten Verhältnisses. In: Keil, Daniel / Wissel, Jens (Hrsg.): Staatsprojekt Europa. Eine staatstheoretische Perspektive auf die Europäische Union, Baden-Baden, 137–156.
Erklärung 2000: Erklärung des Stockholmer Internationalen Forums über den Holocaust. In: http://www.holocaustremembrance.com/de/about-us-stockholm-declaration/erkl%C3%A4rung-des-stockholmer-internationalen-forums-%C3%BCber-den-holocaust, rev. 6.2.14
Eurexit 2017: Eine Alternative zum Euro. https://web.archive.org/web/20180830042232/eurexit.de/aufruf. Letzter Zugriff 13.10.2023.
Europa-Archiv 1987: Zeitschrift für Internationale Politik. Zeittafel. Sach- und Personenregister, 42. Jg., 1987
Eurobarometer 2007: Eurobarometer 67: Die öffentliche Meinung in der Europäischen Union. Brüssel.
Eurobarometer 2018: Standard-Eurobarometer 89: Die öffentliche Meinung in der Europäischen Union, Brüssel.
Europäischer Gerichtshof (EuGH) 2022: Pressemitteilung Nr. 28/22. Urteile in den Rechtssachen C-156/21 Ungarn / Parlament und Rat und C-157/21 Polen / Parlament und Rat. https://curia.europa.eu/jcms/upload/docs/application/pdf/2022-02/cp220028de.pdf. Letzter Zugriff 19.9.2023.

Europäische Kommission (EC) 1985: Vollendung des Binnenmarktes. Weißbuch der Kommission an den Europäischen Rat. Kom(85) 310, Brüssel.
Europäische Kommission (EC) 2010: Mitteilung: Verstärkung der wirtschaftspolitischen Koordinierung. KOM(2010) 250 endgültig.
Europäische Kommission (EC) 2010b: The economic Adjustement Programme for Greece. European Economy, occasional Papers No.61. Brüssel. https://ec.europa.eu/economy_finance/publications/occasional_paper/2010/pdf/ocp61_en.pdf. Letzter Zugriff 6.9.2023.
Europäische Kommission (EC) 2011: Mitteilung: Gesamtansatz für Migration und Mobilität. KOM(2011) 743 endgültig. https://eur-lex.europa.eu/legal-content/DE/TXT/PDF/?uri=CELEX:52011DC0743. Letzter Zugriff 12.9.2023.
Europäische Kommission (EC) 2017: Weißbuch zur Zukunft Europas
Europäische Kommission (EC) 2017b: Press Release: A European Defence Fund: €5.5 billion per year to boost Europe`s defence capabilities. https://ec.europa.eu/commission/presscorner/detail/en/IP_17_1508. Letzter Zugriff 26.9.2023.
Europäische Kommission (EC) 2021: Fragen und Antworten: Eine offene, nachhaltige und entschlossene Handelspolitik. QANDA/21/645.
Europäische Kommission (EC) 2021b: Mitteilung: Strategische Vorausschau 2021. Die Handlungsfähigkeit und Handlungsfreiheit der EU. COM(2021) 750 final.
Europäische Kommission (EC) 2022: Pressemitteilung: Europäischer Verteidigungsfonds: 1 Mrd. EUR zur Stärkung der Verteidigungsfähigkeiten der EU und neue Instrumente für Innovationen im Verteidigungsbereich.
https://ec.europa.eu/commission/presscorner/detail/de/IP_22_3283. Letzter Zugriff 26.9.2023.
Europäische Kommission (EC) 2023: 10-Point-Plan for Lampedusa. https://ec.europa.eu/commission/presscorner/detail/de/ip_23_4503. Letzter Zugriff 18.9.2023.
Europäisches Parlament (EP) 2018a: Bericht über einen Vorschlag, mit dem der Rat aufgefordert wird, im Einklang mit Artikel 7 Absatz 1 des Vertrags über die Europäische Union festzustellen, dass die eindeutige Gefahr einer schwerwiegenden Verletzung der Grundwerte der Europäischen Union durch Ungarn besteht. (2017/2131(INL)
Europäisches Parlament (EP) 2018b: Entschließung des Europäischen Parlaments vom 12. September 2018. P8_TA(2018)0340.
Europäisches Parlament (EP) 2020: VERORDNUNG (EU, Euratom) 2020/2092 DES EUROPÄISCHEN PARLAMENTS UND DES RATES vom 16. Dezember 2020 über eine allgemeine Konditionalitätsregelung zum Schutz des Haushalts der Union. In: Amtsblatt der EU, LI 433/1.
Europäisches Parlament 2020b: Entschließung des Europäischen Parlaments vom 23. Juli 2020 zu den Schlussfolgerungen der außerordentlichen Tagung des Europäischen Rates vom 17.–21. Juli 2020,

https://www.europarl.europa.eu/doceo/document/TA-9-2020-0206_DE.html. Letzter Zugriff 27.9.2023.

Europäischer Rat 1973: Dokument über die Europäische Identität (Kopenhagen, 14. Dezember 1973). http://www.cvce.eu/obj/dokument_uber_die_europaische_identitat_kopenhagen_14_dezember_1973-de-02798dc9-9c69-4b7d-b2c9-f03a8db7da32.html. Letzter Zugriff 19.10.2023.

Europäischer Rat 2000: Schlussfolgerungen des Vorsitzes. Europäischer Rat (Lissabon), 23. und 24. März 2000, Brüssel

Europäischer Rat 2005: Global approach to migration: Priority actions focusing on Africa and the Mediterranean. 15582/05 ASIM 64 RELEX 747. https://data.consilium.europa.eu/doc/document/ST-15744-2005-INIT/en/pdf. Letzter Zugriff 12.9.2023.

Europäischer Rat 2012: VERTRAG ÜBER STABILITÄT, KOORDINIERUNG UND STEUERUNG IN DER WIRTSCHAFTS- UND WÄHRUNGSUNION.

Europäischer Rat 2015: Tagung des Europäischen Rates (17. und 18. Dezember 2015) – Schlussfolgerungen. EUCO 28/15.

Europäischer Rat 2016: Erklärung von Bratislava. https://www.consilium.europa.eu/media/21232/160916-bratislava-declaration-and-roadmap-de.pdf. Letzter Zugriff 30.12.2023.

Europäischer Rat 2017: Tagung des Europäischen Rates (22. und 23. Juni 2017) – Schlussfolgerungen, EUCO 8/17.

Europäischer Rat 2020: Außerordentliche Tagung des Europäischen Rates (17.–21. Juli 2020) – Schlussfolgerungen, https://data.consilium.europa.eu/doc/document/ST-10-2020-INIT/de/pdf.

EU-Tunesien MoM 2023: EU-Tunisia Memorandum of Understanding. https://www.europarl.europa.eu/RegData/etudes/ATAG/2023/751467/EPRS_ATA(2023)751467_EN.pdf.
Letzter Zugriff 18.9.2023.

Fabbrini, Frederico 2022: The Legal Architecture of the Economic Responses toCOVID-19: EMU beyond the Pandemic. In: Journal of Common Market Studies, 2022, Volume 60, Number 1, 186–203.

Fekete, Liz 2018: Europe's Fault Lines. Racism and the Rise of the Right. London.

Fioravanzo, Monica 2010: Die Europakonzeptionen von Faschismus und Nationalsozialismus (1939–1943). Vierteljahreshefte für Zeitgeschichte. Jg. 58, Heft 4/2010. 509–541

Fisahn, Andreas 2012: Den Stier das Tanzen lehren? Europa vor neuen Voraussetzungen. In: Prokla, Heft 168, 42.Jg., Nr.3, 357–376.

Fischer, Anita 2008: Von geschlechtlicher Arbeitsteilung über Geschlecht zum Staat. Eine geschlechtertheoretische Auseinandersetzung mit dem Staat bei Poulantzas. In: Wissel, Jens / Wöhl, Stefanie (Hrsg.): Staatstheorie vor neuen Herausforderungen: Analyse und Kritik, Münster, 50–69.

Forschungsgruppe «Staatsprojekt Europa» 2014: Krise und kein Ende. In: Forschungsgruppe «Staatsprojekt Europa» (Hrsg.): Kämpfe um

Migrationspolitik. Theorie, Methoden und Analysen kritischer Europaforschung, Bielefeld, 247–257.

François, Stéphane 2017: Die Nouvelle Droite und der Nationalsozialismus. Zur Wiederaufnahme einer historiographischen Debatte. In: Hentges, Gudrun / Nottbohm, Kristina / Platzer, Hans-Wolfgang (Hrsg.): Europäische Identität in der Krise. Europäische Identitätsforschung und Rechtspopulismusforschung im Dialog, Wiesbaden, 209–232.

Frankenberg, Günter 2020: Autoritarismus, Berlin.

Froud, Julie / Johal, Sukhdev / Williams, Karel 2016: Multiple Economies: before and after Brexit. In: Socio-Economic Review, 2016, Vol. 14, No. 4, 814–819.

Fuhrmann, Nora 2005: Geschlechterpolitik im Prozess der europäischen Integration, Wiesbaden.

Fürst, Heiko 2019: Ungarn. In: Weidenfeld, Werner / Wessels, Wolfgang (Hrsg.): Jahrbuch der europäischen Integration 2019, Baden-Baden, 547–550.

Frugal Four 2020: Non-paper EU support for efficient and sustainable COVID-19 recovery. Amsterdam: Rijksoverheid. https://www.rijksoverheid.nl/documenten/publicaties/2020/05/26/non-paper-eu-support-for-efficient-and-sustainable-covid-19-recovery. Letzter Zugriff 27.9.2023.

Furedi, Frank 2023: Woke – a Culture War against Europe. Rede. https://www.youtube.com/watch?v=rBZ6-Rvuaa4. Letzter Zugriff 29.12.2023.

Ganßmann, Heiner / Haas, Michael 1999: Eurosklerose? In: PROKLA. Zeitschrift für kritische Sozialwissenschaft, Heft 114, 29. Jg., 1999, Nr.1, 55–71.

Garton Ash, Timothy 2002: Mesomnesie – Plädoyer für ein mittleres Erinnern. In: Transit, Europäische Revue 22. 32–48.

Gauland, Alexander 2019: Nation – Populismus – Nachhaltigkeit. Drei Vorträge, Schnellroda.

Gehrken, Johannes 2022: Fiskalpolitische Zeitenwende in der Coronakrise? In: Prokla. Zeitschrift für kritische Sozialwissenschaft, Heft 209, 52. Jg., 2022, Nr. 4, 733–749.

Genneti, Evi 2008: Geschlechterverhältnisse im bürgerlichen Staat. Feministische Denkarten materialistischer Staatstheorien. In: Hirsch, Joachim / Kannankulam, John / Wissel, Jens (Hrsg.): Der Staat der bürgerlichen Gesellschaft. Zum Staatsverständnis von Karl Marx. Baden-Baden, 135–154.

Genetti, Evi 2010: Europäische Staaten im Wettbewerb: zur Transformation von Geschlechterordnungen im Kontext der EU, Münster.

Georgi, Fabian 2019: Kämpfe der Migration im Kontext. Die Krisendynamik des europäischen Grenzregimes seit 2011. In: Keil, Daniel / Wissel, Jens (Hrsg.): Staatsprojekt Europa. Eine staatstheoretische Perspektive auf die Europäische Union, Baden-Baden, 205–228.

Georgi, Fabian 2023: Rassismus im europäischen Grenz- und Migrationsregime aus Sicht einer materialistischen Herrschaftstheorie. In: Roldán Mendevil, Eleonora / Sarbo, Bafta (Hrsg.): Die Diversität der Ausbeutung. Zur Kritik des herrschenden Antirassismus, Berlin, 83–101.

Georgiou, Christakis 2017: British Capitalism and European Unification, from Ottawa to the Brexit Referendum. In: Historical Materialism 25.1 (2017), 90–129.

Gill, Stephen 1992: The Emerging World Order and European Change: The Political Economy of European Union. In: Miliband, Ralph / Panitch, Leo (Hrsg.): Socialist Register 1992: New World Order?, Pontypool, 157–196.

Gill, Stephen 1998: European governance and new constitutionalism: Economic and Monetary Union and alternatives to disciplinary Neoliberalism in Europe, New Political Economy, 3:1, 5–26.

Gill, Stephen 2000: Theoretische Grundlagen einer neo-gramscianischen Analyse der europäischen Integration. In: Bieling, Hans-Jürgen / Steinhilber, Jochen (Hrsg.): Die Konfiguration Europas. Dimensionen einer kritischen Integrationstheorie, Münster, 23–50.

Gill, Stephen 2017: Transnational Class Formations, European Crisis and the Silent Revolution. Critical Sociology, Vol. 43(4–5), 635–651.

Göler, Daniel / Reiter, Florence 2019: Gemeinsame Sicherheits- und Verteidigungspolitik. In: Weidenfeld, Werner / Wessels, Wolfgang (Hrsg.): Jahrbuch der Europäischen Integration, Baden-Baden, 325–330.

Görg, Christoph / Wissen, Markus 2003: National dominierte globale Herrschaft. Zum Verhältnis von Uni- und Multilateralismus in der «Neuen Weltordnung». Prokla, Jg. 33. Heft 4, 625–644.

Gosewinkel, Dieter 2012: Antiliberales Europa – eine andere Integrationsgeschichte. Zeithistorische Forschungen / Studies in Contemporary History 9 (2012), 351–364.

Gorz, André 1967: Zur Strategie der Arbeiterbewegung im Neokapitalismus, Frankfurt am Main.

Gough, Jamie 2017: Brexit, xenophobia and left strategy nor. In: Capital & Class 41 (2), 366–372.

Grabitz, Eberhard 1979: Das Europäische Parlament vor der Direktwahl. In: Integration, 79, Vol. 2, No. 2 (79), 47–58.

Gramsci,, Antonio 1998ff.: Gefängnishefte. 10 Bände, Hamburg.

Grimm, Dieter 2015: Auf der Suche nach Akzeptanz. Über Legitimationsdefizite und Legitimationsressourcen der Europäischen Union. In: Leviathan, 43. Jg., 3/2015, 325–338.

Grunert, Robert 2012: Der Europagedanke westeuropäischer faschistischer Bewegungen 1940–1945, Paderborn/München/Wien/Zürich.

Guinan, Joe / Hanna, Thomas M. 2017: Forbidden fruit. The neglected political economy of Lexit. In: IPPR Progressive Review, Volume 24(1), 15–24.

Habermas, Jürgen 2004: Der Gespaltene Westen. Kleine politische Schriften X, Frankfurt am Main.

Habermas, Jürgen 2011: Zur Verfassung Europas. Ein Essay, Frankfurt am Main.

Hall, Stuart 1985: Die Bedeutung des autoritären Populismus für den Thatcherismus. In: ders. 2014: Populismus, Hegemonie, Globalisierung. Ausgewählte Schriften 5, Hamburg, 121–132.

Hamann, Ulrike / Karakayali, Serhat 2016: Practicing Willkommenskultur: Migration and Solidarity in Germany. In: Intersections, EEJSP 2(4), 69–86.

Hansen, Peo / Jonsson, Stefan 2014: Eurafrica. The Untold History of European Integraiton and Colonialism, London / New York.

Harvey, David 2005: Der neue Imperialismus. Hamburg.

Haug, Wolfgang Fritz 2020: Die große Unterbrechung. Editorial. In: Das Argument (2020) 334, S. 7–15.

Häusler, Alexander / Roeser, Rainer 2015: Die rechten «Mut»-Bürger. Entstehung, Entwicklung, Personal & Positionen der Alternative für Deutschland, Hamburg.

Hawel, Marcus 2007: Die normalisierte Nation: Vergangenheitsbewältigung und Außenpolitik in Deutschland, Hannover.

Heeg, Susanne 2001: Politische Regulation des Raumes. Metropolen – Regionen – Nationalstaat, Berlin.

Heidegger, Martin 1935: Einführung in die Metaphysik. In: Gesamtausgabe II. Abteilung: Vorlesungen 1923–1944. Band 40, Frankfurt am Main.

Hess, Sabine / Kasparek, Bernd / Kron, Stefan / Radatz, Mathias / Schwertl, Mario / Sontowski, Simon 2017: Der lange Sommer der Migration. Krise, Rekonstitution und ungewisse Zukunft des europäischen Grenzregimes. In: dies. (Hrsg.): Der lange Sommer der Migration. Grenzregime III, Berlin/Hamburg, 6–24.

Hirsch, Joachim 1994: Politische Form, politische Institutionen und Staat. In: Esser, Josef / Görg, Christoph / Hirsch, Joachim (Hrsg.): Politik, Institutionen und Staat. Zur Kritik der Regulationstheorie, Hamburg, 157–211.

Hirsch, Joachim / Jessop, Bob / Poulantzas, Nicos 2001: Die Zukunft des Staates, Hamburg.

Hirsch, Joachim 2005: Materialistische Staatstheorie. Transformationsprozesse des kapitalistischen Staatensystems, Hamburg.

Hirsch, Joachim / Kannankulam, John 2009: Die Räume des Kapitals. Die politische Form des Kapitalismus in der «Internationalisierung des Staates». In: Hartmann, Eva / Kunze, Caren / Brand, Ulrich (Hrsg.): Globalisierung, Macht und Hegemonie, Münster, 181–211.

Hirsch, Joachim / Wissel Jens 2010: Transnationalisierung der Klassenverhältnisse. In: Thien, Hans-Günter (Hrsg.): Klassen im Postfordismus, Münster, 287–309

Hitler, Adolf 1961: Hitlers zweites Buch: Ein Dokument aus d. Jahr 1928. Eingel. u. komm. von Gerhard L. Weinberg. Mit e. Geleitw. von Hans Rothfels, Stuttgart.

Hobe, Stefan 1993: DIE UNIONSBÜRGERSCHAFT NACH DEM VERTRAG VON MAASTRICHT: Auf dem Weg zum europäischen Bundesstaat? In: Der Staat, 1993, Vol. 32, No. 2 (1993), 245–268.

Höcke, Björn 2015: Rede zur Demonstration in Erfurt, 23.9.2015. In: http://afd-thueringen.de/reden/. Letzter Zugriff 10.11.2015.

Höcke, Björn 2018: Europa ist nicht Brüssel. Rede auf dem Hermannstreffen. https://www.youtube.com/watch?v=kflg_5GphB4. Letzter Zugriff 29.12.2023.

Höpner, Martin / Scharpf, Fritz / Streeck, Wolfgang 2016: Europa braucht die Nation. In: https://www.zeit.de/2016/39/eu-gipfel-eugh-euro-krisenbewaeltigung. Letzter Zugriff 16.10.2023.

Holland, Stuart 1980: UnCommon Market. Capital, Class and Power in the European Community. London and Basingstoke.

Horn, Fabian 2016: Plan B, plan b, DiEM25 – which Plan for Europe? https://www.rosalux.eu/en/article/557.plan-b-plan-b-diem25-which-plan-for-europe.html. Letzter Zugriff 13.10.2023.

Hrbek, Rudolf 1992: Kontroversen und Manifeste zum Vertrag von Maastricht: Zur Einführung. In: Integration, Vol. 15, No. 4 (November 1992), 225–228.

Hrbek, Rudolf 2019: Europawahl 2019. In: Integration, Vol. 42, No.3., 167–186.

Huffschmid, Jörg 1989: Auf dem Weg zu einer westeuropäischen Ökonomie? Unternehmenskonzentration und Binnenmarkt. In: Deppe, Frank / Huffschmid, Jörg / Weiner, Klaus-Peter (Hrsg.): 1992 – Projekt Europa. Politik und Ökonomie in der Europäischen Gemeinschaft, Köln, 61–82.

Huffschmid, Jörg 2002: Politische Ökonomie der Finanzmärkte, erweiterte und aktualisierte Ausgabe, Hamburg.

Huke, Nikolai / Kannankulam, John 2012: Kritische Theorien der europäischen Integration. Blick auf die Debatte und politische Implikation. In: Arranca Nr.45, 03/2012, online: https://arranca.org/archive?path=%2Fausgabe%2F45%2Fkritische-theorien-der-europaeischen-integration. Letzter Zugriff 17.2.20201.

Huke, Nikolai / Schlemermeyer, Jan 2012: Warum so staatstragend? Die Krisen der repräsentativen Demokratie in der Euro-Krise als Chance für radikalen Reformismus und gesellschaftliche Emanzipation. In: Prokla, Heft 168, 42. Jg., 2012, Nr. 3, 455–465.

Huke, Nikolai / Lüddemann, Dana / Wissel, Jens 2014: Frontex. Verlängerter Arm der Mitgliedsstaaten und Europäisierungsmotor der Grenzkontrolle. In: Forschungsgruppe «Staatsprojekt Europa» (Hrsg.): Kämpfe um Migrationspolitik. Theorie, Methoden und Analysen kritischer Europaforschung, Bielefeld, 169–186.

Huke, Nikolai 2017: «Sie repräsentieren uns nicht»: soziale Bewegungen und Krisen der Demokratie in Spanien, Münster.

Jachtenfuchs, Markus 1997: Die Europäische Union – ein Gebilde sui generis? In: Wolf, Klaus Dieter (Hrsg.): Projekt Europa im Übergang, Baden-Baden, 15–35.

Jacobitz, Robin 1991: Antonio Gramsci – Hegemonie, historischer Block und intellektuelle Führung in der internationalen Politik. Arbeitspapiere der Forschungsgruppe Europäische Gemeinschaften (FEG) Nr. 5, Marburg.

Jäger, Anton 2023: Die letzten auf der Bowlingbahn. In: Jacobin, Nr. 12.

Jäger, Michael 2010: Machtblock und Parteien bei Poulantzas. In: Demirović, Alex / Adolphs, Stephan / Karakayali, Serhat (Hrsg.): Das Staatsverständnis von Nicos Poulantzas. Der Staat als gesellschaftliches Verhältnis, Baden-Baden, 241–258.

Janich, Oliver 2014: Die Vereinigten Staaten von Europa: Geheimdokumente enthüllen; die dunklen Pläne der Elite, München.

Jellinek, Georg 1905: Das Recht des modernen Staates. Erster Band: Allgemeine Staatslehre, zweite durchgesehene und vermehrte Auflage, Berlin.

Jeismann, Michael 2005: Völkermord und Vertreibung. Wie funktioniert das europäische Gedächtnis? In: Donig, Simon / Meyer, Tobias / Winkler, Christiane (Hrsg.): Europäische Identitäten – Eine europäische Identität? Baden-Baden, 214–225.

Jessop, Bob 1997: Die Zukunft des Nationalstaats: Erosion oder Reorganisation. In: Becker, Steffen / Sablowski, Thomas / Schumm, Wilhelm (Hrsg.): Jenseits der Nationalökonomie? Weltwirtschaft und Nationalstaat zwischen Globalisierung und Regionalisierung, Berlin, 50–95

Jessop, Bob 2001a: Globalisierung und Nationalstaat. Imperialismus und Staat bei Nicos Poulantzas – 25 Jahre später. In: Hirsch, Joachim / Jessop, Bob / Poulantzas, Nicos: Die Zukunft des Staates, Hamburg, 71–100.

Jessop, Bob 2001b: Die geschlechtsspezifischen Selektivitäten des Staates. In: Kreisky, Eva / Lang, Sabine / Sauer, Birgit (Hrsg.): EU, Geschlecht, Staat, Wien, 55–86.

Jessop, Bob 2002: The Future of the Capitalist State, Cambridge.

Jessop, Bob 2016: The State. Past, Present, Future, Cambridge.

Jones, Lee 2016: The EU Referendum: Brexit, the Politics of Scale and State Transformation. https://thedisorderofthings.com/2016/05/24/the-eu-referendum-brexit-the-politics-of-scale-and-state-transformation/. Letzter Zugriff 16.10.2023.

Jureit, Ulrike / Tietze, Nikola 2015: Postsouveräne Territorialität. Eine Einleitung. In: Jureit, Ulrike / Tietze, Nikola (Hrsg.): Postsouveräne Territorialität. Die Europäische Union und ihr Raum, Hamburg, 7–24.

Jureit, Ulrike 2010: Opferidentifikation und Erlösungshoffnung: Beobachtungen im erinnerungspolitischen Rampenlicht. In: Jureit, Ulrike /

Schneider, Christian: Gefühlte Opfer. Illusionen der Vergangenheitsbewältigung, Bonn, 17-103.
Jureit, Ulrike / Tietze, Nikola 2016: Postsouveräne Territorialität: Die Europäische Union als supranationaler Raum. In: Der Staat, Vol. 55, No. 3, 353–371.
Kahn, Sylvain2020: L'Union européenne est maintenant un Etat. In: Le Monde, 23.7.2020.
Kaiser, Benedikt 2011: Eurofaschismus und bürgerliche Dekadenz: Europakonzeption und Gesellschaftskritik bei Pierre Drieu la Rochelle, Kiel.
Kannankulam, John 2008: Autoritärer Etatismus im Neoliberalismus. Zur Staatstheorie von Nicos Poulantzasz Hamburg.
Kannankulam, John 2019: Das Staatsprojekt Europa in der Krise. Zur Aktualität des Autoritären Etatismus im Kontext der Finanz- und «Eurokrise». In: Keil, Daniel / Wissel, Jens (Hrsg.): Staatsprojekt Europa. Eine staatstheoretische Perspektive auf die Europäische Union, Baden-Baden, 83–96.
Kannankulam, John / Georgi, Fabian 2012: Die Europäische Integration als materielle Verdichtung von Kräfteverhältnissen. Hegemonieprojekte im Kampf um das «Staatsprojekt Europa». Arbeitspapier No. 30 der Forschungsstelle Europäische Integration, Marburg.
Kaufmann, Stefan / Muzzupappa, Antonella 2020: Crash Kurs Krise: Wie die Finanzmärkte funktionieren – Eine kritische Einführung, Berlin.
Kasparek, Bernd 2015: Was war Mare Nostrum? Dokumentation einer Debatte um die italienische Marineoperation. In: movements. Journal für kritische Migrations- und Grenzregimeforschung 2015 1 (1). 1-18. https://movements-journal.org/issues/01.grenzregime/11.kasparek--mare-nostrum-debatte.pdf. Letzter Zugriff 13.9.2023.
Kasparek, Bernd / Speer, Mark 2015: Of Hope. Ungarn und der lange Sommer der Migration. https://bordermonitoring.eu/ungarn/2015/09/of-hope/. Letzter Zugriff 13.9.2023.
Kasparek, Bernd / Tsianos, Vassilis S. 2015: Back to the Future. Blair-Schily reloaded. In: movements. Journal für kritische Migrations- und Grenzregimeforschung 2015 1 (1). 1–25. https://movements-journal.org/issues/01.grenzregime/03.kasparek,tsianos--back-to-the-future-blair-schily-reloaded.pdf letzter Zugriff 12.9.2023.
Keil, Daniel 2013: Territorium und Tradition. In: Goll, Tobias / Keil, Daniel / Telios, Thomas (Hrsg.): Critical Matter. Diskussionen eines neuen Materialismus, Münster, 243–258.
Keil, Daniel 2015: Die Erweiterung des Resonanzraums. Pegida, die Aktualisierung des Völkischen und die Neuordnung des Konservatismus. In: Prokla. Heft 180, 45. Jg., 2015, Nr. 3, 371–385.
Keil, Daniel 2015b: Territorium, Tradition und nationale Identität. Eine staatstheoretische Perspektive auf den Wandel nationaler Identität in der europäischen Integration, Münster.

Keil, Daniel 2016: Die politische Krise der EU, Migrationspolitik und das Erstarken der neuen Rechten. In: spw. Heft 215, Ausgabe 4/2015, 44–49.

Keil, Daniel 2019: Identitätsfragen. Nationale und europäische Identität in der Krise. In: Keil, Daniel / Wissel, Jens (Hrsg.): Staatsprojekt Europa. Eine staatstheoretische Perspektive auf die Europäische Union, Baden-Baden.,185–204.

Keil, Daniel 2021a: Gegen den «europäischen Schuldensozialismus». Die Corona-Krise, die Krise der Europäischen Union und die europäische Rechte. In: Hentges, Gudrun / Gläser, Georg / Lingenfelder, Julia (Hrsg.): Demokratie im Zeichen von Corona, Berlin, 215–231.

Keil, Daniel 2021b: Covid-19, the Crisis of the European Union, and the heterogeneous Far-Right in Europe –The importance of the Far Right's Imagination of Europe before and after the Covid-Crisis. In: The HEPPsinki Working Papers on Emotions, Populism and Polarisation, Vol 1, Issue 1, Edited by Laura Horsmanheimo and Laura-Elena Sibinescu, 47–60.

Keil, Daniel 2022: Das rechte Projekt permanenter Wutmobilisierung. Anmerkungen zur politikwissenschaftlichen Debatte um Spaltungslinien, Populimus und die Krise der EU. In: Psychologie & Gesellschaftskritik 2022-1/2 (181/182), 7–38.

Keil, Daniel 2023: Europäische Staatlichkeit in der posthegemonialen Konstellation. In: Zeitschrift für politische Theorie, im Erscheinen.

Keil, Daniel 2024: Politische Krise der EU und die Entwicklung eines europäischen Projekts der heterogenen Rechten. In: Hentges, Grudrun / Keil, Daniel / Aderholz, David Bröse, Johanna / Gläser, Georg Schmidt, Johanna (Hrsg.): Autoritäre Entwicklungen, extrem-rechte Diskurse und demokratische Resonanzen (Arbeitstitel), Weinheim, Basel, im Erscheinen.

Kielmannsegg, Peter Graf 2009: Lässt sich die Europäische Union demokratisch verfassen? In: Decker, Frank / Höreth, Marcus (Hrsg.): Die Verfassung Europas. Perspektiven des Integrationsprojekts, Wiesbaden, 219–236.

Klatzer, Elisabeth / Schlager, Christa 2019: HERRschaft herstellen: die geschlechterpolitischen Kosten des Umbaus der wirtschaftspolitischen Steuerung in der EU als Kem eines maskulin autoritären Herrschaftsprojektes. In: Keil, Daniel / Wissel, Jens (Hrsg.): Staatsprojekt Europa. Eine staatstheoretische Perspektive auf die Europäische Union, Baden-Baden, 97–116.

Klatzer, Elisabeth / Schlager, Christa 2020: Losing Grouds: Masculine-Authoritarian Reconfigurations of Power Structures in the European Union. In: Wöhl, Stefanie / Springler, Elisabeth / Pachel, Martin / Zeilinger, Bernhard (Hrsg.): The State of the European Union. Fault Lines in European Integration, Wiesbaden, 45–75.

Klein, Julia 2017: Brexit. In: Weidenfeld, Werner / Wessels, Wolfgang (Hrsg.): Jahrbuch der Europäischen Integration 2017, Baden-Baden, 45–58.

Klemperer, Victor 2020: LTI : Notizbuch eines Philologen, Ditzingen.
Klose, Fabian 2009: Menschenrechte im Schatten kolonialer Gewalt. Die Dekolonisierungskriege in Kenia und Algerien 1945–1962. München.
Knyazeva, Irina 2018: Europavorstellungen der Konservativen Revolution, Berlin.
Kohli, Martin 2000: The battlegrounds of European Identity. In: European Societies, Vol.2, Nr.2, 2000, 113–137.
Konecny, Martin 2015: Syriza unter Druck. Zu den strategischen Perspektiven des linken Regierungsprojekts in Griechenland. In: Prokla. Heft 179, 45. Jg., 2015, Nr. 2, 325–337.
Kopp, Judith 2023: Fluchtursachenbekämpfung: umkämpfe Migrationspolitik im Sommer der Migration 2015, Bielefeld.
Krah, Maximilan 2023: Politik von rechts: ein Manifest, Schnellroda.
Kreisky, Eva / Lang, Sabine / Sauer, Birgit 2001: Geschlecht und Staatlichkeit in der EU. Eine Einleitung. In: Kreisky, Eva / Lang, Sabine / Sauer, Birgit (Hrsg.): EU. Geschlecht. Staat. Wien, 7–14.
Kreisky, Eva 1997: Diskreter Maskulinismus: über geschlechtsneutralen Schein politischer Idole, politischer Ideale und politscher Institutionen. In: Kreisky, Eva / Sauer, Birgit (Hrsg.): Das geheime Glossar der Politikwissenschaften: geschlechtskritische Inspektion der Kategorien einer Disziplin, Frankfurt / New York, 161–213.
Kritidis, Gregor 2011: Die Demokratie in Griechenland zwischen Ende und Wiedergeburt. In: Sozial.Geschichte Online 6, 2011, 135–155.
Kumral, Sefika 2015: Hegemonic Transition, war and opportunities for fascist militarism. In: Saull, Richard / Anievas, Alexander / Davidson, Neil / Fabry, Adam (eds.): The Longue Durée of the Far-Right, London and New York. 64–84.
Lang, Kai-Olaf 2016: Die Visegrád-Staaten und der Brexit – SWP-Aktuell 53, Berlin.
Langewiesche, Dieter 2000: Nation, Nationalismus und Nationalstaat in Deutschland und Europa, München.
Lapavitsas, Costas 2019: Political Economy of the Greek Crisis. In: Review of Radical Political Economics 2019, Vol. 51(1), 31–51.
Larat; Fabrice 2000: Instrumentalisierung des kollektiven Gedächtnisses und europäische Integration. In: Frankreich-Jahrbuch 2000, Wiesbaden, 187–201.
Laughland, John 2009: European Integration: A Marxist Utopia? The Monist. Vol. 92, No. 2, 213–229
Lee, Ho-Geun 1994: Regulationstheoretische Überlegungen zur Krise der EG. Arbeitspapier der Forschungsgruppe Europäische Gemeinschaften (FEG), Nr. 11. Marburg.
Lee, Ho-Geun 2000: Die Europäische Sozialpolitik im System der Mehrebenenregulation. Vom nationalen keynesianischen Wohlfahrtsstaat zum «europäischen schumpeterianischen Leistungsregime». Studien der Forschungsgruppe Europäische Gemeinschaften (FEG) Nr. 14, Marburg.

Leggewie, Claus 2011: Der Kampf um die europäische Erinnerung: ein Schlachtfeld wird besichtigt, München.

Lenk, Kurt 1994: Rechts, wo die Mitte ist. Studien zur Ideologie: Rechtsextremismus, Nationalsozialismus, Konservatismus, Baden-Baden.

Levy, Daniel / Sznaier, Natan 2001: Erinnerung im globalen Zeitalter: Der Holocaust, Frankfurt am Main.

Lexit-Network 2017: Demokratie und Souveränität statt neoliberaler Integration und gescheitertem Euro-System. https://web.archive.org/web/20191208102038/http://lexit-network.org/aufruf. Letzter Zugriff 13.10.2023.

Li, Wei 2007: Deutsche Pläne zur europäischen wirtschaftlichen Neuordnung 1939–1945, Hamburg.

Lippert, Barbara 2004: Erweiterungspolitik der Europäischen Union. In: Weidenfeller, Werner / Wessels, Wolfgang (Hrsg.): Jahrbuch der europäischen Integration 2003–2004, Baden-Baden, 419–430.

Lippert, Barbara 2005: Erweiterungspolitik der Europäischen Union. In: Weidenfeller, Werner / Wessels, Wolfgang (Hrsg.): Jahrbuch der europäischen Integration 2005, Baden-Baden, 425–434.

Littoz-Monet, Annabelle 2013: Explaining Policy Conflict across Institutional Venues: European Union-Level Struggles over the Memory of the Holocaust. In: Journal of Common Market Studies, Volume 51, Number 3, 489–504.

Löffler, Marion 2001: Herrschaft als zentrales Konzept zur Entschlüsselung der Geschlechtlichkeit des Staates. In: Kreisky, Eva / Lang, Sabine / Sauer, Birgit (Hrsg.): EU. Geschlecht. Staat, Wien, 15–32.

Lorenz, David 2015: Von Dublin-Domino bis Kirchenasyl. Kämpfe um Dublin III. In: movements. Journal für kritische Migrations- und Grenzregimeforschung 2015 1 (1). 1–22. https://movements-journal.org/issues/01.grenzregime/12.lorenz--dublin-domino-kirchenasyl.pdf. Letzter Zugriff 12.9.2023.

Ludwig, Gundula / Sauer, Birgit / Wöhl, Stefanie 2009: Staat und Geschlecht. Grundlagen und aktuelle Herausforderungen. Eine Einleitung. In: Ludwig, Gundula / Sauer, Birgit / Wöhl, Stefanie (Hrsg.): Staat und Geschlecht. Grundlagen und aktuelle Herausforderungen feministischer Staatstheorie, Baden-Baden, 11–30.

Ludwig, Gundula 2014: Geschlecht, Macht, Staat: Feministische staatstheoretische Interventionen, Leverkusen/Opladen

Mair, Peter (2013): Ruling the Void. The Hollowing of Western Democracy, London / New York.

Mandel, Ernest 1968: Die EWG und die Konkurrenz Europa–Amerika, 2. Auflage, Frankfurt am Main

Manifest von Ventotene 1941. https://www.cvce.eu/obj/das_manifest_von_ventotene_1941-de-316aa96c-e7ff-4b9e-b43a-958e96afbecc.html

Manners, Ian / Murray, Philomena 2016: The End of a Noble Narrative? European Integration Narratives after the Nobel Peace Price. In: Journal of Common Market Studies, Volume 54, Number 1, 185–202.

Marx, Karl 1845: Thesen über Feuerbach. In: Marx-Engels-Werke, Bd. 3, Berlin. 5–7.

Marx, Karl / Engels, Friedrich 1846: Deutsche Ideologie. In: Marx-Engels-Werke, Bd. 3, Berlin, 13–530.

Marx, Karl 1852: Der 18. Brumaire des Louis Bonaparte. In: Marx-Engels-Werke, Bd. 8, 111–207.

Marx, Karl 1859: Zur Kritik der politischen Ökonomie. In: Marx-Engels-Werke, Bd. 13, Berlin, 3–160.

Marx, Karl : Grundrisse der Kritik der politischen Ökonomie. In: Marx-Engels-Werke, Bd. 42, Berlin

Marx, Karl 1890: Das Kapital. Kritik der politischen Ökonomie. Erster Band, Marx-Engels Werke, Bd. 23, (1962). Berlin.

Matera, Max 2021: Postimperial Melancholia and Brexit. In: Historical Reflections, Volume 47, Issue 2, 9–21.

May, Theresa 2017: Notification of Article 50 TEU by the United Kingdom (Leave-Letter). https://www.consilium.europa.eu/media/24079/070329_uk_letter_tusk_art50.pdf. Letzter Zugriff 18.9.2023.

McCann, Gerard 2020: The rise and fall of associationism: The Yaoundé and Lomé conventions. In: Studia z Polityki Publicnej / Public Policy Studies, 7(3), 9–29.

McDonnel, Duncan / Werner, Annika 2019: International Populism. The Radical Right in the European Parliament, London, Oxford University Press.

Mintel, Julina / Ondarza, Nicolai von 2022: Die Bilateralisierung der britischen Außenpolitik: Stand und Folgen für Deutschland und die EU nach einem Jahr Brexit, SWP-Aktuell, 16/2022, Berlin.

Mitchell, Bill / Fazi, Thomas 2018: Against supranationalism: in defence of national sovereignty (and Brexit). https://plutopress.wordpress.com/2017/09/22/against-supranationalism-in-defence-of-national-sovereignty-and-brexit-by-bill-mitchell-and-thomas-fazi/#more-16629. Letzter Zugriff 16.10.2023.

Möller van den Bruck, Arthur 1923: Europäisch. Das Gewissen, Jg. 6, Nr. 9, 1–3.

Moore, Phoebe 2017: EU Labour law section: The Great Deregulation and the campaign for free movement of labour post-Brexit. In: Capital & Class 41 (2), 358–365.

Moors, Matthias / Appel, Stefan 2014: Die Politik der Troika am Beispiel Griechenlands. In: Zeitschrift für Staats- und Europawissenschaften (ZSE) / Journal for Comparative Government and European Policy, Vol. 12, No. 2/3 (2014), 335–363.

Mosley, Oswald 1962: Ich glaube an Europa: Ein Weg aus d. Krise. Eine Einf. in d. europäische Denken, Lippoldsberg.

Mosse, George L. 1985: Nationalismus und Sexualität: Bürgerliche Moral und sexuelle Normen, München/Wien.

Mouffe, Chantal 2018: Für einen linken Populismus, Berlin.

Müller, Mario Alexander 2017: Kontrakultur, Schnellroda.

Müller, Michael 2019: Europawahlen 2019: Neue Machtstrukturen. In: Weidenfeld, Werner / Wessels, Wolfgang (Hrsg.): Jahrbuch der Europäischen Integration 2019, Baden-Baden, 57–68.

Nachtwey, Oliver 2021: Wenn der Kapitalismus eine Vollbremsung macht. In: Spiegel Online, 4.4.2021, https://www.spiegel.de/kultur/corona-krise-es-ist-zeit-fuer-eine-reform-von-wohlfahrt-und-wirtschaftsleben-a-afda945f-b58c-4295-bf3c-7869023d6b54. Letzter Zugriff 15.7.2021.

Nickel, Dietmar 2012: Was kommt nach Cotonou? Die Zukunft der Zusammenarbeit zwischen der EU und den Afrika-, Karibik- und Pazifikstaaten. SWP-Studie 13/2012, Berlin.

Nissen, Anita 2022: Europeanisation of the Contemporary Far Right. Generation Identity and Fortress Europe, London / New York.

Nölke, Andreas 2017: Linkspopulär: Vorwärts handeln statt rückwärts denken, Frankfurt.

Oberndorfer, Lukas 2012: Hegemoniekrise in Europa – Auf dem Weg zu einem autoritären Wettbewerbsetatismus? In: Forschungsgruppe «Staatsprojekt Europa» (Hrsg.): Die EU in der Krise. Zwischen autoritärem Etatismus und europäischem Frühling, Münster, 50–72.

Oberndorfer, Lukas 2012b: Der Fiskalpakt – Umgehung der «europäischen Verfassung» und Durchbrechung demokratischer Verfahren? In: juridikum. Zeitschrift für kritik recht gesellschaft, Nr.2/2012, 168–181.

Oberdorfer, Lukas 2015: From new constitutionalism to authoritarian constitutionalism. New Economic Governance and the state of European democracy. In: Jäger, Johannes / Springler, Elisabeth (Hrsg.): Asymmetric Crisis in Europe and Possible Futures. Critical political economy and post-keynesian perspectives, London / New York, 186–207.

Oberndorfer, Lukas 2019: Grenze, innere Sicherheit, Rüstung – von der Krise zum europäischen Ensemble repressiver Apparate? In: Keil, Daniel / Wissel, Jens (Hrsg.): Staatsprojekt Europa. Eine staatstheoretische Perspektive auf die Europäische Union, Baden-Baden, 229–252.

Oberndorfer, Lukas 2020: Between the Normal State and an Exceptional State Form: Authoritarian Competetive Statism and the Crisis of Democracy in Europe. In: Wöhl, Stefanie / Springler, Elisabeth / Pachel, Martin / Zeilinger, Bernhard (Hrsg.): The State of the European Union. Fault Lines in European Integration, Wiesbaden, 23–44.

Oberndorfer, Lukas 2020b: Beibehaltung, Modifizierung oder Bruch mit der neoliberalen Geschäftsgrundlage? Der EU-Recovery-Plan und die Rolle des Europarechts. In: infobrief eu & international 2/2020, 17–25.

Opratko, Benjamin 2012: Hegemonie, Münster.

Opratko, Benjamin / Prausmüller, Oliver 2011: Neogramscianische Perspektiven in der IPÖ: Eine Einführung. In: dies. (Hrsg.): Gramsci global. Neogramscianische Perspektiven in der Internationalen Politischen Ökonomie, Hamburg, 11–38.

Ougaard, Morton 2016: The reconfiguration of the transnational power bloc in the crisis. European Journal of Internatioanl Relations 2016, Vol. 22(2). 459–482.

Oberbeek, Henk 2000: Auf dem Weg zu einer neo-gramscianischen Theorie der europäischen Integration. In: Bieling, Hans-Jürgen / Steinhilber, Jochen (Hrsg.): Die Konfiguration Europas. Dimensionen einer kritischen Integrationstheorie, Münster, 162–188.

Overbeek, Henk 2004: Transnational Class formation and concepts of control towards a genealogy of the Amsterdam Project in international political economy. Journal of international Relations and Development 2004(7), 113–141.

Patel, Kiran Klaus 2018: Projekt Europa. Eine kritische Geschichte, München.

Pichl, Maximilian 2016: Dublin IV: Europäischer Asylausstieg. In: Blätter für deutsche und internationale Politik 10/2016, S. 9–12.

Pichl, Max 2017: Die Asylpakete I und II: Der politische und rechtliche Kampf um die Asylrechtsverschärfungen. In: Hess, Sabine et.al (Hrsg.): Der lange Sommer der Migration. Grenzregime III. Berlin/ Hamburg, 163–175.

Pichl, Max 2023: Der europäische Asylkompromiss. In: Kritische Justiz. 56 (2023) Heft 3, 341–353.

Pichl, Max / Vester, Katharina 2014: Die Verrechtlichung der Südgrenze. Menschenrechtspolitiken im Grenzraum am Beispiel des Hirsi-Falls. In: Forschungsgruppe «Staatsprojekt Europa» (Hrsg.): Kämpfe um Migrationspolitik. Theorie, Methoden und Analysen kritischer Europaforschung, Bielefeld, 187–206.

Piodi, Fraco 2009: Towards direct elections to the European Parliament. Paper written to mark the 30th anniversary of direct elections (June 1979). In: Cardoc Journals No.4 / March 2009. https://historicalarchives.europarl.europa.eu/files/live/sites/historicalarchive/files/03_PUBLICATIONS/04_Towards-Elections/01_Documents/towards-direct-elections-en.pdf. Letzter Zugriff 23.8.2023.

Plan B 2016: Declaration for a Democratic Rebellion in Europe. https://web.archive.org/web/20160228082620/http://planbeuropa.es/declaration-for-a-democratic-rebellion-in-europe/?lang=en. Letzter Zugriff 13.10.2023.

Plan B 2017a: Summit Statement: A Plan B for the EU and the Euro Zone. http://www.cadtm.org/Summit-Statement-A-Plan-B-for-the letzter Zugriff 13.10.2023.

Plan B 2017b: Lisbon Declaration: «Our Europe, for and by the people!» https://www.esquerda.net/en/artigo/lisbon-declaration-our-europe-and-people/51894 letzter Zugriff 13.10.2023.

Plichta, Vanessa 2001: «Die Erneuerung des Abendlandes wird eine Erneuerung des Reiches sein». Europaideen in der Zeitschrift Neues Abendland (1946–1958). In: Grunewald, Michel / Bock, Hans

Manfred (Hrsg.): Le Discours Européen dans les Revues Allemande (1945–1955), Bern u.a., 319–344.

Poliakov, Léon 1993: Der arische Mythos. Zu den Quellen von Rassismus und Nationalismus, Hamburg.

Poulantzas, Nicos 1973: Faschismus und Diktatur: die Kommunistische Internationale und der Faschismus, München.

Poulantzas, Nicos 1975: Die Internationalisierung der kapitalistischen Verhältnisse und der Nationalstaat. In: ders.: Klassen im Kapitalismus – heute, Westberlin.

Poulantzas, Nicos 2002: Staatstheorie. Politischer Überbau, Ideologie, Autoritärer Etatismus, Hamburg.

Pro Asyl 2023: Keine Kompromisse auf Kosten des Flüchtlingsschutzes. https://www.proasyl.de/geas/. Letzter Zugriff 3.11.2023.

Protokoll Dänemark: Protokoll über einige Bestimmungen betreffend Dänemark im Anhang des Vertrags zur Gründung der Europäischen Gemeinschaft (1992). https://eur-lex.europa.eu/DE/legal-content/summary/denmark-emu-opt-out-clause.html. Letzter Zugriff 29.8.2023.

Protokoll Nr. 25: Protokoll (Nr. 25) über einige Bestimmungen betreffend das Vereinigte Königreich Großbritannien und Nordirland (1992) als Anhang zum Vertrag zur Gründung der Europäischen Gemeinschaft. https://eur-lex.europa.eu/DE/legal-content/summary/united-kingdom-emu-opt-out-clause.html. Letzter Zugriff 29.8.2023.

Ptak, Ralf 2018: Ménage-à-trois: Neoliberalismus, Krise(n) und Rechtspopulismus. In: Häusler, Alexander / Kellershohn, Helmut (Hrsg.): Das Gesicht des völkischen Populismus. Neue Herausforderungen für eine kritische Rechtsextremismusforschung, Münster, 20–37.

Reinhard, Wolfgang 2018: Die Unterwerfung der Welt. Globalgeschichte der europäischen Expansion 1415–2015, 4. ergänzte Auflage, München.

Robinson, William I. 2001: Social theory and globalization: The rise of a transnational state. Theory and Society 30, 157–200.

Rodney, Walter 1975: Afrika. Die Geschichte einer Unterentwicklung, Berlin.

Roth, Karl Heinz 2011: Griechenland und die Euro-Krise. In: Sozial.Geschichte Online 6 (2011), 156–176. http://www.stiftung-sozialgeschichte.de

Rousso, Henry 2004: Das Dilemma eines europäischen Gedächtnisses. In: Zeithistorische Forschungen / Studies in Contemporary History, Online-Ausgabe, 1 (2004), H. 3. http://www.zeithistorische-forschungen.de/16126041-Rousso-3-2004. Letzter Zugriff 26.10.2023.

Ruhrstatut 1949: Wortlaut des Londoner Ruhrstatus. In: Gesetz 75 und Ruhrstatut. Eine Sammlung von Vorträgen von Dr. Victor Agartz und Dr. Heinrich Deist. Im Anhang: Amtlicher Anhang der Gesetzestexte. Köln, 1950, 91–104.

Rydlińsk, Bartosz M. 2018: POLEN. Nationalismus und Neofaschismus unter Jarosław Kaczyński. In: Ehmsen, Stefanie / Scharenberg, Albert (Hrsg.): Die radikale Rechte an der Regierung. Sechs Fallbeispiele aus Europa, New York, 27–38.

Ryner, Magnus 2015: Europe`s ordoliberal iron cage: critical political economy, the euro area crisis and its management, Journal of European Public Policy, 22:2, 275–294.

Ryner, Magnus 2019: The Authoritarian Neoliberalism of the EU. Legal Form and International Politico-Economic Sources. In: Eva Nanopoulos / Fotis Vergis (Hg.): The Crisis behind the Eurocrisis. The Eurocrisis as a Multidimensional Systemic Crisis of the EU, Cambridge, 89–98.

Ryner, Magnus 2021: Passive Revolution / Silent Revolution: Europe's Recovery Plan, the Green Deal, and the German Question, Helsinki Centre for Global Political Economy Working Paper, 5/2021, Helsinki.

Sablowski, Thomas 2013: Das finanzdominierte Akkumulationsregime: Replik zu den Kritiken von Herbert Panzer und Joachim Becker. In: Prokla, Heft 172, 43. Jg, 2013, Nr. 3, 495–50.

Sablowski, Thomas 2016: *Plan B* Controversies in Copenhagen. In: https://transform-network.net/blog/article/plan-b-controversies-in-copenhagen/. Letzter Zugriff 12.10.2023.

Sablowski, Thomas 2020: Eine historische Wende in der Europapolitik? Die EU-Programme in der Corona-Krise. In: Luxemburg. Gesellschaftsanalyse und linke Praxis (Juni 2020). https://www.zeitschrift-luxemburg.de/die-eu-programme-in-der-corona-krise/.

Sabrow, Martin 2003: Abschied von der Nation – Abschied von der Geschichte. In: Sabrow, Martin (Hrsg.): Abschied von der Nation? Deutsche Geschichte und europäische Zukunft, Leipzig, 61–71.

Salewski, Michael 1987: Europa: Idee und Wirklichkeit in der nationalsozialistischen Weltanschauung und politischen Praxis. In: Franz, Ottmar (Hrsg.): Europas Mitte, Göttingen/Zürich, 85–106.

Salzborn, Samuel 2020: Extreme Right-Wing Parties in and Against Europe. A Systematizing Comparison. In: Wöhl, Stefanie / Springler, Elisabeth / Pachel, Martin / Zeilinger, Bernahrd (Hrsg.): The State of the European Union. Fault Lines in European Integration, Wiesbaden, 103–132.

Sauer, Birgit / Wöhl, Stefanie 2011: Feminist Perspectives on the Internationalization of The State, Antipode, Vol. 43, No. 1, 108–128.

Sauer, Birgit 2001a: Die Asche des Souveräns: Staat und Demokratie in der Geschlechterdebatte, Frankfurt / New York.

Sauer, Birgit 2001b: Vom Nationalstaat zum Europäischen Reich? Staat und Geschlecht in der Europäischen Union. In: Feministische Studien, 1/2001, 8–20.

Schade, Daniel 2020: Brexit. In: Weidenfeld, Werner / Wessels, Wolfgang (Hrsg.): Jahrbuch der europäischen Integration 2020, Baden-Baden, 49–58.

Schaefferle, Eva-Maria 2023: Wer gehört zum Volk? Eine Rekonstruktion der Unionsbürgerschaft im Lichte gegenwärtiger Boundary-Debatten. In: Zeitschrift für politische Theorie, Jg.13, Heft 1–2, 261–281.

Schild, Joachim 2019: Frankreich. In: Weidenfeld, Werner / Wessels, Wolfang (Hrsg.): Jahrbuch der Europäischen Integration 2019, Baden-Baden, 505–510.

Schmid, Harald 2008: Europäisierung des Auschwitzgedenkens. Zum Aufstieg des 27. Januar 1945 als «Holocaustgedenktag» in Europa. In: Eckel, Jan / Moisel, Claudia (Hrsg.): Universalisierung des Holocaust? Erinnerungskultur und Geschichtspolitik in internationaler Perspektive, Göttingen, 174–202.

Schmidt, Vivien 2020: Europe's Crisis of Legitimacy. Governing by Rules and Ruling by Numbers in the Eurozone. Oxford.

Schmitt-Egner, Peter 1976: Wertgesetz und Rassismus. Zur begrifflichen Genese kolonialer und faschistischer Bewußtseinsformen. In: Gesellschaft. Beiträge zur Marxschen Theorie, Bd. 8/9, Frankfurt am Main, 350–404.

Schmitz-Berning, Cornelia 2007: Vokabular des Nationalsozialismus, Berlin / New York.

Schneider, Etienne 2017: EU-Debatte III: Mit einem Austritt fangen die Probleme erst an. https://mosaik-blog.at/eu-austritt-lexit-probleme/. Letzter Zugriff 16.10.2023.

Schneider, Etienne / Syrovatka, Felix 2020: Corona und die nächste Eurokrise. In: Prokla, Heft 199, 50. Jg., Nr. 2, 2020, 335–344.

Schöttler, Peter 2012: Dreierlei Kollaboration. Europa-Konzepte und «deutsch-französische Verständigung» – am Beispiel der Karriere von SS-Brigadeführer Gustav Krukenberg. Zeithistorische Forschungen / Studies in Contemporary History 9 (2012), 365–386.

Scholz, Olaf 2020: «Jemand muss vorangehen». Interview in: Zeit online 19.5.2020. https://www.zeit.de/2020/22/olaf-scholz-europaeische-union-reform-vereinigte-staaten. Letzter Zugriff 27.9.2023.

Scholz, Olaf 2023: Rede von Bundeskanzler Scholz im Rahmen der Diskussionsreihe «This is Europe» im Europäischen Parlament am 9. Mai 2023. https://www.bundesregierung.de/breg-de/aktuelles/rede-von-bundeskanzler-scholz-im-rahmen-der-diskussionsreihe-this-is-europe-im-europaeischen-parlament-am-9-mai-2023-in-strassburg-2189408. Letzter Zugriff 8.11.2023.

Schumann, Robert 1950: Erklärung von 1950. https://european-union.europa.eu/principles-countries-history/history-eu/1945-59/schuman-declaration-may-1950_de. Letzter Zugriff 2.11.2023.

Schunter-Kleemann, Susanne 2001: Euro-Club und Reglement der Geschlechter. In: Kreisky, Eva / Lang, Sabine / Sauer, Birgit (Hrsg.): EU. Geschlecht. Staat, Wien, 171–184.

Schwiertz, Helge / Ratfisch, Philipp 2015: Antimigrantische Politik und der «Sommer der Migration», Analysen Nr. 25, Rosa-Luxemburg-Stiftung, Berlin

Servan-Schreiber, Jean-Jacques 1968: Die amerikanische Herausforderung, Berlin

Seeger, Sarah 2008: Die Institutionen- und Machtarchitektur der Europäischen Union mit dem Vertrag von Lissabon. In: Weidenfeld, Werner (Hrsg.): Lissabon in der Analyse. Der Reformvertrag der Europäischen Union, Baden-Baden, 63–98.

Seifen, Steffen 2009: Die Bedeutung der europäischen Beschäftigungspolitik für den Strategiewandel der deutschen Gewerkschaften in der Phase der «Eurosklerose» (1973–1986). In: Mitteilungsblatt des Instituts für soziale Bewegungen / Heft 42 (2009), 187–213.

Sieferle, Rolf Peter 2017: Finis Germania, Schnellroda.

Slobodian, Quinn / Plehwe, Dieter 2020: Neoliberals against Europe. In: William Callison / Zachary Manfredi (Hg.): Mutant Neoliberalism. Market Rule and Political Rupture, New York, 89–111.

Slobodian, Quinn 2019: Globalisten. Das Ende des Imperiums und die Geburt des Neoliberalismus, Berlin.

Smith, Neil 2007: Die Produktion des Raums. In: Belina, Bernd / Michel, Boris (Hrsg.): Raumproduktionen. Beiträge der Radical Geography. Eine Zwischenbilanz, Münster, 61–76.

Sotiriopoulos, Dimitiri A. 2020: In the Eye oft he Hurricane: Greece. In: Morlino, Leonardo / Sottilotta, Celilia Emma (Hrsg.): The Politics oft he Europzone Crisis in Southern Europe, Cham, 57–84.

Stapelfeldt, Gerhard 1998: Die Europäische Union – Integration und Desintegration. Kritik der ökonomischen Rationalität, Dritter Band, Hamburg.

Stapelfeldt, Gerhard 2010: Europäische Integration – autoritäre Tendenzen. In: Stapelfeldt, Gerhard: Neoliberalismus – Autoritarismus – Strukturelle Gewalt. Aufsätze und Vorträge zur Kritik der ökonomischen Rationalität, Hamburg, 271–344.

Statz, Albert 1979: Grundelemente einer politökonomischen Theorie der westeuropäischen Integration, Frankfurt am Main.

Statz, Albert 1989: Die Entwicklung der westeuropäischen Integration – ein Problemaufriß. In: Deppe, Frank / Huffschmid, Jörg / Weiner, Klaus-Peter (Hrsg.): 1992 – Projekt Europa. Politik und Ökonomie in der Europäischen Gemeinschaft, Köln, 13–38.

Stegemann, Bernd 2022: Linke Identitätspolitik als Treiber autoritärer Entwicklungen. In: Frankenberg, Günter / Heitmeyer, Wilhelm (Hrsg.): Treiber des Autoritären. Pfade von Entwicklungen zu Beginn des 21. Jahrhunderts, Frankfurt / New York, 345–364.

Steinart, Sven Olof 2015: «Nation Europa». Eurofaschismus 1945–1970, Lich.

Steppacher, Burkhard 2022: Die EFTA-Staaten, der EWR und die Schweiz. In: Weidenfeld, Werner / Wessels, Wolfgang (Hrsg.): Jahrbuch der Europäischen Integration, Baden-Baden, 411–416.

Streeck, Wolfgang 2021: Zwischen Globalismus und Demokratie, Berlin.

Strobl, Natascha 2021: Radikalisierter Konservatismus. Eine Analyse, Berlin.

Stützle, Ingo 2014: Austerität als politisches Projekt. Von der monetären Integration Europas zur Eurokrise, 2. korrigierte Auflage, Münster.

Szombati, Kristóf 2018: Ungarn. Victor Orbáns autoritäres Regime. In: Ehmsen, Stefanie / Scharenberg, Albert (Hrsg.): Die radikale Rechte an der Regierung. Sechs Fallbeispiele aus Europa, New York, 15–26.

Teune, Simon 2012: Das productive Moment der Krise. Platzbesetzungen als Laboratorien der Demokratie. In: WZB Mitteilungen, Heft 137, September 2012, 32–34. https://bibliothek.wzb.eu/artikel/2012/f-17358.pdf. Letzter Zugriff 8.9.2023.

Thiriat, Jean-François 1966: Das vierte Reich, Europa, Brüssel.

Thöndl, Michael 2018: Richard Nikolaus Graf Coudenhove-Kalergi, die «Paneuropa-Union» und der Faschismus 1923–1938. In: Quellen und Forschungen aus italienischen Archiven und Bibliotheken, Band 98 (2018), 326–369.

Thym, Daniel (2018): Der Rechtsbruchmythos und wie man ihn widerlegt. In: https://verfassungsblog.de/der-rechtsbruch-mythos-und-wie-man-ihn-widerlegt/. Letzter Zugriff 29.8.2018.

Tobler, Stefan 2010: Transnationalisierung nationaler Öffentlichkeit, Wiesbaden.

Tömmel, Ingeborg 1995: Die Europäische Integration: ökonomische Regulierung und Politikgestaltung zwischen Markt und Staat. In: Forschungsgruppe Europäische Gemeinschaften (FEG): Europäische Integration und politische Regulierung – Aspekte, Dimensionen, Perspektiven, Studien Nr. 5, Marburg, 49–64.

Tömmel, Ingeborg 2014: Das politische System der EU, 4., überarbeitete und erweiterte Auflage, Oldenburg.

Tooze, Adam 2018: Crashed. Wie 10 Jahre Finanzkrise die Welt verändert haben, München.

Tooze, Adam 2021: Welt im Lockdown: Die globale Krise und ihre Folgen, München.

Toscano, Alberto 2023: Late Fascism, London / New York.

Van Apeldoorn, Bastiaan 2000: Transnationale Klassen und europäisches Regieren: Der European Round Table of Industrialists. In: Bieling, Hans-Jürgen / Steinhilber, Jochen (hrsg.): Die Konfiguration Europas. Dimensionen einer kritischen Integrationstheorie, Münster, 189–221.

van Apeldoorn, Bastiaan 2004: Theorizing the transnational: a historical materialist approach. Journal of international Relations and Development 2004(7), 142–176.

van Apeldoorn, Bastiaan / Horn, Laura 2019: Critical Political Economy. In: Wiener, Antje / Börzl, Tanja / Risse, Thomas (Ed.): European Integration Theory, Oxford, 195–215.

van der Pijl, Kees 1984[2012]: The making of an Atlantic Ruling Class. Reprint with a new Preface 2012, London / New York.

Van der Pijl, Kees 2019a: Die «Achse des Bösen» – die US-Israel Neo-Con-Connection. In: Mies, Ulrich (Hrsg.): Der tiefe Staat schlägt zu: wie die westliche Welt Krisen erzeugt und Kriege vorbereitet, Wien, 105–122.

Van der Pijl, Kees 2019b: Academic Corruption, the Israel Lobby, and 9/11 or, Why I have resigned from my emeritus status at the University of Sussex. https://www.academia.edu/38701130/Academic_Corruption_the_Israel_Lobby_and_9_11_or_Why_I_have_resigned_from_my_emeritus_status_at_the_University_of_Sussex. Letzter Zugriff 24.3.2023.

Varoufakis, Yanis 2015: The Defeat of Europe. In: Le Monde Diplomatique, August 2015. https://mondediplo.com/2015/08/02varoufakis. Letzter Zugriff: 8.9.2023.

Veiglhuber, Wolfgang / Weber, Klaus (Hrsg.): 2022: Wagenknecht – nationale Sitten & Schicksalsgemeinschaft, Hamburg.

VEU 1992: Vertrag über die Europäische Union, Amtsblatt Nr. C 191 vom 29/07/1992.

Virchow, Fabian 2017: Europa als Projektionsfläche, Handlungsraum und Konfliktfeld. Die extreme Rechte als europäische Akteurin? In: Hentges, Gudrun / Nottbohm, Kristina / Platzer, Hans-Wolfgang (Hrsg.): Europäische Identität in der Krise. Europäische Identitätsforschung und Rechtspopulismusforschung im Dialog, Wiesbaden, 149–165.

VGEWG: Vertrag zur Gründung der Europäischen Wirtschaftsgemeinschaft, 25.3.1957, Rom.

Voigt, Klaus 1984: Ideas of the Italian Resistance on the Postwar Order in Europe. In: Documents on the History of European Integration. Volume 1. Continental Plans für European Union 1939–1945, Edited by Walter Lipgens, Berlin New York, 456–555.

Vogel, Steffen 2020: Der Corona-Crash: Die zweite Eurokrise? In: Blätter für deutsche und internationale Politik 65, Nr. 5, 5–8.

von der Leyen, Ursula 2020: «Wir erleben einen externen Schock durch das Coronavirus». Interview. In: Deutschlandfunk, 20.3.2020, https://www.deutschlandfunk.de/eu-kommissionspraesidentin-von-der-leyen-wir-erleben-einen.694.de.html?dram:article_id=472924. Letzter Aufruf 15.7.2021

Von Leipzig, Wolf / Welz, Christian 1991: Zehn Jahre Jahrbuch der Europäischen Integration: Ein Vademecum für Theorie und Praxis. In: Integration, Vol. 14, No. 1 (Januar `91), 38–42.

Wassenberg, Birte (2016): European Integration and new Anti-Europeanism. In: Moreau, Patrick / dies. (Hrsg.): European Integration and new Anti-Europeanism I. The 2014 Election and the Rise of Euroscepticism in Western Europe, Stuttgart, 27–38.

Weidel, Alice 2018: Rede im Bundestag zum 55. Jahrestag des Élysée-Vertrages. In: Deutscher Bundestag. Stenografischer Bericht, 9. Sitzung, Berlin, 22.1.2018, 699f., unter: http://dip21.bundestag.de/dip21/btp/19/19009.pdf. Letzter Zugriff 30.8.2018.

Weidenfeld, Werner 2005: Die Bilanz der Europäischen Integration 2005. In: : Weidenfeller, Werner / Wessels, Wolfgang (Hrsg.): Jahrbuch der europäischen Integration 2005, Baden-Baden,13–28.

Weidenfeld, Werner 2006: Die Europäische Verfassung verstehen, Gütersloh.

Weidenfeld, Werner 2019: Die Bilanz der Europäischen Integration 2019. In: Weidenfeld, Werner / Wessels, Wolfgang (Hrsg.): Jahrbuch der Europäischen Integration 2019, Baden-Baden, 15–26.

Weiner, Klaus-Peter 1989: Auf dem Weg zur «sozialen Dimension»? Gewerkschaftsbewegung und Binnenmarkt `92. In: Deppe, Frank / Huffschmid, Jörg / Weiner, Klaus-Peter (Hrsg.): 1992 – Projekt Europa. Politik und Ökonomie in der Europäischen Gemeinschaft, Köln, 83–109.

Weiss, Louise 1979: Rede vor dem Europäischen Parlament. 17. Juli 1979. In: Die Bedeutendsten Texte, die Europa inspiriert haben. Unter der Leitung von Juliette Charbonneaux, Paris, 2019, 109–118. https://www.boell.de/sites/default/files/die_bedeutendsten_texte_europa_heinrich_boell.pdf. Letzter Zugriff 19.10.2023.

Werner-Report 1970: Report tot he Council and the Commission on the realisation by stages of economic and monetary union in the Community. Supplement to Bulletin 11-1970 of the EWuropean Communities.

Wessels, Wolfgang 1986: Die Einheitliche Europäische Akte – Zementierung des Status quo oder Einstieg in die Europäische Union? In: Integration, April `86, Vol. 9, No. 2 (April `86), 65–79.

Wessels, Wolfgang 2022: Das Politische System der Europäischen Union, 2. Auflage, Wiesbaden.

Wiesner, Claudia 2020: Demokratisierung der EU und europäische Identität: Zusammenhänge, Strukturen und Prozesse. In: Grimmel, Andreas (Hrsg.): Die neue Europäische Union. Zwischen Integration und Desintegration, Baden-Baden, 73–94.

Wigger, Angela / Horn, Laura 2013: Ungleiche Entwicklung und politischer Widerstand – auf zu einem europäischen Frühling? In: Das Argument, 301/2013, 200–209.

Winkler, Alexander / Goetz, Judith 2019: Möderischer Mythos, Jungle World, 42/2019.

Winter, Jens 2011: Dimensionen einer hegemonialen Konstellation. Eckpunkte einer akteurszentrierten kritisch-hegemonietheoretischen Forschungsperspektive. In: Opratko, Benjamin / Prausmüller, Oliver (Hrsg.): Gramsci global. Neogramscianische Perspektiven in der Internationalen Politischen Ökonomie, Hamburg, 145–162.

Wissel, Jens / Wolff, Sebastian 2016: «Staatsprojekt Europa» in der Krise? In: Bieling, Hans-Jürgen / Große Hüttmann, Martin (Hrsg.): Europäische Staatlichkeit. Zwischen Krise und Integration, Wiesbaden, 223–240.

Wissel, Jens / Wolff, Sebastian 2017: Political Regulation and the Strategic Production of Space: The European Union as a Post-Fordist State Spatial Project. In: Antipode, Vol. 49, No. 1, 231–248.

Wissel, Jens 2006: Die Transnationalisierung der Bourgeoisie und die neuen Netzwerke der Macht. In: Bretthauer, Lars / Gallas, Alexander / Kannankulam, John / Stützle, Ingo (Hrsg.): Poulantzas lesen. Zur Aktualität marxistischer Staatstheorie, Hamburg, 240–256.

Wissel, Jens 2007: Die Transnationalisierung von Herrschaftsverhältnissen. Zur Aktualität von Nicos Poulantzas' Staatstheorie, Baden-Baden.

Wissel, Jens 2015: Staatsprojekt Europa. Grundzüge einer materialistischen Theorie der Europäischen Union, Münster.

Wissel, Jens 2016: Autoritärer Wettbewerbsetatismus. Dynamiken der «marktkonformen Demokratie» in Europa. In: Biebricher, Thomas (Hrsg.); Der Staat des Neoliberalismus, Baden-Baden, 263–284.

Wockenfoth, Kurt 1961: Der Plan eines Beitritts der EWG zur EFTA unter besonderer Berücksichtigung des Zollabbaus, Wirtschaftsdienst, Vol. 41, Iss. 2, 67–68.

Wodak, Ruth / Puntscher Riekmann, Sonja 2003: «Europe for all» – diskursive Konstruktionen europäischer Identitäten. In: Mokre, Monika / Weiss, Gilbert / Bauböck, Rainer (Hrsg.): Europäische Identitäten. Mythen, Konflikte, Konstruktionen, Frankfurt / New York, 283–303.

Wöhl, Stefanie 2019: Die geschlechtsspezifischen Selektivitäten des Europäischen «Staatsprojekts». In: Keil, Daniel / Wissel, Jens (Hrsg.): Staatsprojekt Europa. Eine staatstheoretische Perspektive auf die Europäische Union, Baden-Baden, 61–82.

Wolff, Sebastian 2012: Erkundung des Terrains. Zur räumlichen Dimension der Krise Europas. In: Forschungsgruppe «Staatsprojekt Europa» (Hrsg.): Die EU in der Krise. Zwischen autoritärem Etatismus und europäischem Frühling, Münster, 141–162.

Wölk, Volkmar 2020: Alter Faschismus in neuen Schläuchen? Auf den Spuren der «Neuen» Rechten: Ideologische Zeitreise von Dresden nach Italien und zurück. In: Burschel, Friedrich (Hrsg.): Das faschistische Jahrhundert. Neurechte Diskurse zu Abendland, Identität, Europa und Neoliberalismus, Berlin, 165–228.

Worth, Owen 2017: Wither Lexit? In: Capital&Class 41(2), 351–357.

Wülker, Gerda 1969: Assoziierung der neutralen EFTA-Länder, Wirtschaftsdienst, Vol. 49, Iss. 12, 716–722.

Young, Brigitte 2014: Finanzialisierung, Neoliberalismus und der deutsche Ordoliberalismus in der EU-Krisenbewältigung. In: Heires, Marcel / Nölke, Andreas (Hrsg.): Politische Ökonomie der Finanzialisierung, Wiesbaden, 63–78.

Zeilinger, Bernhard / Reiner, Christian 2020: Trajectories of Reforming European Welfare State Policies under the Post-2008 Socio-Economic Governance Regime. In: Wöhl, Stefanie / Springler, Elisabeth /

Pachel, Martin / Zeilinger, Bernhard (Hrsg.): The State of the European Union. Fault Lines in European Integration, Wiesbaden, 215–256.

Zelik, Raul 2016: DIEM25. Was die neue Varoufakis-Initiative in Gang gesetzt hat. https://mosaik-blog.at/diem25-was-die-neue-varoufakis-initiative-in-gang-gesetzt-hat/. Letzter Zugriff 17.10.2023.

Ziltener, Patrick 1999: Strukturwandel der europäischen Integration. Die Europäische Union und die Veränderung von Staatlichkeit, Münster.

Ziltener, Patrick 2003: Wirtschaftliche Integration in Europa: Die Effekte des EU-Binnenmarktprogrammes. In: Swiss Journal of Sociology, 29 (2), 2003, 215–240.

Zinell, Adelheid 2007: Europa-Konzeptionen der Neuen Rechten, Frankfurt a.M. u.a.

Moritz Zeiler:

Materialistische Staatskritik

Eine Einführung

Reihe: theorie.org

Kartoniert, 200 Seiten, 12,00 EUR
ISBN 3-89657-671-2, 2. Auflage

Die Analysen des Staates gehen in der Linken weit auseinander. Das Spektrum der Interpretationen reicht von der Idealisierung bis zur Dämonisierung, von der Übernahme des Staates bis zu seiner Abschaffung. Während der Staat für die einen als Garant des Allgemeinwohls gilt, betrachten ihn andere als das Instrument der kapitalistischen Klassenherrschaft und wieder andere sehen in ihm das Terrain sozialer Kämpfe. In seiner Einführung präsentiert Moritz Zeiler die zentralen Thesen marxistischer Theorie zum Staat: Die fragmentarischen Überlegungen bei Marx und Engels, die instrumentelle Staatstheorie bei Lenin, die Hegemonietheorien des Westlichen Marxismus von Gramsci, Althusser und Poulantzas sowie die Analysen von Paschukanis zum Verhältnis von Warenform, Rechtsform und Staatsform und später daran anknüpfende Arbeiten von Agnoli, Hirsch, Holloway und anderen. Ebenso zeichnet das Buch die linken Debatten über das Verhältnis von Staat und Faschismus nach – geht aber auch auf libertäre Staatskritik, feministische Ansätze und aktuelle Herausforderungen ein.

*Erfreulich ist insbesondere, wie Moritz Zeiler die vorgestellten theoretischen Ansätze nicht bloß in klarer und zugänglicher Sprache weitgehend voraussetzungsfrei darstellt, sondern zumeist historisch situiert und inhaltlich plausibilisiert – und auch seine Leser*innen dazu auffordert, bei der Lektüre den historischen Kontext der jeweiligen Theorieproduktion und -rezeption mitzudenken, Argumente und Behauptungen auf die Gegenwart anzuwenden, zu aktualisieren, zu kritisieren, sie gegebenenfalls auch zurückzuweisen, selbst wenn sie in den Kanon der linken Gewissheiten eingegangen sein mögen. Das ist teils harte Arbeit. Aber subversiv im besten Sinne.*
Moritz Assall in «Forum Recht», 2/18